2017 年度河北省社会科学重要学术著作出版资助项目

河北省社会科学发展研究课题　课题编号：201707020203

制度成本对出口贸易的
影响研究

高云龙　著

中国社会科学出版社

图书在版编目（CIP）数据

制度成本对出口贸易的影响研究/高云龙著 . —北京：中国社会
科学出版社，2017.10
ISBN 978 - 7 - 5203 - 1094 - 9

Ⅰ.①制…　Ⅱ.①高…　Ⅲ.①进出口贸易—研究　Ⅳ.①F746

中国版本图书馆 CIP 数据核字（2017）第 238774 号

出 版 人	赵剑英
责任编辑	刘晓红
责任校对	赵雪娇
责任印制	戴　宽

出　　版	中国社会科学出版社
社　　址	北京鼓楼西大街甲 158 号
邮　　编	100720
网　　址	http：//www.csspw.cn
发 行 部	010 - 84083685
门 市 部	010 - 84029450
经　　销	新华书店及其他书店
印　　刷	北京明恒达印务有限公司
装　　订	廊坊市广阳区广增装订厂
版　　次	2017 年 10 月第 1 版
印　　次	2017 年 10 月第 1 次印刷
开　　本	710×1000　1/16
印　　张	14.25
插　　页	2
字　　数	208 千字
定　　价	66.00 元

前　言

　　制度因素对经济增长有一定的促进作用，因此，研究经济增长不能撇开制度因素。制度的创新与过去三十多年来中国经济发展所取得的辉煌成就之间有着极其密切的关系，可以说积极的制度有助于经济的增长和发展，促进企业的竞争和创新。目前已有大量的文献证实了制度与经济发展之间的这种正相关性。

　　本书基于制度对经济的重要影响，将其引入国际贸易领域，试图研究制度对出口贸易的相关影响。现有文献从多角度分析了制度对贸易多种因素的影响，如制度水平会对出口规模和出口商品结构产生影响。但现有文献大多基于宏观视角展开分析，而忽视了制度因素对出口企业行为的影响。

　　本书将制度因素引入 Melitz 异质性企业贸易模型，首先，本书从理论角度分析了制度因素对出口企业行为的影响。模型中以"制度成本"作为制度水平的变量，二者成反比，即"制度成本"越高则表明制度水平越低，不利于企业发展；"制度成本"越低则表明制度水平越高，有利于企业的发展。其次，本书通过对 Melitz（2003）理论的进一步扩展，分析了封闭和开放条件下，企业进入、退出国内外市场的机制，实证研究认为，企业异质性的表现在现实中不仅取决于生产效率，还与很多因素有关；制度成本增加了企业的生产成本，并提高了产品售价，影响了市场公平竞争环境；制度成本的存在导致了贸易自我选择效应和贸易学习效应的失灵，破坏了企业正常生长的合理路径；制度成本的存在，严重扭曲了国内市场竞争环境，降低了出口企业的平均生产效率，缩小了本国参与出口的规模。

　　本书为证明通过理论模型得出的结论，构建了国别制度水平公式，并对 119 国 18 年的制度成本进行了四种情形下的测算，为进行国别制度水平的测度提供了参考。

在实证方面，为了弥补微观数据的不足，且为了能够对微观层面的企业贸易行为进行有效的分析，本书通过进行模型设定，利用宏观国际贸易关系模拟了企业层面的贸易行为，而且，基于引力模型，分别分析了制度对一国、多国以及企业出口行为的影响。实证分析较为全面地证实了理论扩展的结论。

本书的研究具有较强的现实意义。党的十八大以来，党中央和国务院不断强调加强各方面的制度建设，降低企业经营成本。随着"一带一路"倡仪的推进，从制度层面加强建设和优化对于未来实现中国企业高效的国际化具有较强的政策意义。

本书虽然在理论和实证方面进行了一定的创新尝试，但仍然存在诸多不足，期望在未来的研究中能够不断深入，也希望读者朋友不吝指教，多提宝贵意见，期望能够一起推动制度与贸易关系的研究。

摘　要

中国美国商会调查显示，2011 年在华美国企业面临官僚主义、腐败、法律法规不清晰及解释不一致、知识产权侵权及获取许可困难五大制度性挑战。中国地区保护主义严重、运输成本高昂和商业流通体制不畅等问题不仅困扰着外资企业，也影响着中资企业，很大程度上阻碍了国内经济一体化进程。在不合理制度因素的背景下，我国的对外经贸活动极具"中国特色"，难以为他国所借鉴。在出口方面，其独特性主要体现在出口规模庞大、加工贸易比重高企、出口参与企业结构独特以及"复进口"规模庞大等，均体现了现有制度对资源合理配置的扭曲。在对外直接投资方面，存在着投资产业结构、投资区域以及投资主体三方面的严重失衡现象。我国对外贸易的发展路径与日本相仿，但事实上执行的"现代重商主义政策"却抑制了本国产业核心竞争力的培育。

中国经济多年的迅猛发展得益于制度变迁，但是在经济发展过程中仍然存在诸多制度问题。本书认为，中国对外贸易发展中产生的诸多问题，源于自身存在的不合理制度因素对企业行为的扭曲。为探讨其中的内在联系，本书以"制度成本"作为理论与实证研究中不合理制度的衡量指标，从微观与宏观两个层面研究制度对出口贸易的影响。制度成本本是宏观领域的概念，其对微观企业的影响体现为不合理制度会使企业在生产经营中产生额外支出，本书将主要探讨这种额外支出对企业经营行为产生的影响。

本书的研究目的主要有三个：

第一，拓展异质性企业贸易理论。作为该理论的奠基之作，Melitz（2003）的理论前提仍是典型的自由市场机制，本书试图引入影响企业行为的非市场因素，以探讨拓展经典理论的可行性。

第二，考察企业对不合理制度因素的反应路径。政府直接或间接对市场的干预，必然会引起微观层面众多企业的反应。本书希望从理论层面，分析出企业对不合理制度因素影响的具体反应，期待对部分政策的综合影响进行预测。基于 Melitz（2003）理论模型基础，本书利用宏观数据模拟了制度约束条件下的贸易行为，进行计量分析，并进行了宏观、微观两个角度的分析。本研究之所以未使用微观数据，一是这类数据较难获得，二是在衡量制度因素方面的局限。

第三，探讨制度成本的测量方法。各国在制度水平方面存在着较大的差异，本书希望从外贸发展的角度，对多国制度成本进行量化评估，为未来的制度测量研究提供方法上的借鉴。

本书的创新之处主要体现在以下三个方面：

第一，选题视角新颖。从经典模型入手，对 Melitz（2003）模型中的贸易成本概念进行外延扩展，引入制度成本变量，对企业内销与出口行为的选择情形进行了分析。详细探讨了多种情形下企业在出口与内销市场中的决策行为，既有对经典文献结论的验证，也有对以往文献结论的补充或扩展。

第二，研究方法前沿。以 Novy（2013）的经典贸易成本测量公式为基础，推导出一国制度成本的测量公式，为测量各国制度因素指标提供了更多参考，为基于外向型经济视角的各国制度水平间的比较分析提供了便利。

第三，研究数据独特。以宏观层面多国贸易关系数据为基础，构建虚拟国家的内贸与外贸关系数据，并利用本书测算的制度成本值进行实证分析，克服了微观层面数据缺乏带来的实证瓶颈。

本书内容安排如下：

第一章为绪论。

第二章为文献综述。本章对在理论与实证研究方面主要涉及的文献进行了评述，具体内容为制度与贸易关系文献综述、制度成本与贸易成本研究综述、异质性企业贸易理论及实证研究综述以及产品质量与贸易关系文献综述四方面。

　　第三章为制度成本及其在中国出口贸易中的影响。本章首先界定制度成本的概念，其次从理论层面分析制度成本对企业贸易行为的影响。制度成本是指正式或非正式制度在运转过程中给国家和企业带来的额外支出，在微观上则体现为一国的不合理制度使企业在生产经营中付出的额外成本。无论制度成本的支付是否自愿，一旦存在不合理的宏观制度，新进企业面临的自由竞争市场环境就已经被改变。其他情形相同时，制度成本越大，表明企业不合理成本支出比重越大，即经营中来自制度的干预越大，则企业的寻利行为越容易受到扭曲。

　　第四章为制度成本对企业贸易行为影响的模型分析。本章将第三章中制度成本对企业的影响引入 Melitz 异质性企业贸易模型，并进行拓展分析。本章将制度成本进一步区分为生产制度成本和沉没制度成本，以变量的方式代入模型中，分封闭与开放两种情形进行理论分析。模型中，制度成本对企业经营行为的影响主要通过生产制度成本与生产固定成本比值的大小来体现，企业的生产成本与边际生产成本均受制度成本的影响。

　　在理论模型中，封闭情形下制度成本的引入对企业行为产生的影响主要有以下五个方面。第一，部分要素收入转化为制度性漏出，用于支付制度成本，企业和劳动力的收入水平都降低；第二，在制度成本的作用下，企业的异质性由生产率与制度成本共同决定，相同生产率水平的企业不再具有相同的退市概率，市场对企业的逆淘汰成为普遍现象；第三，承担较高制度成本的企业会获得更大的市场垄断权力，市场公平原则被破坏；第四，制度成本的存在会对企业的经营存续产生影响，企业理想经营年限不再为永久或长期，支付较高制度成本的企业更倾向于短期化经营，不利于一国核心优势产业的健康发展；第五，制度成本的真正受益者所积累的大量"制度收入"可能成为一国资本外流的重要来源，加剧本国资本的稀缺，进一步阻碍实业领域的发展。

　　在理论模型中，开放情形下制度成本的引入对企业产生的影响主要有以下四个方面：第一，出口选择效应不再完全适用。出口企业的生产率不高，高效率企业不出口，而且同等生产效率的企业由于制度的影响，有的企业可以在国内获得利润，但有的企业却被迫离开国内市场而进入国外。第二，在国际市场需求替代弹性确定的前提下，国内市场企业面对的市场替代弹性越小，越不利于企业出口。第三，违背企业出口的自我选择性。由于存在自我选择效应，国内市场的企业进入门槛被降低，拉低国内企业的平均生产率水平，参与出口的企业生产率门槛值不受国内制度因素影响，因此出口企业的平均生产率水平较高。但是受制度成本的影响，有大量的高效率企业不参与出口，选择全部内销，这完全源于制度成本对其垄断能力的加强，此结果与出口自我选择效应相悖。第四，企业开展出口的动机被扭转，完全源于其无法克服制度成本，无缘国内市场，而不得不进入国际市场。开放情形下，理论拓展模型亦考虑了中国外贸发展中普遍存在的企业在价格与质量方面对国内市场双重歧视的现象。整体而言，在制度成本的影响下，一国会有大量的企业出口时在价格和质量方面歧视国内市场。理论拓展模型对中国外贸发展中存在的诸多问题进行了较为深入的剖析，其研究结论既印证了经典理论的推断，也揭示了制度成本产生的负面影响。

第五章为制度成本的测量。本章从宏观视角尝试对制度成本进行测量，在经典贸易成本测量公式的基础上，推导出一国制度成本的测量公式，并对多国制度成本值进行横向分析。

第六章为制度成本对出口影响的实证分析。本章利用宏观面板数据就制度成本对贸易的影响进行了实证检验，制度因素采用第五章测算的制度成本值和经济自由度（IEF）指数两种数据分别设定计量模型，利用 OLS、随机效应、固定效应、广义估计方程（GEE）以及可行广义最小二乘法（FGLS）等方法进行计量分析。

第一个计量模型以中国的相关数据进行实证检验，结果表明，进口国的制度成本与中国对其出口规模之间的关系总体不确定，但某些实证方法支持正相关关系。进出口两国的制度相对水平对一国出口具有显著的积极作用，即一国通常会倾向于同较高制度水平的国家进行贸易，这也意味着这些较高制度水平的国家具有较大的贸易规模。多个模型证实，出口国国内制度水平的高低对其双边贸易出口也有十分显著的影响。

第二个计量模型以构建的虚拟国家、企业贸易关系为实证基础。实证分析表明，在企业层面，企业内销与外贸的分配受到国内外两个市场制度水平的影响，在国内制度水平逐步改善并达到一定水平时，会有更多的企业涉足国际市场，这也体现出制度对企业国际竞争力的积极作用。在国内制度水平降低时，消极的制度因素会对企业产生"推力"，促进企业的出口；国内制度不变时，国外制度即使出现恶化，出口规模相对于内销反而会有更大幅度的增长；国内制度对企业出口的影响程度高于企业生产率水平的影响。在国家层面，一国的高制度水平贸易伙伴出现较大的制度下滑时并不一定会带来贸易的下滑，表现出贸易规模对制度的黏性；一国各贸易伙伴间制度水平的相对变化会直接影响到该出口国的国际贸易国别分布，制度改善较快的国家会增加更多的进口。

第七章为研究总结与展望。

综上所述，本书认为，在长期，高制度成本会抑制出口和生产率提高，因此，在未来，中国应对影响国内经济发展的多个制度领域进行改革，打击腐败与寻租，约束地方政府行为，加强法治建设，以便降低企业的非生产投入。

目　录

第一章　绪论

第一节　研究背景及研究意义

一　研究背景

中国美国商会调查显示，2011 年在华美国企业面临官僚主义、腐败、法律法规不清晰及解释不一致、知识产权侵权及获取许可困难五大制度性挑战[①]。中国地区保护主义严重、运输成本高昂和商业流通体制不畅等问题不仅困扰着外资企业，也影响着中资企业，很大程度上阻碍了国内经济一体化进程（贾根良，2012）。在不合理制度[②]因素的背景下，我国的对外经贸活动极具"中国特色"，难以为他国所借鉴。

---

① 中国美国商会：《2011 年商务环境调查报告》，http://www.amchamchina.org/businessclimate2011。

② 本书所确定的合理制度应符合的标准包括：制度目的符合国际通行规则，制度的制定程序公开公正，制度的执行对本国的所有企业与个人公平且公开，基于国际对比而言制度的执行成本降低空间较小，违反制度的惩罚机制严格有效。凡与任何其中一条不符的制度，本书定义为不合理制度。从现实考虑，合理制度未必合法，不合理制度可能具有法律效力，因此在现实中推动法律法规的合理化具有极其重要的意义。在对"合理与不合理"的内涵判断标准上，本文借鉴相关文献的观点，如，Acemoglu（2006）分析了不合理制度（Inefficient Institutions）对经济发展的影响；Levchenko（2012）分析了不合理制度（Imperfect Institutions）对国际贸易的影响；Acemoglu（2006）对"不合理"（Inefficient）进行了解释：A potentially weaker definition of "inefficiency" would be Pareto inefficiency, whereby a set of institutions would be Pareto inefficient if a different set of institutions would make everybody better off. This definition, though important for certain theoretical analyses, is too weak in the context of political economy discussions, since one set of institutions may enrich a particular narrow social group, while causing stagnation or low growth for society at large, and we may wish to refer to this set of institutions as "inefficient". Acemoglu（2010）用了"有害的"（pernicious）经济制度的表述。

历史上日本出口发展最快的时期是 1962—1981 年。以下将中国 1992—2011 年的出口情况与日本进行简单对比，20 年间中国平均出口发展速度稍逊于日本，两国增速分别为 17.8% 和 19.7%，但相对于世界平均增长速度而言，中国有所胜出：中国 20 年间出口占世界的比重从 2.24% 上升至 10.56%，而日本仅从 3.77% 增至 7.89%。进入 20 世纪 80 年代后日本出口表现一直欠佳，占世界的比重在 1993 年达到最高值 9.5% 之后一直呈下降趋势，至 2011 年已不足 5%。日本的出口与进口相辅相成，通过进口来满足国内生产以及消费的真实需求，提高真实竞争力，而中国的进口则从属于出口，多因为满足短期出口而实现。在 1962—1981 年的 20 年内，日本有 9 年出现贸易逆差，其中 5 年的逆差额占出口的比重超过 10%，1963 年最高达到 18.3% 的水平，在顺差年份中只有 4 年顺差比重超过 10%，最高为 1971 年的 21.8%。相对而言，1992—2011 年的 20 年内中国仅在 1993 年出现一次逆差，其后连续实现顺差，顺差有 13 个年份超过 10%，其中有 5 个年份超过 20%，最高为 1998 年的 28.4%。日元在 1971 年开始升值，至 1981 年累计升值 63.2%，而中国人民币在 1994 年一次性贬值超过 33%，至 2011 年累计升值仅 33.4%，因此在中国出口发展中汇率的贬值效应不可忽略，从经济协调发展来看，进一步加快人民币汇率形成机制改革刻不容缓。

日本 20 世纪六七十年代的发展情形与中国有明显相似之处，但日本发展的核心经验并未被中国所借鉴。20 世纪 80 年代之后日本出口相对衰落，但这并非代表其产业的衰落，而是源于日本产业国际化投资与生产的兴起，而中国对出口的严重依赖仍然没有减缓趋势，中国企业国际化投资的能力有限，因此必须积极借鉴日本企业国际化拓展的经验。同时，中国政府如何采取措施引导企业开拓国内市场，以及如何投资境外市场是一个亟须解决的问题。日本长达 20 多年的出口繁荣带来了经济的腾飞，也奠定了日本产业强大国际竞争优势的基础。中国对外贸易发展路径与日本相仿，但在本质上中国受现代重商主义政策的束缚，经过多年发展收获了巨额的出口规模和外汇储备，却抑制了中国产业核心国际竞争优势的培育。

中国现有制度对资源合理配置的扭曲导致出口方面出现了一些独特性：出口规模庞大、加工贸易比重高企、出口参与企业结构独特以及庞大的"复进口"规模等。在中国企业的对外直接投资（OFDI）方面，也有极为明显的特征反衬出中国独特的制度因素[1]，具体体现为以下几个方面。

第一，投资产业结构失衡。

中国 OFDI（2009 年）和 GDP（2008 年）产业构成对比如表1-1所示，服务业和采矿业具有明显的比较竞争优势，而制造业表现出较强的竞争劣势。服务业（不含金融业）比重过高与企业及个人向国外转移资产有密切关系，与中国服务业国际竞争力无明显关系[2]。

表1-1　中国 OFDI（2009 年）和 GDP（2008 年）产业构成对比　单位:%

	第一产业 （含电、煤气、水的生产和供应）	制造业	采矿业	服务业 （含房地产业和建筑业）
OFDI	1.8	5.5	16.5	76.2
GDP	13.5	32.65	6.25	47.79

注：第一产业和服务业的范围根据国家统计局的定义有所调整（见括号部分）。

资料来源：OFDI 数据根据商务部《2009 年度中国对外直接投资统计公报》计算；GDP 数据根据《中国统计年鉴》（2010）计算。

第二，投资区域失衡。

中国 OFDI 区域流向可分为四类：避税港（Tax Havens）[3]、地理毗邻地区、自然资源丰裕地区和经济大国等。2009 年按流量计，中国

---

① 详见高云龙（2011）。

② 招商银行和贝恩公司联合发布《2011 中国私人财富报告》，中国 60% 的富人家庭考虑过或已经完成投资移民。这种以移民为目的的投资应当以投资于服务业为主。

③ OECD 2000 年所列的 35 个"避税港"名单中包括英属维尔京群岛；IMF 2006 年所列的 46 个"离岸金融中心"名单中包括中国香港、开曼群岛、英属维尔京群岛以及新加坡。中国国家税务总局公布的《避税港名单》共有 36 个国家（地区），含开曼群岛和英属维尔京群岛。"避税港"和"离岸金融中心"在本质上基本一致。中国香港虽然普遍被排除在避税港之外，但其作为中国 IFDI 和 OFDI 的重要来源地和目的地，大部分文献都将其与避税港列在一起研究。新加坡一般被排除在外，此处只是简单加总。

香港、开曼群岛、澳大利亚、卢森堡、英属维尔京群岛、新加坡、美国前七个目的地合计投资占总投资的近90%，其中流向中国香港、开曼群岛和英属维尔京群岛①三地的投资占总投资的75.4%，这一比重在2003年和2008年分别为87%和75%。业内普遍认为流入避税港的OFDI会有部分成为"返程投资"（Round-tripping）以外资的名义流入国内，Salidjanova（2011）认为中国官方数据中至少有25%的外资是"返程投资"②，甚至该比例可能达到1/3③。

第三，投资主体构成失衡。

流量方面，2009年央企OFDI占比为67.6%，与2005年83.2%的高峰值相比有所下降；存量方面，国有企业占比为83.9%④，较2004年峰值85.5%有所下降。国有企业在OFDI中的比重虽然不断下降，但所占比重仍较高。Helpman等（2004）发现，同时出口和OFDI的企业生产效率最高，单纯出口企业效率次之，只在国内销售的企业效率最低。近几年来年国有企业的出口额占全国出口总额的比重在16%左右，扣除外资企业所占55%份额，在内资企业中所占比重在1/3左右，该值与其在OFDI中的80%形成极大反差。

目前中国大量企业的理性经营行为已经带来了宏观负面影响，其根源在于大量对企业经营起导向作用的制度因素已不合时宜。通过深入分析制度因素对微观企业贸易行为的影响路径，了解企业对不合理制度因素的行为反应，有助于评估现实中多项制度因素的影响力。

异质性企业贸易理论为进行微观层面制度因素与出口之间的关系提供了理论基础，该理论将研究视角转向微观企业，通过贸易成本的

---

① 2007—2009年的三年中，中国资本占三地区年度外资流入总量的比重分别为：中国香港25.27%、64.81%和73.48%；开曼群岛11.41%、27.26%和41.76%；英属维尔京群岛6.57%、4.72%和6.37%。根据UNCTAD，WIR2010数据计算。

② 按此估算，在2009年该值至少为230亿美元，相当于当年OFDI流量的40%。

③ U. S. Department of State，"2009 Investment Climate Statement：China"，Washington，DC：Bureau of Economic，Energy and Business Affairs，February 2009，http://www. state. gov/e/eeb/rls/othr/ics/2009/120870. htm.

④ 此数据不含地方非金融国有企业，根据商务部公报计算。

筛选作用而甄别不同生产效率的企业。该理论将一国参与贸易的原因归咎于微观企业面对各种贸易成本时主动和被动选择的综合作用。微观视角的研究，能够挖掘微观贸易主体的动机，并通过判断大多数企业面对同一抉择时的反应，对产业层面以至国家层面的贸易发展作出预测。利用异质性企业贸易理论研究中国企业面对各项制度约束下的行为选择具有极强的理论和现实意义。

本书以制度成本作为衡量制度因素的指标，从微观与宏观两个层面进行分析。本书分别从微观与宏观两个层面对制度成本进行了定义，保持内在的统一性，但细节层面又注重区别性。微观层面上，将制度成本变量引入 Melitz（2003）模型，进行理论层面的拓展，分析了企业贸易经营决策在受到不合理制度影响时的决策变化路径；宏观层面上，对多国的制度成本进行了测量分析，并结合相关制度衡量指标对制度与贸易的关系进行了实证检验研究。

二　研究意义

本书的研究从理论和实证两方面展开，其中理论研究是对 Melitz（2003）的理论拓展，以下从理论和现实两方面阐述本书的研究意义。

第一，理论意义。

异质性企业贸易理论将贸易行为的研究对象进一步细分化，从类似的垄断竞争行业延伸至生产率差异化的全部企业，其目的不再是探讨贸易产生的原因，而是探讨企业开展贸易的微观因素。异质性企业贸易理论从理论上证明了大量文献的实证结果，即出口企业的自我选择效应和出口学习效应。贸易成本在 Melitz（2003）模型中具有重要地位，其分为可变贸易成本和固定贸易成本。其中可变贸易成本与出口量成正比，固定贸易成本为企业进入出口市场发生的一次性成本，模型中所有企业面对相同的可变贸易成本加成率（冰山成本τ）和固定成本。

但现实远比经典理论的假设复杂，尤其是在发展中国家，存在大量的不合理制度而导致类似（比如生产率相同）的企业在实际的发展中出现大相径庭的现象。不合理的制度从本质上增加了不同企业的经营成本，但也会使得类似企业承担的额外成本出现差异，甚至部分企业会从不合理制度中获益，在不合理制度的综合影响下，生产率对企业出口行为的影响不再单一化，而是显得更加复杂。此类现象难以用普遍的经典理论加以解释，为了更加接近现实，逐步放宽经典理论的假设有助于推动理论的创新并提高对现实情形的解释。

由于微观数据难以获得，本书利用宏观数据对多国的制度水平进行测量，为制度因素与贸易的研究提供新的研究思路。

第二，现实意义。

在 2008 年金融危机之后，世界经济受到重创，贸易保护主义抬头，进一步抑制了世界经济的复苏。世界贸易组织成立以来的第一轮多边谈判"多哈回合"进展缓慢，这反映出 WTO 成员的增加加大了多边谈判的难度，更多谈判方愈加难以达成共识，这使得未来实现 WTO 多边自由化的目标受到现实的残酷冲击。但各国经济增长的目标仍紧密地与经济全球化相联系，问题的胶着点在于如何分配相应的国际贸易和国际投资利益。整体上，未来世界经济发展的趋势仍将是长期的开放代替短期的保护，中国无论在 WTO "多哈回合"后续谈判中，还是在双边以及多边经济自由化（如 BIT、TISA、TPP、RCEP 等①）谈判中，必须以坚定的开放和改革态度积极参与其中。在经济全球化背景影响下，提高中国自身制度水平以在既定的贸易规模中获得更多的利益，是实现中国经济快速增长的重要途径。

过去 30 年，中国的经济制度经历了计划、转轨、发展三个阶段，而未来 30 年，中国经济制度需要更加注重公平性、法治性和创新性。针对这个转变的过程，黄海洲和周诚君（2013）建议"有必要以扩大开放为推手，倒逼国内相关领域加快改革"。国内制度与对外开放、国内经济发展之间存在着紧密的联系，并对后两者产生重要的影响。本书从理论和实证层面探讨制度与贸易的关系，有助于对中国未来改革中的相关政策进行评估。

---

① 分别指双边投资协定、服务贸易协定、跨太平洋伙伴关系协定和区域全面经济伙伴关系协定。

第二节　研究内容及研究方法

一　研究内容

中国外贸发展中产生的诸多问题，都与制度层面对微观企业行为的影响有关，本书首先对此进行了总结性分析。其次分别从微观、宏观两个层面对制度与出口之间的关系进行了分析。制度成本是本书的核心概念，本书从微观与宏观两个层面对其进行了差异化但又相关联的界定。在微观层面上，将制度成本引入了 Melitz (2003) 模型并进行拓展理论分析，企业间的异质性由生产率与制度成本两个因素共同决定；在宏观层面上，以内贸成本为基础对制度成本进行了测算分析，并进一步利用宏观数据对制度与贸易的关系进行了实证计量分析。

本书具体内容安排如下：

第一章为绪论。主要介绍了本书的研究背景及研究意义、研究内容及研究方法以及论文的创新及不足之处。

第二章为文献综述。本书的理论与实证分析主要涉及的领域包括制度与贸易关系研究、制度成本与贸易成本研究、异质性企业贸易理论及实证研究以及产品质量与贸易关系四个方面，本章对四个方面的文献进行了较为翔实的综述，为本书后续研究奠定基础。

第三章为制度成本及其在中国出口贸易中的影响。本章首先对制度成本进行了定义，并从理论层面结合 Melitz (2003) 模型进行了制度成本对企业外贸行为影响的分析；其次区分了制度成本在微观与宏观两个层面的影响，但主要从微观层面综述了不合理制度因素对企业经营行为的影响研究，并结合中国在外贸发展中存在的问题，分析了制度成本对企业贸易行为的干预途径。

第四章为制度成本对企业贸易行为影响的模型分析。本章从理论层面对 Melitz (2003) 模型进行拓展分析，这是本书的核心章节之一。以经典异质性企业贸易理论模型为基础，将衡量消极制度因素的制度成本引入模型，企业的异质性表达为生产率与制度成本二者的结合，该章对封闭和开放两种情形进行了分析。通过引入制度成本变量，从理论层面上分析了企业的出口与内销行为受非合理制度成本干扰之后的变动情形，并在此基础上进一步分析了产品质量因素与企业出口决策之间的关系。

第五章为制度成本的测量。由于缺乏微观层面数据，本章以贸易成本的测量公式为基础进行了推导，获得了利用宏观数据估测一国制度成本的公式，并对 119 国 18 年的制度成本进行了四种情形下的测算。该测算是从对外贸易角度估测一国制度水平的一次尝试，为对比不同国家间的制度水平提供了一种新的方法，具有较强的理论和实践参考价值。

第六章为制度成本对出口影响的实证分析。该章首先分析了中国制度因素对中国双边出口的影响；其次通过设定临界国，模拟微观企业的内贸与外贸行为，分析了制度因素与双边出口之间的关系。

第七章为研究总结与展望。本章首先归纳了全文研究所得出的主要结论；其次基于所得出的研究结论，提出政策建议；最后提出本书研究所存在的不足与挑战，以及未来进一步研究的方向。

本书的研究思路结构如图 1 - 1 所示。

二 研究方法

本书以异质性企业贸易理论为研究视角，引入制度因素的影响，对制度因素与生产率双重作用的异质性企业国际化行为进行了深入探讨，并结合实证方法进行了制度因素与贸易之间关系的检验。具体而言，本书采用的研究方法主要包括：

第一，归纳总结方法。本书对中国对外贸易发展中的主要特征进行了较为全面的归纳总结，并进行了国际比较，力求从中国外贸的独特性引出中国制度因素对企业行为的强大塑造作用，为本书的后续理论和实证分析提供借鉴。

第二，理论分析方法。本书第四章对 Melitz 模型进行了拓展，引入制度因素，详细分析了在封闭条件下，制度因素对企业的退市概率、市场需求以及企业退市生产率水平等方面的影响；还分析了开放情形下制度因素对企业出口决策的影响以及产品质量、价格因素与企业出口决策之间的关系。

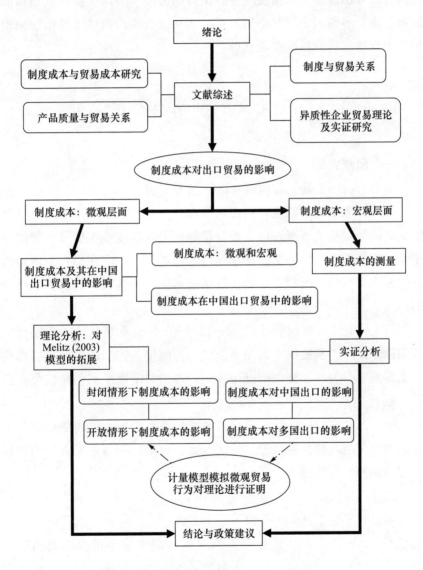

图 1-1　本书的研究思路结构图

第三，实证分析方法。本书第五章以 Novy（2013）贸易成本公式为基础，推导出衡量一国制度成本的测量公式，并使用多国多年数据进行了测算，以测算结果作为各国制度成本的测量值。第六章以多种计量方法分别检验了中国制度对其出口的影响、多国制度对其出口的影响。在对多国制度与其出口关系的实证分析中，构建了虚拟国家模型作为计量实证分析的理论基础。

第三节　论文的创新及不足之处

一　创新之处

本书的创新之处主要体现在以下三个方面。

第一，选题视角新颖。从经典模型入手，对 Melitz（2003）模型中最基础的贸易成本概念进行外延扩展，引入制度成本变量，增加了企业经营的不确定性分析，详细探讨多种情形下企业在出口与内销市场中的决策行为，既有对经典文献结论的证明，也有对经典文献结论的挑战。

第二，研究方法前沿。以 Novy（2013）的经典贸易成本测量公式为基础，推导出制度成本的测量公式，为测量各国制度因素指标提供了更多参考，为基于外向型经济视角的各国制度水平间的比较分析提供了便利。

第三，研究数据独特。根据多国贸易关系数据，构建虚拟国家与企业的内贸与外贸关系数据，并进行实证分析，克服了微观层面数据缺乏带来的实证瓶颈。

二　不足之处

本书的不足之处体现在以下三个方面。

第一，第四章的理论模型扩展仅仅从制度成本单一因素角度展开，并且在模型分析中采用了大量的定性和列举分析，未能较好地采用数理方式进行更加严谨的逻辑推导。

第二，第五章制度成本的测量公式忽略了一国内部不同产业间、不同地区间的差异，与第四章理论模型中每个企业面对制度成本差异化的假设相悖，由于数据和篇幅有限，本书未能进行更加细致的分析。

第三，第六章的实证分析为宏观数据，因此难以完全证实或证伪第四章的理论模型，通过设定虚拟国家，对微观企业贸易行为受制度因素影响的逻辑有所证明，但未来仍有待于利用微观层面的数据进行更加完善的实证分析。

第二章　文献综述

本书将制度因素引入 Melitz（2003）模型，并对其进行扩展，探讨制度成本对异质性企业贸易行为选择的影响。本章将对本书主要涉及的领域进行文献综述，包括制度与贸易关系研究、制度成本与贸易成本研究、异质性企业贸易理论及实证研究以及产品质量与贸易关系研究四个方面。

第一节　制度与贸易关系文献综述

制度主要指影响经济产出的一系列因素，如合同履行制度、产权制度、投资人保护制度、法律制度以及政治体系（The Political System）。有关制度的实证研究结论主要有：第一，制度对经济有着非常重大的影响，而且发达国家比发展中国家拥有更好的制度；第二，制度具有较强的稳定性，但也会随着经济环境的变化而变化；第三，制度是一国贸易比较优势的来源之一，制度优越性与双边贸易规模存在正相关，制度相似性与双边贸易规模也表现出一定的正相关（Rodrik et al.，2004；Levchenko，2007；Nunn and Trefler，2014；Ogilvie and Carus，2014；Araujo et al.，2016）。

经典贸易理论通常认为决定贸易的因素主要有要素禀赋、技术、消费偏好以及市场竞争等，而忽略了制度因素。Greif（1992）发现即使是 11—14 世纪商业革命（Commercial Revolution）时期的国际贸易也受到了制度因素的影响。制度决定了贸易发展的诸多因素，如商品的未来市场、知识的国际化积累和扩散、国外投资者与政府的关系，以及生产企业与境外供货商和分销商的关系。

国际上研究制度与贸易的文献众多，普遍认为具有优良制度的国家与贸易大国一样均发展迅速，且制度好的国家通常有较大的贸易规模，贸易发展也会影响制度（Dollar and Kraay，2003；Groot，Linders，Rietveld et al.，2004；Levchenko，2007）。一般而言，制度水平较高的国家间的贸易规模更大（Dollar and Kraay，2003），较差的制度会阻碍出口，低质量水平的国家较难从贸易中获益，因此，制度质量的提高在一国贸易自由化过程中显得尤为重要（Axel Bor-rmann，2006；Söderlund and Tingvall，2014），中国国内不同地区间制度的差异也是区域出口分化的重要原因（张杰等，2010；金祥荣等，2008），进口国制度水平越高越有利于中国出口企业的出口（谭智等，2014）。Meon和Sekkat（2008）将贸易品细分为总贸易品、制成品和非制成品，认为制度质量的影响产生了差异，其中，制度质量的提高能推动制成品出口，但对总出口与非制成品的影响不确定，其中非制成品的出口甚至与制度质量负相关。制度对贸易产品的质量也有一定的影响（Essaji and Fujiwara，2012），并且能够降低国际贸易成本，提高企业的生产效率，有助于提升出口技术复杂度（王涛生，2010；金祥荣、茹玉骢和吴宏，2008；毛其淋和许家云，2015；戴翔和金碚，2014）。

大量文献一般只选取一个制度变量，而忽略了多种制度因素之间的联系和影响，Anderson（2004）发现正式制度与非正式制度对贸易规模的影响并不一致，而且不同的贸易商从好的制度中所获利益是存在差异的。

不仅制度对贸易有影响作用，同时，贸易也反作用于制度。Levchenko（2013）认为制度质量是由政治经济博弈（A Political Econ-omy Game）的均衡状态决定的，在贸易开放状态下，不同国家间会自发进行制度上的竞赛，而推动制度质量的提高。Bhattacharyya（2012）、Khandelwal等（2013）都从贸易自由化的角度进行分析认为，通过贸易自由化而取消低效率制度下施行的贸易壁垒，可以促进高质量制度的产生，出口国将能够获得远超预期的贸易收益。但

Cheptea（2007）通过对中东欧国家加入欧盟的分析，发现贸易自由化措施对贸易的促进有限，反而中东欧国家的国内制度（私有化和打击腐败）改善加速了中东欧与欧盟的贸易，未能发现贸易自由化对制度的改善作用。落后国家推动制度改革时，单纯模仿先进国家也存在诸多问题，如缺乏配套制度、管理水平低下、较高的人均成本、较低的人力资本水平、差异化的技术要求等。无论制度模仿或是制度创新，必须能有效推进政治经济改革（Axel Borrmann，2006）。

国内研究制度与贸易关系的文献较少，制度研究文献主要集中于制度与国内经济发展等领域，如社会主义基本制度、国有企业与非国有企业对比、外向型经济发展、寻租与腐败以及制度软化等方面（沈坤荣和李剑，2003；金祥荣、茹玉骢和吴宏，2008；邵军和徐康宁，2008；赵奇伟，2009；马秀颖，2011；张杰、李勇和刘志彪，2010；行伟波和李善同，2012）。魏浩、何晓琳和赵春明（2010）认为，发展中国家与贸易伙伴国之间的制度差距会增加贸易成本，不利于双边贸易往来。

早期的文献与近期的文献，在实证研究的方法方面存在较大的差异。较早期的文献多以 OLS 方法进行多制度指标的代入比较分析，近期的文献引入了更多较新的计量方法，如 Tobit 和 Probit 方法，系统 GMM 法以及 PPML 法等。早期文献对零值贸易关注较少，处理较简单，近期文献对零值贸易的处理更加谨慎并采用了较新的计量方法来提高检验的可信度。在制度指标的采用方面，更多的文献引入多个指标进行检验分析。绝大多数模型以引力模型及其变形为基础，相关控制变量相近，被解释变量以双边贸易额为主，但有部分文献采用贸易相对值。在国际贸易领域的研究文献中，涉及国别制度环境的衡量指标体系有多种，主要的制度指标数据来源有 IEF 指数、Kunčič 的 IQD 数据、CEPII 的 IPD 数据、EFW 指数、QoG 指数、CPI 指数、WGI 指数、ICRG 指数等综合指数及其相关细分指数，国内制度数据多采用樊纲的市场化指数。

现有制度研究的不足主要表现在两个方面：第一，现有制度与贸易研究主要基于制度对贸易规模的影响，而贸易规模难以完整衡量—

国实际的贸易利益。第二，现有制度研究多以单制度因素为研究对象，而忽略了一国内部多制度因素之间的综合作用，以及国内外制度因素的相互影响。

第二节 制度成本与贸易成本研究综述

现有关于制度成本的研究文献较少，主要集于中国内研究领域。在范畴上，制度成本和贸易成本都属于新制度经济学中交易成本的一部分，本书侧重于对外贸易领域，贸易成本研究文献较为成熟，将通过构建制度成本与贸易成本的关系来实现对制度成本的测量。

一 制度成本文献综述

为了探讨制度与贸易之间的关系，本书第五章对制度成本的估测以贸易成本估测公式为基础，在范畴上二者都属于宏观交易成本（Transaction Costs）的组成部分，这里首先对制度成本与贸易成本的关系进行文献综述。

各项制度的运行在企业的经营中体现为相关的支出项目，在文献中多称为"交易成本"。如同"制度"一词的概念一样，交易成本概念作为新制度经济学的基本概念之一，其含义及内涵外延等仍存在不同的理解（张旭昆，2012）。科斯将交易成本定义为"为了完成一项市场交易，必须弄清楚谁是某人与之交易者，必须通告人们，某人愿意出售某物，以及愿意在何种条件下进行导致协议的谈判、签订合同并实施为保证合同条款得到遵守所必要的检查，如此等等"[1]。制度经济学更广泛地把交易成本定义为包括所有与制度或组织的建立或变迁，以及制度或组织使用有关的成本[2]。

张五常从广义的角度将交易成本定义为包括那些不可能存在于一

---

[1] 转引自迈克尔·迪屈奇：《交易成本经济学：关于公司的新的经济意义》，王铁生和葛立成译，经济科学出版社 2000 年版。

[2] 转引自汪洪涛：《制度经济学：制度及制度变迁性质解释》（第 2 版），复旦大学出版社 2009 年版。

个鲁滨逊（即一个人）经济中的所有成本，主要包括签约和谈判成本、度量和界定产权的成本、用契约约束权力斗争的成本、监督绩效的成本、进行组织活动的成本。张五常（1999）认为这些成本因素涉及领域繁多且复杂，应以制度成本（Institutional Costs）取代"交易成本"。简言之，交易成本可以分为搜寻信息成本、议价成本以及交易履行成本三大类别。

但是在不成熟的市场经济中，交易成本理论的诉求会发生变化。张五常发现，交易成本在一个极权国家所占国民收入的比重远远高于在一个私有企业经济中的比重，不同制度下经济绩效的显著区别与此密切相关（Cheung，1982）。基于对中国现实政治经济制度研究的偏好，张五常在更多的场合采用了制度成本而非交易成本，用以描述协调运用经济资源制度安排的成本（科斯，1999）。

在当前新制度经济学研究中，制度成本并不占有一席之地（李建德，2000；张广利和陈丰，2010），"Institutional Costs"目前基本不具有新制度经济学中的含义，仍旧基本保持其固定字面意思——机构费用。

一般而言，交易成本具有组织的外部性特征，是交易主体对外进行交易而产生的成本支出，国际贸易文献中提到的贸易成本（Trade Costs）即属于交易成本的一种类型（Anderson and Wincoop，2004）；而制度成本概念目前在国内的发展，逐步脱离交易成本的核心思想，转向交易主体内部成本的核算与支付。也许正是制度成本体现出的"内向特征"，无法体现出新制度经济学的外部制度构建核心思想，因而其相关理论发展缓慢。

近年来，国内学者经常提及制度成本，如周其仁（2008），但进行深入研究的文献研究仍然有限，在概念的界定上与通俗的应用之间存在着较大的差距。

李建德（2000）从制度的本质角度来定义，认为制度成本是社会在形成"制度"这种信息时所花费的必要费用。徐传谌和廖红伟（2009）认为把制度成本（其中包括界定和实施产权的成本）等同于广义的交易成本乃学界共识①。陈丰（2009）、张广利和陈丰（2010）、张旭昆（2012）的定义相仿，认为制度成本指以制度设计为起点、以制度变迁为终点的整个制度周期中所产生的一切耗费，是实现不同主体之间利益博弈而产生的成本，由制度形成成本、制度执行成本、制度监督成本以及制度变迁成本构成。该定义为目前中国文献中最为明确的制度成本定义，但未能涵盖当前文献对该词汇引申的全部含义。

制度成本中的"制度"包括企业内和企业外两种制度，企业内的制度涉及企业治理理论（谭政勋和王聪，2010；刘远航和黄立华，2008），而企业外制度则涉及政府治理架构，此为学界普遍的研究领域。制度成本的表现可以视作整个社会中宏观总体方面的损失（杨光斌，2005；胡学勤和李巧云，2011），但整体社会的损失最终均转化为各个企业具体的成本支出（万华林和陈信元，2010；盛丹和王永进，2010）。

综上所述，"制度成本"的界定尚未有权威观点，现有文献的探讨基本基于理论探讨，尚没有对其具体应用的研究，本书力图从应用的角度对其进行界定，将其引入企业的具体经营决策以及宏观制度层面的评价两个层面的研究中。

二 贸易成本的实证研究

在国际贸易理论研究方面，对贸易成本的认识也是逐步的。在古典和新古典贸易理论模型中均将运输成本假设为零，运输成本即为贸易成本。在新贸易理论中，开始普遍地引入非零的运输成本。Anderson和Wincoop（2004）从广义角度对贸易成本（Trade Costs）进行了范围的界定，贸易成本是指一个最终消费者为获得一个产品必须支付的除产品边际生产成本之外的所有成本，具体包括运输成本（运费和时间成本）、政策壁垒（关税和非关税壁垒）、信息成本、合同执行成本、货币兑换成本、遵行法律法规成本以及当地分销成本（零售和批发）等若干项目。Gao（2007）将广义的贸易成

---

① 该结论缺乏文献证明。

本区分为运输成本、关税和非关税壁垒，以及信息、文化和制度方面的壁垒。

异质性企业贸易理论的出现又将贸易成本的研究带入了一个新的领域，强调了异质性企业在出口、内销各领域自我选择效应中贸易成本的决定作用。Melitz（2003）将贸易成本分为固定贸易成本和可变贸易成本，而固定贸易成本作为企业从事出口的进入成本具有沉没成本的特点，因此固定贸易成本就成为导致异质性企业分化的重要因素。Bernard，Eaton，Jensen 等（2003）考虑了地理障碍（Geographic Barriers）因素，模型的构建仍然仅以冰山运输成本为基础，否认了 Melitz（2003）对固定出口成本假设的合理性。Yeaple（2005）延续了 Melitz 模型对固定贸易成本的假设。Bernard，Jensen 等（2006）构建的贸易成本包括从价税率以及从价运费和保险费率，且随着时间和产业的不同而发生变化。Melitz 和 Ottaviano（2008）认为在一定约束下，取消固定出口成本假设并不影响企业自我选择效应。

固定贸易成本和可变贸易成本的二分法是在异质性企业贸易理论发展过程中的新观点，在大多数的实证分析中固定贸易成本往往被忽视。Medin（2003）认为降低固定成本对贸易发展的影响类似于可变贸易成本的降低。在可变贸易成本降低空间变小的背景下，政府和企业有必要努力压缩贸易的固定成本。Hanson 和 Xiang（2011）分析了大国、小国在面对不同贸易成本时的福利效应，如果固定贸易成本是双边性质（Bilateral Fixed Export Costs），即企业每进入一个国家均会发生固定的贸易成本，那么在国际贸易中，小国会处于不利地位；如果固定贸易成本是全球性的（Global Fixed Export Costs），则企业在一次性支付该成本后，只需支付可变贸易成本，因而效率低下的企业会放弃出口，而小国贸易在其中并无劣势。

不同文献对贸易成本的定义虽然存在一定的差别，但整体上对历史各个阶段贸易成本与贸易发展之间关系的实证检验结果均存在着一定的相似性，即贸易成本的降低都有助于贸易的增长和发展（Novy，2006；Jacks，Meissner et al.，2008；Jacks，Meissner et al.，2010；

Jacks, Meissner et al., 2011; Baier and Bergstrand, 2001）。Novy（2006）基于引力模型对"二战"后全球贸易成本的变化进行了实证检验，其对贸易成本的构建仍然基于冰山成本模式，未考虑固定贸易成本。其分析发现，由于区域经济融合导致的贸易成本下降，促使贸易流向从远距离的贸易伙伴向邻近国家的贸易转向。

Jacks 等（2008）、Jacks 等（2010）、Jacks 等（2011）对不同历史时期、不同国家区域的研究也证实了贸易成本和贸易发展间的促进关系。Jacks 等（2010）发现在1870—1913年世界贸易增长的44%来自贸易成本的降低，其余为经济扩张的影响；Jacks 等（2011）研究发现贸易成本对贸易增长的促进作用在不断下降。Baier 和 Bergstrand（2001）针对 OECD 国家贸易增长和贸易成本的研究结论与 Jacks 等（2011）的研究结论相仿。

贸易成本与贸易增长之间的整体关系在不同时期的表现虽然类似，但是二者之间内在的各种联系却具有多种不确定性。Gao（2007）从全球经济一体化的角度考虑了贸易成本的影响，认为贸易成本降低会导致不同产业部门在各个国家的分布发生相对变化，且会促使富裕国家的制造业部门产出收缩以及 R&D 部门扩张；R&D 部门的扩张会促进世界的经济增长，落后国家工业的扩张会提高其生活水平。Jørgensen 和 Schroder（2008）将企业异质性成本模型运用于贸易成本的研究，发现在企业层面如果存在差异化的固定贸易成本，则正关税有利于世界和各国福利水平的提高，具有较高固定出口成本（表示具有较低的生产效率）的企业会在出口竞争中失败。Davis 和 Harrigan（2011）分析了贸易成本变化对国内不同行业工资的影响，结果显示，贸易成本降低，开放度提高，会导致原高工资部门工资降低，并增加失业率。Balistreri, Hillberry 和 Rutherford（2011）引入固定贸易成本假设，对关税和贸易成本的下降对经济的影响做了对比分析，发现影响固定贸易成本的政策措施的重要性要强于影响关税壁垒的政策措施。Minetti 和 Zhu（2011）将企业出口融资成本和贸易进入成本相结合，以意大利出口企业为例分析了出口信贷配额制对不同类型企业的影响。

Amiti 和 Javorcik（2008）、Song 和 Chen（2010）、Lu 等（2010）

基于中国独特的国内经济环境从不同角度分析了贸易成本的影响。Amiti 和 Javorcik（2008）将贸易成本作为外资企业在中国地理分布的重要影响因素进行了考量，将贸易因素区分为国内贸易成本（即外资企业与国内供应商的交易成本）和国际贸易成本（在华投资企业的出口成本）。Song 和 Chen（2010）基于中国食品企业的数据，对食品安全规章制度导致的成本增加与中国食品出口间的关系进行了实证研究，分析发现，企业为遵守各进口国各项有关食品安全方面规定而增加的成本支出连年增长，在短期内，对出口有负面影响，在长期，则促进贸易发展。Lu 等（2010）发现，贸易成本的降低促进了企业对外垂直投资的增长，尤其是低端制造业的外迁。中国的外资企业中，面向国内市场的外企相对于以出口为主的外企，具有更高的生产效率，该结论和异质性企业贸易理论的结论存在一定的矛盾。

需要注意的是，贸易成本概念的隐含前提是企业的国内贸易成本相对低于出口贸易成本。Amiti 和 Javorcik（2008）在分析外资企业在华投资时，考虑了国内贸易成本对企业投资和贸易的影响，将外资企业与中国国内供应商的交易成本定义为国内贸易成本，这种假设突破了传统贸易成本分析的基础假设。陈秀山和张若（2007）结合中国区域经济发展引入了国内贸易成本的概念，认为通过降低国内区域间的贸易成本，加快国内市场一体化进程，有利于促使大量出口企业逐步从国际市场向国内市场转移，开拓国内市场。潘向东、廖进中和赖明勇（2005）虽然将国内的经济制度与贸易增长相联系，但其研究仅限于鼓励贸易型的经济制度安排，而未考虑影响国内市场发展的经济制度与贸易增长的联系。

世界贸易的障碍不断降低，意味着国外需求拉动了各国的出口。Hu 和 Liu（2010）分析认为中国国内运输业投资对中国 GDP 有较大的促进作用，但并没有分析中国近年来较高物流成本对经济的负面影响。在国外旺盛需求和不断降低的贸易成本双重拉动下，中国出口企业出口仍然主要依靠低价竞销策略，当贸易成本上升时，中国企业多依赖降低价格而不是提升品质来保持竞争优势（施炳展，2011）。

三　贸易成本的测量

本书对内贸成本的测度以贸易成本研究为基础，并将内贸成本测度值作为国别间制度水平衡量的标准，主要涉及的文献包括内贸成本研究和贸易成本测度研究两方面。

（一）内贸成本研究

国内研究内贸成本的文献一般以省际贸易为研究对象，而非省域内部贸易成本。以省际贸易成本作为中国整体内贸成本的反应，这种研究视角完全借鉴了贸易成本的研究思路，将国与国之间的关系衍生至一国之内的省与省间的关系，均未能确定一个地区内部真正的贸易成本（省内贸易成本）（刘瑞明，2012）。

赵永亮（2012）对我国省份层面的国内贸易壁垒因素与边界效应进行了分析，其研究对象涉及各省份间的贸易，自变量中作为衡量各省份内部贸易壁垒的指标主要包括产业结构、政策差异（政府的保护偏好）、市场化指数和贸易外向程度等常规宏观指标，该文未涉及各省内部的贸易成本。许统生、洪勇和涂远芬等（2013）测度了中国内部省际间的贸易成本，其测度公式以 Novy（2013）为基础，核心思想没有改变，仍然强调了区域间而非区域内的贸易成本。

国内文献对省际贸易的研究更多从市场分割的角度进行，因而导致对省际贸易成本的测度与市场分割紧密相连，相关测度以及实证研究变量的确定多与市场分割程度相关，而与衡量一省内部的贸易成本关联较小。市场分割的算法和测度方法主要包括生产法、贸易法、价格法、经济周期法和问卷调查法五种（余东华和刘运，2009），这些方法间接地反映了内贸成本，但在诸多文献对各种方法的应用上仍侧重于内贸成本的省际属性，而非省内属性。除上述间接测度省际贸易成本的相关研究外，目前在中国内贸成本（省际贸易成本）的测度方面，尚未有专门直接研究这类问题的文献（许统生、洪勇和涂远芬等，2013）。

（二）贸易成本测度研究

Obstfeld 和 Rogoff（2000）认为贸易成本是现代国际宏观经济学中六个主要谜题（The Six Major Puzzles in International Macroeconomics）产生的根源。根据 Anderson 和 van Wincoop（2004）的分析，世界总贸易成本相当于货物价值170%的从价税率。新经济地理学文献将贸易成本视为经济活动区位和收入失衡的主要决定因素。

异质性企业贸易理论的出现将贸易成本的研究带入了一个新的领域，强调了异质性企业在出口、内销各领域自我选择效应中贸易成本的决定性作用（Melitz，2003；BEJK，2003）。固定贸易成本和可变贸易成本的二分法是在异质性企业贸易理论发展过程中出现的新观点，在大多数的实证分析中固定贸易成本的假设往往被忽视（Medin，2003；Hanson and Xiang，2011）。不同文献对贸易成本的界定虽然存在一定的差别，但整体上对历史各个阶段贸易成本与贸易发展之间关系的实证检验结果均存在着一定的相似性，即贸易成本的降低有助于贸易的增长和发展（Baier and Bergstrand，2001；Novy，2006；Jacks，Meissner and Novy，2011）。

贸易成本在理论模型中通常表现为冰山成本的形式，在实证文献中则存在着多种不同的测度方法。Anderson 和 Wincoop（2004）将广义的贸易成本定义为产品到达最终消费者时扣除产品的边际生产成本之外的所有成本，其定义之广凸显出贸易成本赋值的复杂性。

针对贸易成本的实证研究中，对贸易成本测度的研究主要分为两类。

第一，采用部分易得数据代替广义的贸易成本，方法简单亦无创新。

部分实证研究文献考虑到贸易成本的复杂性，而将某项或某些具体贸易成本因素作为总体贸易成本的替代，以便于能够更好地反映研究意图，通常采用的贸易成本替代性数据包括距离、基础设施建设情况、贸易政策游说支出、通信成本、港口作业效率、港口数量以及铁路里程、贸易协定等（Haris，1995；Limão and Venables，2001；Clark，Dollar and Miccob，2004；Fink，Mattoo and Neagu，2005；Tovar，2011）。Harris（1995）分析了作为高科技领域的通信行业的成本对贸易模式的影响；Limão 和 Venables（2001）主要研究了运输成本以及影响运输成本的基础设施等因素，并将二者作为贸易成本的替代。

部分文献在理论分析的基础上进行实证分析时，对贸易成本的测度往往较多地借鉴了比较成熟的文献记载方法。Amiti 和 Javorcik（2008）将贸易成本作为外资企业在中国地理分布的重要影响因素进行了考量，其贸易成本数据主要来自距离、铁路和水运航线长度，以及加权进口关税水平等；Davis 和 Harrigan（2011）分析了贸易成本变化对国内不同行业工资的影响，其对贸易成本数值的确定基本上借鉴了 Anderson 和 Wincoop（2004）的分析结果；Balistreri 等（2011）引入固定贸易成本假设，把关税和贸易成本的下降对经济的影响做了对比，其实证分析中贸易成本数值通过公式 $T_{rs} = d_{rs}^{\rho}$ 来确定，其中 d 为两国 r 和 s 之间的距离。

第二，对贸易成本测度方法的分析，一般又分为直接测度法（Direct Measurement Approaches）和间接测度法（Indirect Measurement Approaches）（Moïsé and Bris，2013）。直接测度法受限于数据的可获得性，并只能涵盖部分成本项目，而间接测度法则以贸易规模和贸易商品价格为基础。

直接贸易成本测度依赖于对可观察数据与各种成本构成部分替代变量的收集。这类数据一般都需要由相应的组织进行长期的积累和整理，比如联合国、OECD、WTO 以及 CEPII 等机构通常提供相关的贸易政策相关统计信息。直接测度方法通常会将大量的数据如距离、共同边界以及相同语言等作为变量引入贸易引力模型，实现定性分析指标向测量贸易成本的定量指标的转变，最终确定与从价税率等价的贸易成本值（Anderson and Wincoop，2004；Hummels et al.，2007；Portugal-Perez and Wilson，2012），其中 Anderson 和 Wincoop（2004）在这方面的研究具有重大影响，对构成贸易成本的逐项因素进行了详细分析。

Bosker 和 Garretsen（2010a，2010b）对主要贸易成本测量的文献进行了总结，如表 2 - 1 所示。

表 2 - 1　　　　　实证文献中主要用到的贸易成本估测公式①

分类	编号	贸易成本公式	文献来源
直接估计法 （Direct Estimation）	D - I	$T_{ij} = \exp(\tau D_{ij})$	Hanson（2005）
	D - II	$T_{ij} = \tau D_{ij}^{\delta}$	Brakman 等（2006）
	D - III	$T_{ij} = \tau^{Dij}$	Brakman 等（2004）
两步估计法 （Two-step Estimation）	T - I	$T_{ij} = D_{ij}^{\delta} \exp(\alpha B_{ij})$	Knaap（2006）
	T - II	$T_{ij} = D_{ij}^{\delta} \exp(\alpha_1 B_{ij} + \alpha_2 L_{ij}) \exp(\beta_1 \mathrm{isl}_i + \beta_2 \mathrm{isl}_j + \beta_3 \mathrm{llock}_i + \beta_4 \mathrm{llock}_j + \beta_5 \mathrm{ssa}_i + \beta_6 \mathrm{ssa}_j + \beta_7 \mathrm{ssa}_{ij})$	Redding 和 Venables（2004）
	T - III	$T_{ij} = D_{ij}^{\delta} + \alpha_1 B_{ij} + \alpha_2 L_{ij} + \beta_1 \mathrm{isl}_i + \beta_2 \mathrm{isl}_j + \beta_3 \mathrm{llock}_i + \beta_4 \mathrm{llock}_j + \beta_5 \mathrm{ssa}_i + \beta_6 \mathrm{ssa}_j + \beta_7 \mathrm{ssa}_{ij}$	Hummels（2006）

注：D_{ij} denotes a measure of distance between regions i and j, usually great-circle distance, but sometimes also other distance measures such as travel times (Brakman et al. , 2004) or population weighted great-circle distance (Breinlich, 2006) have been used. B_{ij} denotes a border dummy, either capturing the (alleged positive) effect of two regions being adjacent (Redding and Venables, 2004; Knaap, 2006) or the (possibly country-specific) effect of crossing a national border (Breinlich, 2006; Hering and Poncet, 2006). The variables, isl, llock, ssa refer respectively to whether the country/region is an island, landlocked or located in sub-Saharan Africa (Venables, 2010).

Bosker 和 Garretsen（2010b）将 T - I 和 T - II 两种方法分别称为乘法（Multiplicative）和加法（Additive），并分别采用 D - I 、T - I 、T - II 以及 T - III 四种方法测量了 80 个国家的贸易成本值，并进行了对比分析。

直接测度法基本上都以贸易引力模型为基础进行分析，从而确定对双边贸易产生重要影响的贸易成本因素及各项因素对贸易影响的程度，最终得到对总贸易成本的估测。Arvis 等（2013）将这些方法称

―――――――――
① 本表综合引用自 Bosker 和 Garretsen（2010a）Table 4 与 Bosker 和 Garretsen（2010b）Table 1，表中所注文献未在本书参考文献中列示。

为"自下而上"（Bottom Up）法。直接测度法的很多数据无法观测或缺失，甚至无法进行量化分析，导致直接测度法对贸易成本的估测值准确度较低。

间接测度法不再对影响贸易的诸多因素进行细分化，而是从整体角度对影响贸易活动的效果进行分析，并确定可以明确进行计算的测度公式。间接测度法认为，"无摩擦"的理想假设条件下的贸易规模与真实的观测贸易规模之间的差额构成了贸易成本。Arvis 等（2013）将该方法称为"自上而下"（Top Down）法。贸易引力模型仍然是间接测度法的主要工具，但在此方法中引力模型通常作为相关贸易成本测度公式的来源基础，相关变量以宏观数据如 GDP 以及双边贸易数据等为主，主要文献有 Head 和 Ries（2001），Head 和 Mayer（2004），Chaney（2008），Melitz 和 Ottaviano（2008），Chen 和 Novy（2011），Chen 和 Novy（2012）及 Jacks，Meissner 和 Novy（2011），Novy（2013）。

考虑到 Novy（2013）关于贸易成本测度的研究具有较大的影响，世界银行与联合国亚洲及太平洋经济社会委员会（O. N. Economic and Social Commission for Asia and the Pacific，ESCAP）共建的贸易成本数据库（ESCAP – World Bank Trade Cost Database）完全采用其方法建立，本书将以 Novy（2013）为基础构建一国内贸成本的测度公式。

第三节　异质性企业贸易理论及实证研究综述

Melitz 和 Trefler（2012）分析了对外贸易收益的三个来源：一是与产业内贸易相关联的产品多样化收益（Love of-Variety Gains）；二是与劳动力和资本从小规模、低效率企业向大规模、高效率企业转移相关联的资源配置优化收益（Allocative Efficiency Gains）；三是与贸易推动的创新相关联的生产效率优化收益（Productive Efficiency Gains）。异质性企业贸易理论的出现更好地解释了第二个贸易收益的来源。

一 企业异质性与贸易的基础研究

初期基于企业等微观数据的实证研究对已有的国际贸易模型提出了挑战，从而推动了强调企业异质性的新理论的发展。其后的实证研究对经典企业异质性贸易理论进行了证实，并逐步拓展至更多领域，如多产品出口企业、离岸外包、公司内贸易以及企业出口市场的动态性等（Bernard，Jensen，Redding et al.，2012）。异质性企业贸易理论所强调的"企业异质性"（Firm Heterogeneity）主要是指企业之间的差异化，该差异主要体现为企业之间的差异化的生产率水平，该异质性特征直接导致了不同企业在面对较高成本的出口与对外直接投资时的决策差异。该理论的产生主要源于对贸易现实的解释，在理论产生之前有大量的实证研究来检验微观企业生产率与出口之间的关系。

整体上异质性企业贸易理论研究领域主要涵盖三方面：第一，出口企业高效率的表现，即出口自我选择效应（Self-selection）；第二，最低效率企业退出市场，即市场淘汰效应；第三，出口学习效应（Learning by Exporting）。前两方面已为异质性企业贸易理论所证明，大部分经验性实证检验都能证实，出口学习效应在实证检验中存在较大的争议，在经典理论中亦未加以讨论。因此在一定程度上，出口学习效应可以作为一种提高企业效率的机制加以探讨，而并非作为结论加以接受。

根据 Aw，Chung 等（2000）的总结，Handoussa，Nishimizu 等（1986）可能是最早研究企业层面上贸易与生产率之间关系的文献。Handoussa，Nishimizu 等（1986）评估了埃及在1973年开始执行的一系列改革措施对公共部门企业生产率的影响，发现进口替代部门迅速增长，且生产率显著提高，但传统出口部门几乎停滞。Bernard，Jensen 等（1995）从劳动生产率水平、增长率、就业以及工资水平等角度将美国1976—1987年的出口企业和非出口企业进行了对比，在所有方面出口企业的表现都优于非出口企业：规模更大，效率更高且人均资本投入更大。期间出口企业的员工工资水平超过非出口企业14%，利润超过33%。Aw，Chung 等（2000）通过检验韩国和中国台湾相关行业的出口数据，证明了出口企业保持较高生产率的这一普遍共识，但指出尚无法从理论的角度予以合理解释。其利用韩国和中国台湾的数据检验企业出口的自我选择效应，发现中国台湾的企业具有明显的出口选择效应，而韩国企业并不明显。该文将韩国自我选择效应不明显的原因归结于生产要素对韩国出口的决定作用要大于生产率。

出口学习效应在大多数的文献中无法被证实，但多项文献检验证明了选择效应，如 Clerides，Lach 等（1998），Bernard 和 Jensen（1999），Mengistae 和 Pattillo（2004）。Clerides，Lach 等（1998）利用哥伦比亚、墨西哥和摩洛哥三个发展中国家的微观企业数据证明了出口选择效应，即出口企业的效率普遍高于非出口企业；但企业的出口行为对其生产成本的降低影响不大，因而未能证实出口学习效应；出口企业聚集地区的生产率外溢效应明显，有助于更多的非出口企业开展出口业务。Bernard 和 Jensen（1999）对出口企业出口前、出口时以及退出出口等多种情形进行了统计和简单计量分析，发现高效率的企业更容易开展出口，尽管出口业务对企业生产率的贡献并不是很高，但出口能降低出口企业的破产概率。整体上，出口企业在员工工资、规模以及市场竞争能力方面优于内销同类企业。Mengistae 和 Pattillo（2004）以埃塞俄比亚、加纳和肯尼亚三个撒哈拉以南国家企业为研究对象，研究结果显示向撒哈拉南部地区以外出口的企业生产率明显高于向该地区出口的企业。

Delgado，Farinas 等（2002）以西班牙的企业为例，实证检验了出口选择效应和出口学习效应，主要检验了出口企业和非出口企业之间全要素生产率（TFP）的差异。检验结果支持出口企业的自我选择效应，即更多效率较高的企业率先开展出口业务，但检验结果并不支持出口学习效应，仅新成立的出口企业有一定的出口学习效应体现。

理论探索方面，Montagna（2001）、Schmitt 和 Yu（2001）均从企业异质性的角度展开相关分析，前者将企业异质性与技术水平相联系，后者将出口成本作为划分企业异质性的标准。二者在异质性企业贸易理论开拓方面做了很好的辅助研究。Montagna（2001）发现自由贸易会导致低效率企业向高效率国家转移，因此在一定情形下贸易自由化会使得消费者福利或行业生产率受损，这与异质性企业贸易理论的结论不完全一致。

一般认为，奠定异质性企业贸易理论的核心文献为 Bernard，Eaton，Jensen 等（2003）、Melitz（2003）、Yeaple（2005）①。异质性企业贸易理论立足产业内贸易，以 Dixit-Stiglitz 模型为基础，采用单要素与对称国家假设方法，将贸易成本分为固定贸易成本（Sunk Entry Costs，或 Fixed Trade Costs，或 Fixed Investment Costs）和可变贸易成本（Per-unit Costs），探讨贸易成本尤其是固定贸易成本与异质性企业进入不同市场之间的关系。业界普遍认为 Melitz（2003）为异质性企业贸易理论的奠基之作。

Melitz（2003）采用对称国家假设，其目的主要是在要素报酬均等化的条件下，更加便利地分析企业出口的自我选择效应。针对非对称国家的情形，该文指出，在非对称的国别假设下，大国的总体效率、福利和工资等水平均高于较小国。从方法上，完全忽略了国家间的差异（仅限于要素数量的多少的差异），假设不同国家的相对工资固定，国家大小的差异仅仅影响企业的相对数量，与企业的生产率无关。其模型认为出口沉没成本对企业出口行为的影响要高于可变出口成本，出口利润大于零，因而可以抵消出口沉没成本时，企业就会开展出口业务。将出口沉没成本与企业市场进入决策相联系是其模型最重要的创新之一。最低效率企业之所以退出市场，是因为出口企业的高效率和高产量，对劳动力等要素的强劲需求增加了最低效率企业的要素投入成本，导致其最终被迫退出市场。但由于模型中 CES 的需求偏好假设，而无法考虑进口产品对最低效率企业产品的竞争因素和其对消费者需求产生的影响。最重要的结论为：效率最低企业的退出和效率较高企业出口市场的获得推动高效率企业市场份额的扩张，同时提高了高效率企业的利润和产业内的整体生产率。

Bernard，Eaton，Jensen 等（2003）基于美国企业出口数据展开实证分析，并构建理论模型，假设各企业间的差异仅限于生产效率（Efficiency）的差异，无论在何时、何地，生产技术均相同。研究结

---

① Baldwin 和 Forslid（2010）。

论为具有较高效率的企业一般有较高的利润率。在不完全竞争市场中，较高的效率会促使企业更倾向于出口并且整体规模扩张，从企业表现来看，出口企业效率较高，规模较大，并且出口企业的国内市场份额高于纯粹内销企业，原因在于企业高效率，同时也迫于同类企业的竞争，使得企业针对国内市场可以制定较低的价格。

Yeaple（2005）对企业异质性产生的来源做了独特的假设。关于企业异质性贸易的文献，多将生产效率差异随机地赋予企业，而该文假设企业先天同质，但企业可以自由选择不同的技术和不同素质的劳动力，通过在完全自由竞争的市场上自由地选择，最终形成企业之间的异质性。

二 异质性企业与贸易的深化研究

在 Melitz（2003）之后开始有大量的文献基于异质性企业假设进行理论和拓展。

Falvey, Greenaway 等（2004）和 Falvey, Greenaway 等（2006）均对 Melitz 模型进行了扩展，引入国家间在效率、规模以及技术等方面的差异，构建了异质性企业在异质性国家间开展贸易的模型。Helpman, Melitz 等（2004）将企业行为进一步扩展，将异质性企业出口与其直接投资（Horizontal FDI）相联系，其模型将产业内企业生产率的差异作为分析企业权衡贸易和投资二者关系的重要出发点，相对于Melitz 模型，其确定了效率最高企业参与国际化经营的更多选择，即当运输成本较高以及规模报酬不明显时，高效率的企业会以投资的方式来代替出口；在均衡状态下，企业可分为效率最低的企业只限于内销、相对较高效率的企业出口、效率最高的企业对外投资三类。

Falvey, Greenaway 等（2004）和 Helpman, Melitz 等（2004）在产品种类的假设上与 Yeaple 模型相同，但 Helpman, Melitz 等（2004）未采用异质性国家假设，国家间的差异仍仅限于劳动力要素规模。

Baldwin 和 Okubo（2006）将异质性企业的思想运用于新经济地理领域的拓展，其结论显示效率最高的企业更倾向于大市场（Big Regions）迁移，形成产业集聚（Agglomeration），并提高大市场整体的生产效率。该结论与 Baldwin 和 Forslid（2010）的研究结论极为相似。

Baldwin 和 Forslid（2010）采用非对称国家、静态均衡假设，重点分析了贸易对差异化国家利益的影响，但其国家差异仅限于要素（单一劳动力要素 L）的数量。对于贸易大国：贸易限制很高之时，贸易的开放不利于产品的多样化生产，但在贸易限制很少、开放度很高且在同一临界值之内时，贸易的开放有利于产品多样化的生产，如果开放度高于临界值，则贸易的进一步开放不利于产品多样化的生产。对于贸易小国，贸易的融合会降低本国生产产品的多样化程度，并且消费者的消费多样性也会被削弱。因此贸易开放的反多样化效应（Anti-variety Effect）对小国的影响更大。基于异质性企业和垄断竞争的假设，证明了母国市场效应（Home Market Effect，HME）和地理区位效应（Delocation Effect）。区位效应（Delocation Effect）是指随着贸易的自由化，会促使企业向较大的地区集中，表明贸易自由化对小国可能存在不利。

Bernard，Redding 等（2007）和 Okubo（2009）均将异质性企业假设引入传统的比较优势模型进行检验。Bernard，Redding 等（2007）将异质性企业假设引入 Heckscher-Ohlin 模型，分析了贸易自由化（以贸易成本的降低为代表）对国家、行业以及企业等各个层次的影响。Okubo（2009）将异质性企业假设与李嘉图比较优势模型相结合，引入了国家间工资率的差异假设。

Baldwin 和 Robert-Nicoud（2008）研究了异质性企业假设下的贸易增长问题，发现贸易自由化与增长之间的关系存在不确定性，负面效应主要来自 Hopenhayn-Melitz 模型选择效应的结果，该效应提高了企业增加新产品品种的成本，从而抑制了品种增加的速度。Melitz 和 Ottaviano（2008）将市场规模（Market Size）与异质性企业相联系，引入市场竞争强度（The Toughness of Competition）概念，以二者的关系为基础，考察了异质性企业价格加成（Mark-up）以及出口生产率临界值的变化。

三 中国国内的相关研究

国内对于异质性企业贸易理论的研究相对较晚，中国知网显示，洪联英和罗能生（2007）是国内第一个基于异质性企业贸易理论研究的文献，2009 年之后出现了大量基于理论中国化的文献。

张杰、李勇和刘志彪（2009），赵伟、赵金亮和韩媛媛（2011）前后利用中国几乎同一时期（1999—2003 年）的企业层面数据，采用不同的模型扩展和计量方法，均证明出口选择效应对中国企业不适用，并将其归结于加工贸易的大量存在，这一结论亦为基于行业数据而展开分析的李春顶和尹翔硕（2009）、李春顶（2010）所证实。李春顶和尹翔硕（2009）将其称为"生产率悖论"，并认为企业规模是影响中国企业出口的主要因素，而非生产率。

更多的文献证明了中国企业出口选择效应的存在。李春顶和唐丁祥（2010）利用 1999—2006 年的中国行业企业面板数据，证实了异质性企业贸易理论。张礼卿和孙俊新（2010）利用 2004—2007 年的数据，证明了选择效应的存在，但无法证明出口学习效应，并将其归结于加工贸易的大量存在。

易靖韬（2009）、易靖韬和傅佳莎（2011）均基于浙江省企业数据，采用不同的模型扩展与计量方法，证明了选择效应和出口效应的存在。他们的研究结论均认为，市场进入成本的存在，使得只有生产率高、规模大的企业更易出口。

高越和李荣林（2008）、李春顶（2009）均采用行业数据来展开生产率与企业国际化经营关系的分析。前者基于美国行业数据，后者基于中国行业数据，均证明了经典理论中关于企业选择效应的结论：高效率的企业出口，最高效率的企业对外直接投资。田东文和贾科华（2011）从纯理论模型的角度，在产品生产环节可分的情形下，通过引入企业异质性，基于 Helpman，Melitz 等（2004）模型，考察了不同效率企业在贸易与 FDI 两方面选择的机制。

对于大部分文献的面板数据分析，唐宜红和林发勤（2009），王华、许和连和杨晶晶（2011）均采用截面数据。唐宜红和林发勤（2009）利用 2005 年中国企业普查数据，证明了 Melitz 模型结论对中国的适用性；王华、许和连和杨晶晶（2011）采用 2002 年世界银行发布的 "The Study of Competitiveness，Technology & Firm Linkages" 问卷调查数据库，发现出口学习效应显著。

在其他研究扩展方面，张杰、刘志彪和张少军（2008）从制度层面对 Melitz 模型进一步做了扩展，从理论上解释了包括加工贸易在内的中国企业出口扩张是中国制度因素的重要表现；邵敏和包群（2011）采用 2000—2006 年 50625 家企业的相关经济数据，从企业微观层面分析了企业退出出口市场行为对其经营表现的影响；项松林（2011）利用 1995—2009 年中国出口到 123 个国家的 HS6 位码贸易数据探讨了多项因素对二元边际的影响；张会清和唐海燕（2011）检验了中国制造业产业内贸易的技术升级效应。

近年来中国国内学者也在多领域内基于异质性企业理论进行了深入的研究。

黄玖立和冼国明（2012）将企业异质性思想应用于对中国企业进入国内市场的行为分析，考察了影响该行为的各种因素。毛其淋和盛斌（2013）利用 1998—2007 年高度细化的关税数据和工业企业大样本微观数据，实证考察了中国贸易自由化对企业出口动态影响的显著性与程度，证明了企业出口动态对行业全要素生产率增长具有重要的促进作用，并且贸易自由化对企业出口动态的生产率效应亦具有较好的解释力。钱学锋、王胜和陈勇兵（2013）基于新近发展的多产品企业异质性贸易模型框架，利用 2000—2005 年的中国海关进出口数据库和中国工业企业数据库，实证研究发现多产品出口企业主导了中国的出口贸易，中国出口增长的大约 44% 来自企业内的扩展边际，集约的边际不是中国出口增长的主导力量。

第四节　产品质量与贸易关系文献综述

关于产品质量研究的理论文献有 Motta（1993）、Biglaiser 和 Ma（2003）。Motta（1993）在分析厂商竞争时，引入了企业提高产品质量时产生的两种成本：固定成本和可变成本，两种成本并不同时产生。Biglaiser 和 Ma（2003）分析了在逆向选择效应存在的情形下，企业提供质量差异化产品的价格策略。

Flam 和 Helpman（1987），Chiang 和 Masson（1988），Grossman 和 Helpman（1991），Copeland 和 Kotwal（1996）均假设富国在生产高质量产品方面具有比较优势，而穷国更善于生产低质量产品，因此各国出口比较优势产品。Flam 和 Helpman（1987）从收入和需求的角度分析了垂直产品差异化与南北国家间贸易的关系，质量差异主要来自国家间的技术差异而非要素禀赋差异。全部产品分为同质类商品和异质类商品，异质类商品体现为成本和质量两方面的差异，高收入国家对高质量产品的需求量大，且具有生产高质量产品的能力，而低收入国家的需求水平和生产能力均有限，在自由贸易的背景下，低收入国家将出口同质产品和低质量产品，而进口高质量产品。高质量产品意味着高价格，因此高收入消费者的支出会高于低收入消费者，整体上会缩小一国内部收入的差距。Chiang 和 Masson（1988）分析了完全竞争条件和规模报酬不变的情形下，小国内部的小规模企业的贸易收益与产品质量间的关系。文章考察的主要是出口行业的整体质量水平，并假设进口国消费者对每一个产业内单个企业的质量评价相同，均为行业整体平均质量，因此，贸易小国应加强出口企业行为管理，并可以限制部分企业出口，以提高产品质量水平。

Grossman 和 Helpman（1991）引入两国间质量竞争模型，两国的竞争在本质上仍然是在创新方面追求垄断优势。Copeland 和 Kotwal（1996）认为收入水平相差悬殊的两国可能无法在贸易中获益。两国偏好相同，但技术水平不同。两种商品，一种为同质产品，另一种为异质性产品。为了从高收入国家进口，低收入国家必须向高收入国家出口高质量的商品，以达到其国内消费者的偏好要求，否则低收入国家产品将无法进入其市场；若低收入国家的生产技术水平很低，难以想象其是否有能力生产出这样的高质量产品。结论显示，如果产品具有质量差异性，则高收入国家在高质量产品生产上具有比较优势时，两国间将不会有贸易发生，原因在于贸易不能给高收入国家带来收益；若一国在两种商品生产上均具有绝对优势，则两国间也将不会有贸易发生。

Fan（2005）以规模经济为基础，假设消费者具有不同质量需求，分析了产品质量在国际贸易中的作用。产品质量可以看作一种正常商品，消费者随着收入的提高而更加关注产品的质量，因此收入水平相近的国家其产品质量的需求接近，贸易规模大，并推动产品质量的提升；对于低收入国家而言，其产品质量会限制其参与贸易并从中获益，除非其国内外的质量偏好差异较小，且规模经济效益非常显著，才可能参与贸易。区分工业中间品和最终产品，且工业中间品的质量直接制约着最终产品的质量水平，高质量中间品有助于提高最终产品的质量，但也增加其成本。

事实上，关于质量与贸易的理论探讨中，涵盖的基本前提有两个：第一，富国在高质量产品的生产上具有比较优势；第二，富国消费的高质量产品比例更高。这两个结论通常被称为"林德假设"（The Linder Hypothesis）①。在实证检验的文献中，更多的是探讨如何选取能真正体现"质量"水平的数据指标，普遍采用的是单位产品价值或价格（Unit-value），如 Schott（2004），Brooks（2006），Hummels 和 Klenow（2005），Hallak（2006）等，方法上的差异带来的结论亦会不同，如 Faruq（2006），Hallak 和 Schott（2011），Liao（2011）等。

Brooks（2006）基于 Bernard，Eaton，Jensen 等（2003）模型来探讨哥伦比亚企业出口参与度过低的问题：哥伦比亚作为一个收入较低的国家，为何企业的出口参与度很低？为何大量的企业只有较少的出口额？文章通过计量分析确定其原因在于哥伦比亚企业生产效率（Output-productivity）和质量效率（Quality-productivity）的分离，即哥伦比亚拥有高生产效率的企业往往具有较低的质量效率，因而其产品不具有较高的国际市场竞争力；而一些低生产效率的企业具有较高的质量效率，因而出口比重较高。Hummels 和 Klenow（2005）将贸易增长的结果分为外延边际（Extensive Margin）、内涵边际（Intensive Margin）和质量边际（Quality Margin），因此大国相对于小国的出口额更大，分别表现为每种商品的出口数量高（内涵边际）、出口商品种类

---

① Hallak（2010）从质量需求和包含质量因素的供给相互作用的角度证明了"林德假设"在部门层面上的适用性。

更多（外延边际）以及出口质量更高（质量边际）。不同国家间工人人均收入差异约9%为质量边际效果。Hallak（2006）构建计量模型，检验出口国质量与进口国人均收入之间的关系，用产品质量价格指数来表示，价格指数基于交叉国家间单位出口产品价值计算而来。

Faruq（2006）以美国为例，采用价格与质量双方程系统贸易中的技术与质量关系进行了检验，其结论具有一定的折中性质，即出口商品的质量由企业的要素投入比例（人均资本投入）和技术水平（R&D）共同决定，而非由某一种因素决定。Khandelwal（2010）对判断质量的标准进行了创新，引入质量阶梯概念，将质量水平与贸易商品的市场占有率相联系。Hallak 和 Schott（2011）放弃单纯以价格指数作为质量体现的代理变量，并将质量重新定义为能够给消费者带来价值的所有可见与不可见的因素的结合。基于新的定义，其认为在出口价格相同时，具有较高贸易顺差的国家其产品质量较高。Liao（2011）提出一个新的质量测量指数：加权收入指数，并将其与传统的单位产品价值指数进行了对比，前者明显优于后者。

基于异质性企业理论的拓展主要有 Verhoogen（2008）、Baldwin 和 Harrigan（2011）。

Verhoogen（2008）为解释贸易与工资不平等之间的关系，以异质性企业贸易理论模型为基础，引入贸易产品的质量差异，并且进一步假设南方国家为赢得北方国家市场，其出口产品质量水平高于国内市场。其理论结论和基于墨西哥企业数据的实证检验结果相吻合，显示南方国家的货币贬值等鼓励出口措施促使国内高效率企业扩大出口，提高产品质量和工人工资，最终扩大了出口部门和国内低效率部门间的工资差距。

Baldwin 和 Harrigan（2011）以 Melitz 模型为基础进行了扩展，将企业的竞争力与质量调整之后的价格相联系（Quality-adjusted Price），因此企业异质性的体现不仅在于生产率之间的差异，还包含了其生产产品质量水平间的差异，与此对应，价格和质量共同影响消费者的偏好。

第三章 制度成本及其在中国 出口贸易中的影响

前文对关于制度成本（Institutional Costs）的研究进行了归纳整理，本章在文献综述的基础上，重新界定制度成本的概念，用于衡量一国不合理制度因素对企业及国家整体的影响，将其用于微观与宏观两个层面的分析。在微观层面，本章将把制度成本融入企业的具体经营决策之中，尤其是将其与企业的国际贸易行为相联系，探讨制度成本对企业异质性的影响；在宏观层面，本章将尝试对制度成本进行测量，为第六章的实证分析提供制度数据。

第一节 制度成本的定义

一 制度成本概念的界定

（一）制度成本与交易成本

康芒斯认为制度就是"集体行动对个体行动的控制"，在集体行动中，最重要的是法律制度①。舒尔茨（Theodore William Schultz）把制度定义为一种行为规则，涉及社会、政治及经济行为，并将其分为四类：①用于降低交易费用的制度，如货币、期货市场等；②用于影响生产要素的所有者之间配置风险的制度，如合约、分成制、合作社、公司、保险、公共社会安全计划等；③用于提供职能组织与个人

---

① 引自胡乐明、张建伟、朱富强《真实世界的经济学——新制度经济学纵览》，当代中国出版社 2002 年版。

收入流之间联系的制度，如财产，包括遗产法、资历和劳动者的其他权利等；④用于确立公共品和服务生产与分配框架的制度，如高速公路、飞机场、学校和农业试验站等①。诺思把制度定义为正式规则（如规则、法律和宪法）、非正式规则（如行为规范、惯例、行为自律）和实施效果的结合体②。Williamson（2000）将塑造企业活动的制度划分为四个主要类别：社会中的习俗和惯例；政治、法治以及行政等正式制度；产权制度和契约制度；企业内的资源分配和雇佣制度。正式制度、产权制度和契约制度是新制度经济学研究的主要对象。

Nunn 和 Trefler（2013）综合了制度与贸易关系的相关文献，认为影响一国参与国际贸易比较优势的各项制度因素主要包括三类：通常的制度如合同执行、产权、投资者保护以及政治体制等都会对一国参与国际贸易的比较优势产生影响；与金融发展相关的制度，如《破产法》《社会保障法》以及《公司法》等也会在企业层面影响一国的对外贸易比较优势；劳动力市场相关的制度也会影响比较优势，具体表现为影响企业与员工签署合同的制度、影响雇佣与解雇员工成本的制度、影响劳动力市场搜寻摩擦（Labor-market Search Frictions）的制度。

简言之，制度不仅包括社会规范和法律法规等基本制度，还包括很多的具体制度，如针对企业等组织的管理安排和适用于各类市场的规定等。制度作为一种外在规则对经济个体（如企业、组织、个人）的活动产生着重要影响，经济个体在面对特定的制度时会改变其预期成本与收益，从而改变行为与决策。即便存在自下而上的诱致性制度变迁，可以实现制度约束条件下的经济个体长期的利益最大化，但是大多数发展中国家的制度变迁主要为自上而下的强制性制度变迁，经济个体的合理利益诉求难以在长期获得合理的制度支持，因此经济个

---

① 引自卢现祥《新制度经济学》（第 2 版），武汉大学出版社 2011 年版。
② 引自约翰·N. 德勒巴克，约翰·V. C. 奈《新制度经济学前沿》（第 2 辑），张宁燕译，经济科学出版社 2003 年版。

体一般主要作为制度约束的接受者。

无论是正式制度还是非正式制度，均有高效率与低效率、合理与不合理之分。高效率与合理制度将带给经济个体和国家更多的利益，而低效率与不合理制度不仅会抑制经济增长（聂辉华，2008），也将给经济个体带来更多的额外成本或损失，其一般会覆盖大部分的经济个体，其中小部分经济个体在低效率与不合理制度中能获得较高的利益。

如前文所述，目前理论界尚无权威的制度成本定义，此处明确本书对制度成本的概念界定：制度成本是指正式或非正式制度在运转过程中给企业①或国家整体带来的额外支出②。在微观上其体现为不合理制度使企业在生产经营中增加的额外成本，进而制度成本通过直接影响企业的投入而间接影响企业的产出；在宏观上其则体现为一国要素的无效率投入。制度成本越低，则表明一国的制度水平越高，企业越能专注于生产，有利于生产效率的提高，消费者的需求越容易得到满足。降低制度成本不仅是企业的内在期望，也是一国的内在要求。

制度成本在本质上属于新制度经济学中"交易成本"的范畴，降低制度成本和交易成本是所有企业的理性选择。在制度不健全的情形下，企业会利用制度缺陷降低自身的交易成本和制度成本，实现自身的效率最大化，但可能使其他企业或整体利益受损。制度成本可以视作多交付的交易成本，属于社会资源的浪费，只有通过制度的调整和完善才可以消除制度成本，这个过程就是制度变迁的实现。

制度成本与交易成本之间在视角层面存在着一定的差异。交易成本产生于交易主体之间正常开展的交易，属于在生产环节之外额外增

---

① 本书不考虑个人、组织等其他经济个体，只考虑营利性企业。

② 额外支出是指在合理制度条件下不会产生的成本性支出，在形式上可以是生产支出，也可以是非生产支出。考虑到不合理制度产生的额外生产支出，在本质上是对企业正常生产的破坏，本书将该"额外支出"全部归类为非生产支出，对于企业而言表现为非生产性成本。万华林和陈信元（2010）将企业非生产性支出视为除企业正常生产经营所面临的交易成本之外的所有非生产性成本，等同于"寻租成本"，即企业作为市场的参与者被管制者施加的额外成本。本书的制度成本概念与万华林和陈信元（2010）的"非生产性支出"相似，但后者未能将此概念用于国际贸易的研究。

加的"正当成本支出"。而本书的制度成本则源于受制度的影响，企业为正常开展生产而被迫支付的"非正当生产成本"。

在现实中，一些合法但不合理的制度①，是企业制度成本负担的重要来源，如中国大量存在的政府审批制度等。此外，企业支付制度成本的动机存在着主动和被动之分：企业主动时，通过大量非生产性资本的投入，通常与腐败相联系，属于一种高回报与高风险并存的投资行为，其制度成本产生的结果将是通过对"制度"的改变获得较其他竞争对手更大的优势或利益，制造不公平的市场竞争环境；企业被动时，虽然也与腐败相联系，但一般属于企业维持生存的必需行为，对市场竞争环境的破坏程度较低。

（二）制度成本的量化

制度成本从概念的角度表现出其可量化计算的特点，尝试将制度成本进行量化分析是本书的一个新思路。

在微观层面，本书结合 Melitz（2003）模型，从理论视角将制度成本量化为企业生产成本与沉没成本的组成部分，将制度成本作为变量纳入模型中。在模型中，制度成本支出由虚拟的"制度人"② 获得，企业贸易行为受到制度成本和贸易成本的双重影响，企业间的异质性也由生产率与相对制度成本③共同决定。在低制度水平下，理性企业对制度成本的支付，需要获得相应的利益回报，实现"投资收益最大化"，企业的贸易行为会因此而受到影响，第四章将从理论层面

---

① 此处的"合法"情形包括三种：第一种指通常意义上的符合全部法律法规的要求；第二种为法律无约束，但由于优势地位企业滥用垄断地位而进行的成本非正当转移；第三种为事实上明确违反相关法律法规，但仍以政府或司法部门名义强制执行的情形，此种情形实际上为公职机构的集体性寻租行为，较以个人名义进行的寻租行为影响更大。

② "制度人"是对制度成本收入一方的拟人化，相当于企业行贿的对象或企业维持政治关系中的投资对象，它不从事生产，但存在着分享企业收益的巨大能力和动机，其"理性"决策会使其追求最大化的利益，因而会增加企业的制度成本支出，但亦会为企业提供违反公平原则的保护，在本质上会抑制企业间的公平竞争。制度人本质上可以理解为权力机构与权力个人的混合体，通过制度的框架获取非正常的劳动收益。与 Acemoglu（2006）中表示拥有政治权力的集团"elite"的含义接近。

③ 第四章模型中主要是通过分析用于生产方面的制度成本投入与真正生产成本之间的比值，来分析制度成本的影响的。

详细探讨低制度水平下的制度成本支付对企业贸易行为的影响。

理论层面的量化设定与具体值的量化测算之间仍然存在着较大的差距。制度成本对企业而言，属于企业内在的成本部分，不同企业之间的制度成本规模存在着极大的差异，完全从企业内部对其值进行估测不仅受到数据方面的限制，而且企业样本的差异也会影响对制度成本值的估测。为了降低制度成本在微观层面估测的难度，并提高其估测值的政策和价值，对制度成本在国家层面的表现值进行量化估测则是一个较好的替代选择，制度成本在宏观层面的量化可以视为一国所有企业承担的制度成本的平均值。

对制度成本值进行量化计算，更能体现出企业面对的国内整体制度水平，便于进行国际比较。对制度成本值的测量是对国际制度衡量标准领域的一种探索，也是在贸易领域测量制度水平的一个尝试。

在第五章的测量分析中，借鉴 Jacks，Meissner 和 Novy（2011）及 Novy（2013）理论的思想，以贸易成本测量公式为基础，以其中的内贸成本（Internal Trade Costs，Domestic Costs）变量为核心进行一国制度成本值的测算，将内贸成本与制度成本两个概念相衔接。

刘建、许统生和涂远芬（2013）发现铁路网密度的提高显著降低了国内贸易成本，但公路网密度的提高却未能有效降低国内贸易成本，地方政府的干预仍然是影响中国国内贸易成本最为重要的因素。自20世纪90年代以来，各级地方政府对经济的干预程度呈持续上升的趋势，严重阻碍了全国市场一体化的进程。大部分地方政府通过追求国际贸易带来的本地规模经济效应，而放弃了国内市场的规模经济效应。一定程度的市场分割有利于当地经济的增长，但全国众多的地方市场分割难以对总体经济增长有所贡献（陆铭和陈钊，2009）。付强和乔岳（2011）分析了由于中国地方政府之间的竞争导致的国内市场分割与经济增长之间的关系：市场分割通过阻碍全要素生产率的进步显著阻碍了即期经济增长，但却在一定条件下促进了未来经济增长。这样的结论较好地解释了中国过去多年经济发展的优异成绩，但市场分割促进经济增长目的的实现是以严重的制度质量退步为代价的：制度软约束、外向型经济发展模式和中央政府集权。黄玖立和徐旻鸿（2012）认为减免公路通行费用等降低境内运输成本的措施有助于改善中国的出口结构。上述文献都从地方政府干预角度分析了国内商品流通的障碍，这种障碍最终都将成为国内贸易成本的组成部分，诸多不合理制度因素均会对企业的经营产生影响，因此本书将制度成本与内贸成本相连接，具有理论与现实意义。

制度成本与内贸成本之间也存在差异，内贸成本在引力模型中的基本含义是企业开展国内贸易时产生的非生产性成本，包含了合理的成本，如物流、营销、税务等，但也包含了不合理的非生产性成本。尽管难以完全吻合制度成本的概念，但是内贸成本作为进行区域间对比的指标，仍然可以作为一个地区总体制度水平的评价指标，因为在一个地区，合理的非生产成本可能会异于其他地区，从而体现出各个地区的相对不合理的制度因素。

借鉴相关文献，第五章把一国内部制度的衡量与国际贸易成本（Trade Costs）相联系，实现了国内制度与国际贸易研究之间的顺利衔接。

国内外相关研究在测量中国各地区制度时，分为政治、经济、金融、法律和文化五个维度，整体制度环境的测量，主要有市场化指数、市场化指数的分指数以及 GDP/政府预算法，前两者均来自樊纲、王小鲁和朱恒鹏合著的历年《中国市场化指数》（宋渊洋和刘纓，2014）。

在国际贸易领域的研究文献中，涉及国别制度水平的衡量指标体系有许多种，主要的指标数据来源包括：由美国传统基金会（Heritage Foundation）和《华尔街日报》联合发布的经济自由度指数（Index of Economic Freedom，IEF），Kunčič（2014）的国际制度质量数据（Institutional Quality Dataset），CEPII 制度数据（Institutional Profiles Database），The Fraser Institute 的世界经济自由度指数（Economic Freedom of the World，EFW），Center for Systemic Peace 发布的 Polity IV Project 数据，瑞典哥德堡大学发布的政府质量数据（The Quality of Government，QoG），透明国际发布的受贿指数（Corruption Perceptions Index），世界银行基于 Kaufmann，Kraay 和 Mastruzzi（2010）编制的

全球治理指数（The Worldwide Governance Indicators，WGI），世界银行发布的营商环境指数（Doing Business Indicators，International Country Risk Guide，ICRG）指数以及新闻无国界组织（Reporters Without Borders）发布的新闻自由度指数（Press Freedom Index）。各项指数既有总指数，也有分项目指数，且多以较大指数表示制度的优越，这与本书对制度成本的定义相反。

在第六章中，以第五章测算的制度成本值与经济自由度指数（Index of Economic Freedom，IEF）总指数和分项目指数分别作为制度因素的衡量指标，进行了制度与出口关系的实证检验分析。

二 制度因素对企业经营的影响

在国际贸易研究领域，较少有研究制度与微观企业经营之间关系的文献，多从宏观角度展开。本书第四章将制度成本与企业的经营行为相联系，分析前者对后者经营行为的影响，尤其是对企业出口行为的影响。为了确定制度因素在微观层面对企业的重要影响，这里借鉴制度经济学领域的相关研究，以表明制度因素对微观企业具体经营行为确实具有直接且非常重要的影响。

微观层面对二者关系的研究多见于制度经济学领域的文献，主要从制度层面分析政治关联①、制度质量以及寻租或腐败②等对企业经营行为的影响，一般都基于上市企业的公开材料进行分析。在这些文献中，都没有引入类似制度成本的单独概念，但基本上都结合企业经营成本的变化进行了分析和研究，以下结合相关文献对制度因素与企业经营间的关系进行总结性分析。

（一）政治关联（Political Connections）对企业的影响

政治关联是文献中最为广泛的制度因素。政治关联的概念在国内外的文献中表述各异，针对发达国家，一般认为企业的高层或大股东与议员、政府高官等具有利益关系，则该企业具有政治关联（Faccio，

① 部分文献用词为"政治关系"或"政治联系"。

② 在文献中，有关"寻租"的实证研究多基于微观企业数据，有关"腐败"的实证研究多基于宏观数据，且一般实证文献中二词多混用（邹薇，2007）。

2006；Fan，Wong and Zhang，2007）。根据我国的具体情形，赵峰和马光明（2011）综合多方观点，将政治关联定义为企业与拥有政治影响力的个人之间形成的隐性政治关系，即如果一家公司的总经理、董事长、董事、高管现任或曾就职于中央政府、地方政府、军队，或者是人大代表、政协委员，那么这家公司就属于政治关联公司。

Faccio（2006）通过分析跨国样本发现，政治关联在贪污腐败程度较高并且法律制度不完善的国家更为盛行。杨其静（2011）对企业政治关联行为产生的制度环境进行了更加详细的论述，认为如果一个经济体的政治经济环境存在如下现象。那么，企业将普遍地热衷于与政府搞政治关联，甚至将其作为占优的策略选择。这些现象包括：①政府掌控着企业所需的大量资源且有很大的自由处置权；②法律对知识产权的保护不力或者企业自身的能力不足而使得提升和维护品质优势很困难；③较低的经济发展水平使得大多数国民更看重商品的价格而非品质；④国内收入分配严重不均使得低端消费者比例很大而缺乏一个足够庞大的中间消费群体；⑤实力超群的高品质企业（如著名跨国公司）存在于行业中。中国作为转型中的发展中国家，政治关系对于企业尤其是民营企业的发展具有重要的意义。

企业通过投入资源与建立政治关联，可以获得政府的支持，比如减少政府干预带来的损害、某种非正式的产权保护、制度上的合法性、被管制市场或者行业的进入权，税收优惠以及获取政府拥有与控制的各种稀缺资源（包括土地、环境、国企资产、财政补贴、融资通道、政府信用）等（余明桂和潘红波，2008；李维安、邱艾超和阎大颖，2010；邓新明，2011；张敏、张胜、申慧慧等，2011；武立东、王凯和黄海昕，2012；曾萍、邓腾智和宋铁波，2013）。

赵峰和马光明（2011）认为，政治关联不同于政治干预和腐败贿赂，它在法律层面上是合法的，但是在中国当前特定的政治经济发展阶段中，"制度软化"的普遍存在使得政治关联成为腐败贿赂等非法行为的合法外衣（卢现祥，2011）。杜兴强、陈韫慧和杜颖洁（2010）则从中国现实中，发现政府官员类的政治关联与寻租（腐败）之间存在着密切的联系。

政治关联确实会对企业的经营产生多方面的影响，具体体现在以下几个方面。

第一，政治关系会影响企业劳动收入份额，有政治关系的企业的劳动收入份额显著低于无政治关系的企业，且政治关系程度越高，劳动收入份额越低；在要素市场发育越落后、法治水平越低以及政府掠夺越严重的地区，企业政治关系对劳动收入份额的负面影响越强烈（魏下海、董志强和刘愿，2013）。

第二，政治关联对国内企业的价值有显著正面影响，对绩效的改善也更为明显，相对而言，较少政治关联的企业会处于来自制度和政府方面的经营歧视（曾萍和邓腾智，2012）。

第三，紧密的政治关联会使企业把更多的资源配置放在非生产性活动上，给企业带来更多的非生产性支出，产生更大的政治成本和代理成本，损害了资源的配置效率（逯东、林高、黄莉等，2012）。

第四，具有政治关联的企业更可能实施多元化，尤其是非相关多元化，但对未来的绩效表现会产生负面影响，即损害公司的市场价值（邓新明，2011）。

（二）制度质量对企业的影响

我国各地区制度较差是导致政治关联的重要原因，而制度质量的高低对企业尤其是民营企业的经营亦会产生较大的影响。

第一，企业所处地区如果具有较高的制度质量，通过较高的产权保护水平和较低的融资约束，会促进企业参与研发活动，提高其研发投入强度；反之，会有显著的抑制作用（蔡地、万迪昉和罗进辉，2012）。

第二，企业所处地区的制度环境显著影响民营化绩效，地区制度环境越好，民营企业的盈利能力、成本节约和长期市场业绩等绩效表现越好（陈冬华和齐祥芹，2010）。

第三，制度质量会决定一国企业的投入活动是生产性还是非生产性，我国较低的制度质量（或者说改革不到位）强化了政府的地位和作用，加剧了企业非生产性的投入（罗小芳和卢现祥，2011）。

第四，在缺乏民主制度和问责机制的前提下，中国的企业和个人将成为地方政府高昂和低效率运营成本的最终承担者，省级政府行政支出越高，其域内企业的价值、股市表现以及劳动生产率越低（Firtha，Gong and Shan，2013）。

第五，制度质量的高低会影响企业提供产品的质量，低制度质量水平会降低企业提供产品的质量水平，形成对低制度质量水平地区的质量歧视（Bin，Lennox and Xin，2012）。

（三）寻租与腐败对企业的影响

一国的法律和金融环境越不完善，寻租活动表现越活跃，会因腐败盛行而给经济与社会带来重大损失，对市场化经营的企业也会带来更加复杂的影响。20世纪90年代以来，中国的腐败现象已经呈现出典型的系统性特征，主要表现为腐败行为的普遍化、腐败行为的半公开化和集体化以及腐败行为的秩序化。中国经济模式创造了"中国奇迹"，但是它的某些制度安排却带有"腐败的基因"（杨春学，2011）。腐败程度与国内经济增长之间的倒"U"形关系并不能成为支持"腐败有利"的借口。现实中，寻租和腐败的存在对微观企业的经营也产生着多种复杂的影响。

第一，寻租行为在短期内对企业业绩有利，但却损害了企业未来的业绩，推动企业持续业绩增长的关键因素是研发投入（杜兴强、曾泉和王亚男，2012）。

第二，寻租行为会使企业努力构建政治关联，从而可以获得更多来自政府的资金支持，而增加更多低效率投资（余明桂、回雅甫和潘红波，2010）。

第三，寻租行为会使企业投资决策偏离市场需求，形成"产能过剩"局面，并因此推动地方保护主义（贺振华，2006）。

总之，寻租成本增加的代价是整个社会福利的减少，经济效率因此受损。

（四）从制度成本视角的解读

整体上政治关联、较低的制度质量以及寻租或腐败可以视作制度成本概念中的"不合理制度"，上述三方面对企业的影响存在着共性，可以看作制度成本对企业的影响，简单总结如下：

首先，企业在总投资规模确定的情形下，为支付制度成本，必然会减少其用于生产领域的总投资；在企业确定生产总投资规模的情形下，为支付制度成本，必须增加额外融资，产生更多的附加融资成本。

其次，企业支付制度成本属于交易的范畴，因此，企业的支付会在一定程度上获得来自制度内的收益，通常会赋予企业更大的垄断权，降低市场准入的门槛和应有的惩罚。这在本质上就是权钱交易以及制度软化带来的结果，是对市场正常运行机制的破坏。

最后，企业的正常利润被制度成本削减，作为强势的企业有很大的动机去侵犯劳动力和消费者以及关联方的利益，进行成本转嫁，以维持制度成本投资的合理利润。

第二节　制度成本对中国出口贸易的影响

中国出口年增长速度自 1978 年以来超越世界平均水平，1981 年世界出口陷入低潮，世界整体出口下降 1.63%，但中国出口增速却达到21.59%，在贸易大国中仅次于墨西哥。20 世纪 80 年代末，中国出口总规模居世界第 12 位，占世界出口的比重为 1.77%，80 年代中国出口的平均增速为 12.7%，远高于世界 4.6% 的水平，亦高于东亚、太平洋发展中国家以及北美发达国家平均水平。截至 1999 年，中国出口占世界出口总比重上升至 3.33%，成为世界第九大出口国。受中国"入世"的利好，从 2002 年至 2007 年，中国的出口一直保持20% 以上的高速发展。2007 年，中国出口额突破 1 万亿美元，占世界总出口的 8.57%，2009 年中国出口规模超过德国，成为世界第一大出口国，2010 年占世界出口比重首次超过 10%，达到 10.67%。

在过去 30 多年中，中国的外贸、经济均实现了超常发展，取得了举世瞩目的成绩。但是中国外贸与经济迅猛发展的现实与中国制度方面的关系却成为相关文献中一个典型的反例：在大量的文献中（研究对象不包含中国），一般研究结论认为制度的改善和增长与贸易呈正相关关系（Allena，Qian and Qian，2005；Levchenko，2007；Yao，2014）[1]。Lu，Png 和 Tao（2013）的研究却发现中国经济增长与制度之间的关系与上述常规结论相异，认为中国的经济发展是在一个低水平的法治和金融制度环境之下取得的。Feenstra，Hong，Ma 等（2013）利用中国省级层面的数据，证明了制度与中国各省的出口规模及结构之间的关系密切，且制度对加工贸易以及外资企业的影响尤为显著。

中国政府为获得相关利益方对改革的支持而通过补偿性支付（Side Payment）默许了腐败的存在，实现了有效率的制度变迁（Yao，2004）。Yao（2014）对 2001—2009 年透明国际组织发布的腐败指数进行分析后发现，中国一直位居世界最腐败 25% 比例的国家之列，相对于世界上的清廉国家以及同等腐败国家，中国经济的平均增长率均具有明显优势。从表面上看，腐败并没有成为中国经济发展的障碍。该文总结了中国改革历程的经验：发展中国家在推动政策改革时，应放弃对制度完美（Institutional Purity）的追求，集中于制度的有效性（Institutional Efficacy）。

也许正是由于上述政策，中国重点改革了有利于经济短期发展的制度，实现了经济的快速发展，但整体上制度仍然有很大改善空间[2]。中国制度改革的复杂性，也导致其与中国经济、外贸发展间的关系更加复杂。本节将紧密结合中国出口贸易发展中存在的主要问题，从中国对外贸易政策角度分析制度成本对出口贸易的影响，并指出制度成本对企业贸易行为的引导过程。对外贸易政策主要是由于政策执行时对部分企业形成了歧视，又促成了政府官员的寻租，以及相关配套制度的落后，而导致中国出口贸易中相关问题的积累。

一　制度成本与加工贸易

中国的对外贸易严重依赖加工贸易。加工贸易（Processing Trade）

---

[1] Casson，Giusta 和 Kambhampati（2010）对该领域的文献进行了综述。Yao（2014）中的"脚注 32"提到一种特殊情形：For example, Glaeser et al.（2004）find that poor countries get out of poverty through good policies, often pursued by dictators, and subsequently improve their political institutions.

[2] 根据 Kunčič（2014）数据库 1991—2010 年制度水平的分类，中国制度水平一直处于最低分类"cluster 1"中，整体上来看，中国制度变迁非常有限。

作为一国政府鼓励对外贸易的方式，通过降低企业进口投入料件的资金成本而实现，维持加工贸易实现的保税政策（Bonded Policy）为世界上很多国家所采用，尤其为大部分发展中国家所采用，但中国的加工贸易已经发展成为全球保税制度体系中最为重要、最为庞大的组成部分。2007 年，中国对美国出口的 62.5% 属于加工贸易出口，对日本的为 56.6%（Dean, Lovely and Mora, 2009）。在贸易大国中，只有中国的加工贸易在总出口中的比重较大，2006 年达到 47%，超过中国的国家基本均为贸易小国，如多米尼加 65%，阿尔巴尼亚 60%，马其顿 60%，马达加斯加 56%，洪都拉斯 55%，哥斯达黎加 54%。尼加拉瓜 40%，菲律宾 27%，埃及 23%，黎巴嫩 20%，阿联酋 11%，而作为贸易大国的韩国仅为 8%。2000—2008 年，中国的加工贸易出口额占全球的 67%，而居第二位的墨西哥则占 18%（IDE-JETRO and WTO, 2011）。

整体上来看，近十年来加工贸易在中国对外贸易中的比重不断下降。2003—2011 年，一般贸易进出口年均增速达到 24.2%，大大超过加工贸易 17.7% 的年均增速。2012 年，一般贸易进出口占进出口总额的比重由 2002 年的 42.7% 提高到 52%；加工贸易进出口占进出口总额的比重则由 2002 年的 48.7% 下降到 34.8%。2013 年一般贸易稍有上升，达到 52.8%，加工贸易比重继续下降至 32.6%，十余年间其他贸易方式有较大发展，比重提高了 6 个百分点。加工贸易所占比重的降低，表明我国贸易结构得到合理的调整，但是在贸易差额方面加工贸易的表现没有发生根本的转变，其贸易顺差于 2010 年首次超过 3000 亿美元，2012 年达到 3800 多亿美元，而一般贸易近年来一直保持逆差，于 2011 年达到 900 多亿美元。

加工贸易规模增长速度慢于进出口总额的增长速度，加工贸易高额顺差已对中国产生了多方面的影响。加工贸易顺差增大，近年加工贸易增值率也保持在 43% 左右，在历史中处于高位，这表明中国本土制造业的竞争力已经上升到了一个较高的水平；但从制度成本角度考虑，企业不断实现境外资金向境内的转移，也是导致加工贸易顺差不断扩大的重要原因。

加工贸易政策将加工贸易与一般贸易相区别，在事实上对非加工贸易企业形成了歧视，增加了其开展贸易的制度成本，具体体现在以下两个方面：

第一，非加工贸易企业开展贸易受到相对歧视。加工贸易企业对进口料件享受免税进口①，降低了资金成本；进口某些限制进口料件时，可以申请免许可证待遇，为加工贸易企业提供了更多的经营便捷性；加工贸易企业可以真正免税进口自用设备和物资，降低了生产成本；中国大量的出口加工区等海关特殊监管区集中于东部沿海地区，不利于其他地区企业资本开展加工贸易。加工贸易企业的优势正是非加工贸易企业开展出口的劣势，后者的劣势可以视作加工贸易政策带来的制度成本。

第二，近年来，加工贸易对生产率的提升作用已经落后于非加工贸易，且加工贸易加工环节整体技术含量以及增值率均处于较低水平（刘庆林、高越和韩军伟，2010；张礼卿和孙俊新，2010），政策对加工贸易的支持和鼓励进一步扭曲了贸易结构，削弱了一般贸易出口的国际竞争优势，增加了一般贸易出口的相对制度成本。

商务部对外贸易发展"十二五"规划中关于平衡一般贸易与加工贸易的目标为"做强一般贸易，逐步扩大一般贸易比重"，并"提升加工贸易"附加价值。本书认为新政策的出发点应从降低一般贸易的相对制度成本入手。

二　制度成本与出口退税

出口退税政策对中国出口贸易的规模、商品结构以及出口产业的生产规模等都产生了巨大的影响。尽管中国政府否认出口退税对工业领域的干预性目标，但出口退税对我国出口的商品结构产生了重要的影响（王晓雷，2008；樊琦，2009；王帅和赵玉焕，2010；向洪金和赖明勇，2010；王孝松、李坤望、包群等，2010；李未无和肖宇，2013）。

---

① 是通俗说法，严格而言为"保税"进口，部分企业需要缴纳对应税款一定比例的保证金，进口料件核销后退还。

出口退税政策在本质上属于一国合理的政策制度，国际惯例一般为全额出口退税（苏东海，2009），但中国的出口退税则呈现出非常明显的差别退税政策，在其中注入了多种政策目标（毛显强、宋鹏、李丽平等，2012），脱离了国内流转税退还的政策初衷，已经成为国内多种利益集团博弈的重要目标（马捷和李飞，2008；王孝松和谢申祥，2010）。这也是中国出口退税政策在国际上存在较大争议的主要原因。在2012年WTO针对中国的贸易政策评审中，美国认为中国通过产业差异化的出口退税政策扭曲了出口贸易，并质疑中国市场经济运行的有效性。

出口退税政策主要表现为国内投入品增值税的退还（免、抵、退），整体退税率近年来一直处于较高的水平①，企业内销与外销之间的成本差异相差极大，形成了内外迥异的价格竞争方式。由于出口退税政策的实施，相对于出口，企业内销就要承担较高的制度成本。在出口退税政策的影响下，企业对出口的偏好不仅单纯体现在规模上，还体现在出口产品的价格和质量方面——出口产品的价格更低，质量更优。

出口退税率在不同产业间的差别政策，形成对不同产业间的出口歧视效应，具有同样生产效率的企业，因处于不同的产业，在出口退税率差别政策下，会产生不同的出口选择效应。出口退税率低或无的行业，其开展出口将面临高昂的制度成本。

三 制度成本与出口企业结构

中国国有经济发达，但在对外贸易尤其是出口中略显疲软，外资企业多年来为中国出口的主力，在"入世"十年内外资企业出口一直占据55%左右。中国本土非国有企业外贸发展相对较慢，2006年才在出口规模上超过国有企业，2010年以来，本土非国有企业出口占比一直在30%左右。总体而言，中国出口所体现的主要是外资企业的国

---

① 对于全额退税或者较高的出口退税率，本书认为最终政策调整的目标为基于国际惯例实现全额退税，但增值税税率应大幅下调，主要目的是降低企业内销与外销的产品成本差异。

际竞争力。

（一）国有企业贸易参与度较低，重进口、轻出口

中国国有企业规模庞大，但对外贸易参与度较低。国有及国有控股企业 2011 年工业产值占全国总产值比重为 31%，而 2011 年国有企业出口占比仅为 14.1%。国有企业出口比重多年来一直呈现不断下降趋势，如 2005 年占比为 22.2%。国有企业出口参与度相对降低，但进口参与度一直保持在 30% 左右的较高水平。多年来，外资企业与民营企业贡献了全部的贸易顺差，而国有企业参与贸易一直保持逆差状态，2012 年国有企业创造的贸易逆差达到 2390 亿美元。

制造业国有企业由于机制问题，生产效率低下，通过相关垄断授权，在国内享受相应保护权益，产品国际竞争力不强，对开拓国际市场不积极。同时，通过进口生产用投入品，企业可以较为便利地向消费者转嫁成本，企业管理者也可以从中获取灰色收入。非制造业如金融、交通、电力、能源以及基础设施等领域的国有企业，在国内的生产经营受到更加强大的体制保护，进口高价投入品，可以提高企业的生产效率，同时企业也可以将高额成本向最终消费者转嫁。部分基础性资源进口由国有企业专营进口，抑制非国有企业进口的参与程度。

国有企业在贸易领域的失衡表现可以理解为，国有企业支付了高额的制度成本以享受对国内市场的垄断特权，从而导致其无意强势进入国际市场参与真正的国际竞争。民营企业因无法支付相应的高额制度成本，难以获得对国内市场的较大垄断权，进入国际市场是得以继续生存的一个重要途径。

（二）外资企业贸易参与度高

外资企业出口倾向更高，2001 年外资企业出口占比开始超过 50%，一直持续至 2011 年，期间于 2005 年达到 58.3% 的极值，之后逐步有小幅下降，但 2012 年 49.9% 的比重仍然显示出外资企业对中国出口的重要性。

外资企业在华积极开展出口，为中国创造了大量的外汇储备，2007 年外资企业实现贸易顺差首次超过 1000 亿美元，并连续保持多年，自 2005 年开始，外资企业实现的贸易顺差额占全国贸易顺差额

比重超过50%，2011年甚至达到84.2%的极高比值。外资企业的出口有80%通过加工贸易的方式展开，这也就导致在华外资企业的出口产品中有较高比例的进口投入品。2006年外资企业出口产品中实际国产品投入比例仅为33%，低于全国出口国产品投入50.1%的平均水平，相对而言，民营企业出口产品的国产品投入比重最大，高出国有企业12个百分点①。

外资在华出口贸易与中国的加工贸易政策紧密相关，除加工贸易外，外资企业在华一般出口规模较低，表现出外资企业在华一般性投资主要以内销产品为主。根据异质性企业贸易理论，市场导向型的外资在华企业应具有较高的生产率，但是其更加偏向于内销而非出口，与经典理论存在一定的矛盾。

外资企业在面对中国国内庞大的潜在市场时，亦受到中国各项制度的影响，尽管中国出台了许多对外资的优惠政策，但在实际的企业经营中，外资企业仍然需要支付大量的制度成本②以实现经营的顺利开展，制度成本的支付会加重外资企业对中国国内市场的偏好，经营策略上会重国内市场，轻出口市场，会抑制高效率的外资企业开展出口。

四 制度成本与"假出口"

国内市场交易中存在较高制度成本，迫使部分企业进入出口市场，但是由于中国政策上追求出口规模的盲目性，很多鼓励政策形成制度性"补贴"，大量企业为追求"补贴"而开展出口，极端情形则出现"假出口"，这种现象自2013年以来开始为世界所瞩目。"假出口"包括非法与合法两种情形。

非法的"假出口"是指企业实际出口的货物金额、数量低于其向海关申报的金额、数量的情形，是通过虚报、瞒报等非法行为来实现的，最主要的目的有两个：一是实现境外资金向境内的转移，追求人

---

① 据 Koopman，Wang 和 Wei（2008）。但 Koopman，Wang 和 Wei（2012）计算2007年中国出口商品中进口投入品平均比重为40%。

② 包括为应对中国复杂的法律法规，以及开展政治关联与贿赂等活动。

民币升值收益，并可逃避国内对外资投资领域的限制；二是获得高额出口退税收入。

多年来国际上极少有对中国贸易统计数据真实性的质疑，但随着2012年底中国官方贸易数据的公布，在2013年1月国际上开始对此产生大量质疑①。为应对相关质疑，中国政府承诺就此展开调查②，国家外汇管理局出台2013年第20号文件，即《关于加强外汇资金流入管理有关问题的通知》，作为对虚假外贸转移资金行为的打击。

合法的"假出口"是指企业产品的出口是临时性的，本属于内贸范畴，企业为了规避国内不合理制度而被迫将产品以出口的形式离境，或企业处于物流配送的规划而先期出口，但该货物最终仍旧被输入国内，构成"复进口"。

在联合国Comtrade数据库中，大部分国家没有复进口（Re-import）数据，自2006年至2011年有连续复进口数据的国家仅有12个，作为贸易大国且复进口大国的法国、英国、加拿大、澳大利亚以及巴西五国中，只有法国的复进口占其进口总额比重超过1%，且2009年达到最高，仅为1.22%，与中国2001年的最低值3.6%仍有很大差距。在复进口规模上，中国也远远超过其他国家，以2011年为例，中国复进口规模金额为1226亿美元，"中国"为中国的第五大货物进口来源地，是其他所有国家复进口的5.4倍，是排名第二位法国的15倍。

非法"假出口"现象的产生与四方面的政策有关：出口退税、资本管制、外资投资领域限制以及人民币预期升值。企业通过非法"假出口"，可以获得上述四方面的利益，企业有极大的动机进行行贿，以获得保护。"复进口"的产生与两方面的政策相关：出口退税和加工贸易。内贸范围的贸易在企业理性的安排下以国际贸易方式实现，企业最终获得了合法的利益，但国际物流等活动的开展构成了企业的

---

① 《中国出口飙升背后的秘密》，《华尔街日报》2013年4月4日，http://cn.wsj.com/gb/20130404/bch105309。

② 《中国正在就贸易数据失真的报道进行调查》，《华尔街日报》2013年4月10日，http://cn.wsj.com/gb/20130410/bch161516。

制度成本，资源在制度的诱导下被浪费。

第三节 结 论

政治关联、较低的制度质量以及寻租或腐败等均会给企业带来额外的成本——制度成本，理性的企业会追求制度成本与投资收益的平衡，经营行为会发生改变，制度成本支出方面的差异，会改变不同企业的竞争环境和经营方向。目前，较少有文献探讨制度成本及其对企业外贸行为的影响，本章对制度成本的概念进行了界定，以便于后续章节进行理论以及实证分析。在中国的外贸发展中，制度成本的影响深远，在中国规模庞大的出口贸易背后，企业的许多行为都受到制度成本的影响，有必要对其进行深入的研究。

第四章 制度成本对企业贸易行为影响的模型分析

制度对企业的影响，主要以增加或减少企业的成本来实现。企业对"制度人"的支付本质上就是一种不对等交易，单个企业因支付制度成本可能受益，也可能受损。Melitz（2003）的分析完全基于正常的市场竞争环境，未能考虑来自市场之外的制度成本的影响。本章基于 Melitz（2003）模型，将不合理制度因素的影响区分为两种形式的制度成本，以分析不合理制度成本对市场秩序的破坏，对企业生产决策以及出口行为产生的影响。在模型分析中，首先分析了封闭情形下制度成本对企业生产决策的影响，其次分析了开放条件下其对企业出口行为的影响。

第一节 制度约束的同质性与影响的差异化

新制度经济学以微观经济学为基础，制度将宏观与微观两个层面有机联系起来：在确定的时空范围内，所有企业面临相同的制度约束，这就是制度约束的"同质性"。企业在既定制度的约束下，会受到该制度的影响。制度约束的复杂性以正式与非正式约束多种组合的形式表现出来（North，1990），进而导致制度影响的复杂性。本书从制度影响的角度对制度成本进行界定，该定义隐含着制度影响的"差异化"特征。制度约束的"同质性"是否会导致制度影响的"同质性"？制度影响的"差异化"特征是否存在？下面将从四个方面对这一问题进行阐释。

第一，组织和集团的主动性表明制度影响具有差异性特征。

组织是由某种目标功能的个人群体构成，主要包括经济组织和政治组织。组织和追求目标实现的企业家是制度变迁的推动力量（诺思观点）[1]。从组织的外部来看，制度对组织形成约束，决定着组织的动机，并最终决定着社会的经济产出（Acemoglu, Johnson and Robinson, 2004）。新制度经济学把效用最大化假说进行了扩展，所有组织和个人在现有制度约束下进行自己的选择和追求自己的目标。制度具有较强的稳定性，尤其是非正式制度，在较长的时期内影响着组织的行为及"理念"。诺思采用的"理念"一词表明组织在制度约束下具有主动性，能够对制度的影响作出差异化的反应。

各个组织因为自身的利益诉求而自发组成了利益集团，利益集团能够更加有效地为其成员追求经济利益，具有较强经济实力的集团尤其会利用其经济实力追求更大的政治实力（Acemoglu, Johnson and Robinson, 2004）。利益集团利益诉求的多样性表明制度的影响具有差异化特征。

第二，非正式制度强化了制度影响的差异化特征。

经济和政治制度等正式制度具有较强的约束性和稳定性，其影响可预期，在最大范围内对组织的影响具有相似性。在正式制度约束较弱时，非正式制度会发挥较大的约束作用（Nunn and Trefler, 2013），在发展中国家，非正式制度对正式制度的形成和市场运转的影响也更加明显（Casson, Giusta and Kambhampati, 2010）。非正式制度主要表现为文化、习俗、传统及信仰等，其约束效力具有长期性，不像正式制度那样会在短期内发生较大的变化。非正式制度缺乏明确细化的规范要求和强制性的约束机制，因而组织在具体决策和执行中会有更多的选择。当前国际经济联系紧密，跨国经营组织受到母国和东道国两方的正式和非正式制度的约束，正式制度的强制性和规范性确保其能

---

[1] 引自约翰·N. 德勒巴克和约翰·V. C. 奈《新制度经济学前沿》（第2辑），张宁燕译，经济科学出版社2003年版。

够在更大程度上为组织所遵守，来自多种文化背景下的非正式制度在组织经营中相互碰撞，各种非正式制度对组织的约束均被弱化甚至被改变。不同组织针对各种非正式制度的约束可以进行有选择的执行，这表明非正式制度影响具有差异化特征，进一步而言，也表明制度影响具有差异性。

第三，新制度经济学中"有限理性"和"机会主义"假设对制度约束差异性的影响。

威廉姆森认为，在新制度经济学理论中，如若不考虑有限理性和机会主义行为，则所有的经济契约问题皆不存在[①]。即使在各项制度约束的条件下，组织决策的有限理性也使得其决策的难度增加，不同组织在信息不对称的情形下做出的决策将存在较大的差异。部分组织的机会主义行为会增加自己的利益，但也会增加其他组织的交易风险，导致制度约束效力下降，因此，制度的维护显得异常重要。诺斯认为，一定要确认违反制度的当事人，衡量违反的严重程度并抓到违反规定的当事人，同时制度的依从成本（Compliance Costs）要适当，以使得制度约束的效力达到最优[②]。而事实上，没有任何一套正式制度和非正式制度被完全实施，总存在不完全执行的情形[③]。这些都会使制度对组织的影响出现差异化的情形。

第四，不完善制度（Imperfect Institutions）的存在会影响不同组织的利益。

Levchenko（2012）分析了不完善制度（Imperfect Institutions）的影响。不完善的制度会使得经济体中的部分组织（Parties）获得额外的利益。一些组织（Parties）会在不完善制度中获得额外租金（Rents），并会破坏制度，在制度恶化中进一步获益，并进而产生更

---

① 引自埃瑞克·G. 菲吕博顿和鲁道夫·瑞切特《新制度经济学》，孙经纬译，上海财经大学出版社 1998 年版。

② 引自道格拉斯·C. 诺斯《制度、制度变迁与经济绩效》，刘守英译，上海三联书店1994 年版。

③ 引自科斯、诺思和威廉姆森《制度、契约与组织——从新制度经济学角度的透视》，经济科学出版社 2003 年版。

大的游说动机以保持制度的不完善。不完善的制度也影响着生产利益在多个组织间的分配。

科斯认为一家企业内部的协调成本和外部的交易成本的决定是复杂的，由一个复杂的相关联的结构决定[①]。综上所述，各个组织面对同样的制度约束，最终各个组织所受到的影响是存在差异的，不合理制度对企业影响的差异性更加明显。

本书考察的组织仅限于有营利行为的企业。为了分析制度对企业经营行为的影响，本章理论模型中将不考察制度的具体类别，把所有不合理制度的影响[②]完全量化为企业的成本，即制度成本。因此，本章将企业承担制度成本的差异化与企业在生产率方面的异质性相联系，具有理论上的可行性。

第二节　基本模型构建

根据 Melitz（2003）模型，对消费者偏好函数设定为采取 D – S 模式的 CES 效用函数。

$$U = \left[\int_{\omega \in \Omega} q\ (\omega)^{\rho} d\omega \right]^{1/\rho} \tag{4 - 1}$$

其中，Ω 代表所有可以消费的产品集合，ω 为可供消费的单个产品种类变量，连续分布，属于集合 Ω。所有产品为替代品，$\rho \in$ （0，1），任何两种产品之间的替代弹性固定，替代弹性 $\sigma = 1/$ （$1 - \rho$） > 1。

在生产函数设定方面仍然沿袭 Melitz（2003）的基本思路，逐步引入新的假设和变量。每个企业均生产一种不同种类的产品 ω，为连续型变量，因此所有企业也为连续型。劳动力为唯一投入生产要素，其总供给量作为确定一个经济体规模的指数设定为 L。任一种产品 ω 的生产函数设定为：$l = F_0 + q/\varphi$，其中，F_0 表示固定成本，φ 表示生

---

① 引自科斯、诺思和威廉姆森《制度、契约与组织——从新制度经济学角度的透视》，经济科学出版社 2003 年版。

② 之所以是不合理制度的影响，是因为考虑到合理制度的影响具有较强的同质性。

产效率，企业还需额外支付生产沉没成本 F_s。

Melitz（2003）设定所有企业的固定成本 F_0 均相等，且 $F_0 > 0$。此处对固定成本的设定引入新的假设：不同企业间的固定成本 F_0 可以相同，也可以不同。

由于受制度因素的约束，企业欲开展生产，必须支付制度成本 F_i 以获得生产的资格[①]。制度成本 F_i 由两部分构成：一部分为生产制度成本 f_i，直接参与企业的生产，成为固定成本的一部分[②]；另一部分为沉没制度成本 f_{is}。因此 t 期企业共需支付的制度成本为各期生产制度成本与一次性沉没制度成本[③]之和，即 $F_i = tf_i + f_{is}$。

f_i 取值范围为 $f_i \in [0, F_0)$，其可取零值的属性表明该成本并非产品生产的必需支出，对产品的生产不具有积极贡献。生产制度成本 f_i 越低，越有利于企业将总固定成本 F_0 用于实际的生产，以提高产量。

结合制度成本对企业生产的影响，固定成本 F_0 包括两部分：f_0 和 f_i，即 $F_0 = f_0 + f_i$。其中 f_0 为企业生产固定成本，不属于制度成本，为正常情形下企业生产的最低固定成本投入，其取值范围为 $f_0 \in (0, F_0]$，f_0 的非零属性表明所有企业进入市场均需支付固定成本。

生产函数重新表达为

$$l = f_0 + f_i + q/\varphi \tag{4-2}$$

在 f_0 固定且 $f_i = 0$ 时，由于排除了制度成本，生产函数核心原理与 Melitz（2003）模型完全相同。若不考虑 f_0 与 f_i 对生产效率 φ 的影响，则固定成本 F_0 固定时，不论其内在构成 f_0 与 f_i 的对比关系如何，

[①]　或通过支付 F_i 可以获得某些不合理的便利。

[②]　这里虽然将制度成本的一部分 f_i 归入生产成本的一部分，从其表达的意义来看，并非认为制度成本参与了企业的生产，而是基于认识到这部分制度成本与生产固定成本 f_0 一样，发生于企业每一期的生产投入，因此将二者合并为企业生产成本的组成。生产制度成本亦可为成为制度固定成本。

[③]　沉没制度成本（f_{is}）表示企业为了进入生产领域向制度人支付的成本，一旦支付之后，企业将无法以任何方式收回这部分支出。对于制度人而言，这成为其重要的收入来源。沉没制度成本与生产制度成本的差异在于前者有具体的成本索取方，而后者成为完全的摩擦成本，成为经济运行的绝对损失。

均不影响生产函数的各项均衡指数，此时情形与 Melitz（2003）模型亦完全相同。

制度因素以生产制度成本的方式影响了固定成本，这里进一步结合生产制度成本构造制度因素对边际成本以及生产率的影响关系。设生产制度成本与生产固定成本之比为 e 值[①]，即 $e = f_i/f_0$，$\varphi = \varphi_0(1+e)^{\gamma}$[②]，代入公式（4-2），得

$$l = \frac{F_0}{1+e} + \frac{F_0}{1+e} \cdot e + \frac{q}{\varphi_0 \ (1+e) \ \gamma} \qquad (4-3)$$

其中，φ_0 表示企业真实的生产率水平，称为生产率真实值；φ 表示企业在诸多因素调整之后表现出的生产率水平，称为生产率观察值，不存在生产制度成本时，$\varphi_0 = \varphi$。

根据公式（4-1）和公式（4-2），单个企业利润最大化的产品价格为

$$p(\varphi) = \frac{w}{\rho\varphi} \qquad (4-4)$$

其中，w 为工资水平[③]。

将 $\varphi = \varphi_0(1+e)^{\gamma}$ 代入公式（4-4）中，可发现，同一企业的均衡市场价格可能由于来自制度成本的支付而导致价格降低，但也可能由于制度因素导致替代弹性降低而出现价格升高的情形。价格变化的不确定性取决于制度因素的影响程度以及企业支付制度成本的比例，这就导致了企业与制度人之间的一种利益互惠交易[④]。

---

① 本章衡量制度成本的影响将主要基于 e 值的大小。

② 指数 $\gamma > 0$，表示制度因素会同时影响固定成本与边际成本，且制度因素决定的生产制度成本与边际成本之间存在一定的关系，在存在不合理制度因素束缚之下，支付制度成本在一定程度上可以降低边际成本。同时考虑固定成本的支付带来的不利因素，设 $\frac{\rho_i \ (1+e)^{\gamma}}{\rho} <$ 1，其中 ρ_i 表示 e_i 各区间对应值，这样根据公式（4-4），可以得出更加符合实际的结论：制度成本的存在，使同一生产率的企业确定的价格均有所提高。

③ Melitz（2003）等经典文献均假设工资 $w = 1$。

④ 根据上页脚注③的定义，在制度成本体制运行中，来自制度的保护，使得企业的价格较之前提高。

单个企业的收益为

$$r(\varphi) = p(\varphi) \cdot q(\varphi) = \frac{w}{\rho}(l - F_0) = R\left(\frac{P\rho\varphi}{w}\right)^{\sigma-1} \qquad (4-5)$$

单个企业的利润为

$$\pi_0 = \pi(\varphi) = \frac{w}{\rho}\left(\frac{1}{\sigma} - F_0\right) = \frac{R}{\sigma}\left(\frac{P\rho\varphi}{w}\right)^{\sigma-1} - wF_0 \qquad (4-6)$$

公式（4-5）、公式（4-6）表明真实的生产率对企业的收益以及利润非常重要，由于制度成本的作用，e 值的高低也直接关系到了企业收益与利润。

第三节　封闭情形下制度成本的影响分析

本节分析封闭情形下生产制度成本的引入对市场各个环节的影响。

一　制度成本与收入转移

企业总成本为

$$TC = wl = wf_0 + wf_i + wq/\varphi$$

经变换可得

$$wl_i = wf_0 + wq/\varphi$$

其中，$l_i = l - f_i$。该公式表明由于制度成本的存在，如同降低了劳动力供给水平，f_i 单位的劳动力从事着无实际价值的工作①，这造成了资源配置的浪费。

在均衡情形下，企业的总收入与总支出相等，存在

$$TR = pq = wl_i + wf_i + \pi_0$$

设 $w_i l = wl_i$，$\pi_i = wf_i$，可得

$$TR = w_i l + \pi_i + \pi_0 = w_i l + \pi$$

上述的变换，将 l_i 的工资收入转换为全部要素 l 的工资收入，因

---

① 也可以理解为 f_i 单位的劳动力付出用于对生产毫无积极贡献的用途，要素投入固定时，产品产量降低。

此工资率必然下降，设 w_i 为制度工资，有 $w_i < w$。f_i 单位要素收入属于制度性漏出，在实际分配中脱离工资性支付模式，成为企业名义利润 π 的一部分，这部分利润 π_i 与常规利润 π_0 不同。常规利润 π_0 会成为要素收入的一部分，但在均衡情形下，其值降为 0；而因制度性漏出而导致的 π_i 会脱离劳动力，成为制度人的收入。

二 制度成本与企业的退市概率 （Probability of Exit）[①]

在经典企业异质性贸易模型中，企业异质性体现为生产率的随机差异性，本节将引入另一个塑造企业异质性的因素：e 值区间。

在正常的市场竞争环境中，任一时期企业退出生产的概率为固定值 δ_0[②]。根据公式 （4-3），设 $0 < a < b$[③]，为构建 f_0 与 f_i 二者关系对企业退市概率的影响，通过 e 值所处不同区间，分析制度成本的存在对企业的生存产生不同影响。

（1）在 $e = f_i/f_0 \in (0, a]$ 时，称为 e_1 区间。随着制度成本所占比重小幅增加，制度成本对企业的退市概率产生一定影响，此时表现为积极方面，即制度方面的投入降低了企业的退市概率 $\delta_1 < \delta_0$。当然，这并不表明，制度成本的支出有利于提高企业的生产效率，而在于合理制度成本比例的支付，可以获得制度内的一定保护，抵消市场的部分冲击。制度成本的支付，抑制了生产效率的提高，生产受到保护，表明即使只有较低比例的制度成本支付，资源配置效率也会受到影响。

（2）在 $e = f_i/f_0 \in (a, b]$ 时，称为 e_2 区间。制度成本比重较高时，制度成本对企业的生存产生负面影响，不利于生产合理安排，退市概率 $\delta_2 > \delta_0$。其原理在于，较大比例投资用于非生产性支出，来自市场竞争方面的压力已经大于来自制度内的保护力度，实际退市概率增

---

① 本节涉及两种情形下的退市概率，一个为正常的固定退市概率值 ［根据 Melitz（2003）设定］，另一个为受到制度成本影响而发生变化之后的退市概率值。

② Bernard，Redding 和 Schott （2007） 称其为 The Probability of Death。根据 Melitz（2003），该退市概率来自意外的冲击而造成企业被迫退出生产的概率，该值对所有不同企业为同一固定值。本文采用该假设。

③ 本文只考虑 e 值取值的三种可能区间，只界定三个区间 e 值的相对大小，不确定 e 值的绝对值水平。对于更多区间的情形，有待未来进行研究。

加，在 e_2 区间内，较高比例的制度成本投入对企业不利。

（3）在 $e = f_i/f_0 > b$ 时，称为 e_3 区间。制度成本所占比重达到极高水平时，企业投资合理性原则遭到破坏，制度成本的存在对企业生存构成严重威胁，企业生产难以正常维持，市场竞争力下降，面对正常市场竞争的退市概率增加，但由制度人提供的保护力度有更大程度提高，以保证自己能够获得更多制度成本形式的收入。此时，市场的淘汰力度与制度的保护力度均处于高值区间，但整体上其退市概率 $\delta_3 > \delta_2 > \delta_0$。

在不同 e 值取值区间内，企业的实际退市概率不再完全固定，各区间退市概率[①]的关系为：$\delta_3 > \delta_2 > \delta_0 > \delta_1$。

若企业可以自由选择相应的 e 值区间，来实现退市概率的最低化，在不考虑制度成本带来的其他利益与代价之前，e_1 区间为理性企业的最优选择。但如同制度成本的产生一样，企业 e 值的选择区间亦非完全由其自身决定，外在的制度因素仍有极大的话语权。

对于任何一个区间而言，企业在支付沉没成本进入市场后，都会获得随机的 e 值与生产率水平，生产率水平决定其真正的市场竞争力，而 e 值区间则决定其市场垄断程度。在受制度因素影响的市场环境中，企业的决策是在二者的综合作用下实现的。此时，企业的异质性体现为企业进入市场后随机获得的生产率以及 e 值的差异，从而导致企业间不同的经营决策路径。

三 制度成本与需求的调整

制度人通过制度约束而强制地改变消费者偏好，以作为对企业的回报，表现为企业对应的 e 值越高，企业获取的垄断权力越大，将迫使消费者在其产品方面的支出比例增加，并支付较高的价格。

对公式（4-1）作相应调整，根据 Bernard, Redding 和 Schott（2007）的理论模型，设定制度成本约束下的消费者效用函数为

$$U = \sum \alpha_i \Big[\int_{e \in e_i} q(e)^{\rho_i} de \Big]^{1/\rho_i}$$

---

① 这里主要指长期的退市概率。

其中, $i = (1, 2, 3)$, $\alpha_i > 0$, $\alpha_1 + \alpha_2 + \alpha_3 = 1$。$\alpha_i$、$\rho_i$ 分别为对应于 e_i 区间内相应的值。

不同企业由于 e 值区间的差异而进入消费者不同的偏好区间。任何子集合内所有产品为替代品, $\rho_i \in (0, 1)$, 两种产品之间的替代弹性固定, 替代弹性 $\sigma_i = 1/(1 - \rho_i) > 1$。

α_i 表示消费者在对应产品子集合中的消费支出比例。若每个 e_i 区间的企业数量(与产品数量相同)为 M_i, 则存在 $\dfrac{\alpha_1}{M_1} < \dfrac{\alpha_2}{M_2} < \dfrac{a_3}{M_3}$, 表明支付较高比例制度成本的企业受来自制度人更高程度的保护, 而获得消费者较高支付比例的偏好。

通过支付较高比例的制度成本, 企业获得更大的市场垄断权力, 其产品替代弹性降低, 因此存在: $\sigma_1 > \sigma_2 > \sigma_3$。这是企业交付制度成本获得的最大利益, 但这种利益的获得是以牺牲消费者的效用水平为代价, 市场的公平原则被破坏。

四 制度成本与企业退市生产效率水平

根据公式(4 – 5)和公式(4 – 6), 企业的收益与利润均为生产率的增函数。Melitz(2003)将所有企业都以生产率水平加以识别, 认为必然存在一个生产率水平为 φ^* 的企业利润水平为零, 所有生产率水平高于 φ^* 值的企业将因为较高生产率水平以及正的利润得以生存, 而低于 φ^* 值的企业将由于无法盈利而被迫退出市场。

若生产率为 φ^* 的企业利润为零, 不考虑制度成本时, 根据公式(4 – 6), 存在如下关系式:

人均固定成本[①]: $\dfrac{f_0}{l^*} = \sigma^{-1}$, 且 $l^* = f_0 + \dfrac{q}{\varphi^*}$

对公式(4 – 3)进行调整, 得

$$l = F_0 + \frac{q}{\varphi_0 (1 + e)^\gamma}$$

---

① 在企业生产和市场均衡时, 企业利润最大化生产决定其要素投入量为固定值, 且要素投入量 l 为固定成本、生产率、替代弹性等的函数, 其值为: $l = F_0 + R \cdot (\varphi P)^{\sigma - 1} \cdot \left(\dfrac{\rho}{w} \right)^\sigma$, 其中 R 和 P 分别为总收入水平和市场总价格水平。

e_i 区间利润为零时的临界点人均固定成本 $\dfrac{F_0}{l^*}=\sigma_i^{-1}$。

设固定成本 F_0 为固定值，$F_0=f_0+f_i$，下面通过分析 e 值的变化来探讨其产生的相关影响。

企业支付生产制度成本之后，对企业生产产生直接影响的不再是真实生产率 φ_0，而是生产率观察值 $\varphi=\varphi_0(1+e)^\gamma$。

具有相同生产率观察值的企业，若分布于相同的 e 值区间内，利润水平受 e 值大小影响而不同；若分布于不同的 e 值区间，处于较高区间的企业具有较高的利润水平，处于较低区间的企业甚至可能利润为负而被迫退出市场。由于生产率观察值 φ 由两个因素共同决定，所以存留于市场的企业其真实生产率水平可以很低，但可以通过增加 e 值来实现既定的观察值；而被淘汰的企业可能拥有较高的生产率水平。这种现象体现出制度成本对企业生存的逆淘汰现象：真正高效率的企业被淘汰，而低效率的企业被保留。

企业逆淘汰现象三个 e 值区间的对比体现。在一个时期内三个区间存在三个不同的临界点，除非三个临界点的生产率实际值相同[①]，否则都会导致逆淘汰现象：在一个区间被淘汰企业的真实生产率高于其他区间临界点的企业生产率水平。考虑到消费者单个商品的支出比例 α_i 因 e 值区间发生变化，受制度因素影响，高 e 值区间的诸多企业有更多的消费需求，因而降低了临界点生产率的观察值，增加更多低效率企业。

企业逆淘汰现象在同一 e 值区间内的体现。低效率企业可以通过较大 e 值的支付来实现利润最大，但高效率的企业因为 e 值较低而实现的生产率观察值低于临界点，被迫退出生产。如图 4 - 1 所示，真实生产率相同的两家企业，甚至实际低效率企业亦可以通过高 e 值来实现对真正高效率企业的超越，这种超越来自市场竞争之外，只要制度成本带来的收益率高于生产投入的收益率，企业就有动力持续投

---

① 根据前述假设，临界点确定独一的生产率观察值，该值由生产率真实值与 e 值共同决定，因此，三个区间盈亏临界点的生产率真实值完全相等的概率几乎为零。

入，进一步扭曲市场机制。通过临界企业人均固定成本公式$\dfrac{F_0}{l^*}=\sigma_i^{-1}$可以发现，高 e 值区间临界企业规模 l^* 小于低 e 值区间临界企业规模，因而高 e 值区间企业的平均规模要小于较低 e 值区间的企业。在生产率方面，结合制度扭曲对市场效率的影响作用，可以确定高 e 值区间的临界生产率更低，因而其平均生产率水平更低（陈勇和唐朱昌，2006；罗德明、李晔和史晋川，2012；刘丹鹭，2013）[1]。

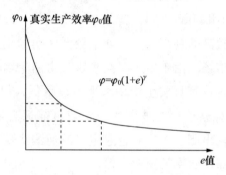

图 4 - 1 φ 固定时 φ_0 与 e 值的关系

此处的分析基于企业 e 值确定的随机性，企业一旦进入市场生产，随机获得相应的生产率真实水平和 e 值水平，二值共同决定企业的生产率观察值，并确定企业归属的 e 值区间。对于生产率观察值相同但 e 值不同的企业，受到不同替代弹性约束，若两企业的利润水平在临界水平之上，但两企业面临的市场退出冲击存在差异：根据前文假设，高效率企业因 e 值较小而面临较低的市场退出概率，而小企业虽然因缴纳高额制度成本而得以成活，但面临的综合生存压力较大。

从动态考虑，若企业可以自由选择 e 值区间，理性的企业必然考虑 e 值与退出概率之间的综合作用，而非全部地偏好某一个区间。

五 制度成本与企业现值

在企业自由进入和退出生产（Firm Free Entry and Exit）的情形下，

---

① 这个结论难以通过各区间临界值对应规模 l_i^* 之间的对比得出，因此这里借鉴相关文献的实证研究结论，以便为后文做好铺垫。

从一个意图进入生产领域但尚未进入的投资人的视角来看，所有企业未来各期利润现值之和的均值不低于沉没成本总和时，才具有进入的价值，但所有生存下来的企业并不都能用其各期利润来补偿沉没成本，不过至少能弥补各期的固定成本。

企业进出行业的决定因素，涉及企业的效率（效率真实值 φ_0 和观察值 φ ）和 e 值等多方面因素的混合作用，从模型假设角度难以明确效率观察值分布与效率真实值之间的关系，因此本节仅利用 Melitz（2003）关于企业价值现值的方法来分析制度因素对企业存续经营的影响。

由于生产制度成本的引入，不同 e 值区间决定了企业的退出概率。

不考虑折旧因素，企业价值的现值应不为负，即有

$$v(\varphi) = \sum_{t=0}^{\infty} (1 - \delta_0)^t \pi(\varphi) = \frac{1}{\delta_0} \pi(\varphi)$$

在自由市场情形下，时期 t 取值为无限期，但在涉及制度成本对企业经营的负面影响之后，企业面对的退市冲击概率发生变化，且企业不再追求长期发展，偏好短期投资利益，在针对 e 值三区间不同情形分析时，需先对时间取值范围与退市概率进行设定：

（1）在 e_1 区间，企业的退市概率 $\delta_1 < \delta_0$ ，设定其预计经营年限为 t_1 。

（2）在 e_2 区间，企业的退市概率 $\delta_2 > \delta_0$ ，设定其预计经营年限为 t_2 。

（3）在 e_3 区间，企业的退市概率 $\delta_3 > \delta_2$ ，设定其预计经营年限为 t_3 。

其中，$t_1 > t_2 > t_3$ 。这种关系设定及其存在的核心原因在于理性企业经理人对自由经营理念的追求，企业在生产经营中受到来自制度因素的干预越小，则越能体现企业自身经营利益目标，即使竞争越发激烈，企业也有强烈意愿维持未来的经营，实际上也体现出企业投资人对制度性垄断一种简单的自动抛弃。在较高 e 值区间，企业更多比例的收益用于支付制度人的保护，由于该非正常保护在长期内的不确定性，投资人更倾向于在短期获得最大投资回报。

各 e 值区间企业对应价值的现值小于无限期经营的企业，其形式[①]为：

$$v(\varphi_i^*) = \frac{1-(1-\delta_i)^{t_i}}{\delta_i}\pi(\varphi_i^*), \ i=1, 2, 3$$

企业较短年限内的利润难以有较大积累，即使企业可以承担正常市场条件下的沉没成本，但沉没制度成本的存在将成为企业进入市场的重要障碍。处于 e_1 区间的企业，其退市概率低于正常市场竞争退市概率，形成企业与不合理制度似乎完美的结合，但存在的沉没制度成本也会阻碍企业正常进入，产品价格在三区间中最低，需要积累较长时间的利润才可以补偿沉没成本，这也是该区间企业预期生存时间最长的原因之一。处于 e_3 区间的企业，对企业的长久经营信心不足，在实际的经营中，缺乏长期目标，因此容易产生信誉风险问题。

可以认为中国的国有企业处于 e_3 区间，甚至更高的可能区间，极大的投入用于支付生产制度成本，但国企制度带来的扭曲仍然超出上述的假设范围。一般企业进入 e_3 区间，需要缴纳高昂的生产制度成本和相对较低的沉没制度成本，具有较高的市场垄断能力，但企业的生存能力面临挑战，难以持续。

六　小结

制度成本改变了市场自由运行条件下企业竞争环境与生产条件，对企业、劳动力以及消费者均产生了极大的利益损失。企业的生产和市场需求均发生了变化，尽管给有些企业带来了直接的利益，但从根本上破坏了公平竞争的环境。制度成本产生的负面作用体现为以下六个方面：

第一，制度成本对消费需求的改变，提高了商品的市场价格，产量降低，消费者利益受损。

第二，制度成本虽然降低了企业的边际成本，提高了市场售价，但存在着高效率企业亏损，低效率企业盈利的逆市场淘汰现象，导致市场的不公平，加剧寻租行为。

---

① 此处的生产率仍然为其生产率观察值 φ。

第三，制度成本以固定成本的方式参与生产，浪费了资源，降低了劳动力的收入水平。

第四，制度成本以沉没成本的形式出现，提高了企业进入市场的投资水平，也迫使更多的企业经营短视化，造成市场混乱。

第五，制度成本表现为有效生产资本向非生产"食利阶层"的转移，会阻碍社会实业领域的发展，诱使更多的高层次人才追求加入制度人所属的"食利阶层"，破坏社会发展所必需的合理人才结构。

第六，制度人所积累的大量"制度收入"可能成为一国资本外流的重要来源，加剧本国资本的稀缺，进一步阻碍实业领域的发展。

第四节 开放情形下制度成本的影响分析

在封闭情形下，制度成本以生产制度成本和沉没制度成本两种形式存在，在多方面对市场秩序产生冲击。异质性企业也不再以真实生产率为划分基础，而生产率观察值成为企业生存与盈利的决定性因素。在上述分析中，为了简化起见，未考虑制度成本的存在对企业真实生产率的影响，尽管通过 e 值的附加效果实现了生产率观察值的增加，但企业的真实生产率才对经济本身有着实际的贡献。

本节基于开放情形分析制度成本对企业贸易行为产生的影响。

一 "制度人"与对外贸易的相关性

由第三节的论述可知，在封闭情形下，每一期劳动力要素的部分收入被用于支付生产制度成本，同时所有进入生产领域的企业均在生产之前支付一笔沉没制度成本。企业两部分成本的支付成为制度人的总收入，如果说劳动力同时以消费者和股东的身份将工资与利润用于产品的购买，那么制度人的财富用途则值得探讨。

"制度人"作为一个理性的经济人，在封闭的经济环境假设中，很难做出与劳动力要素不同的消费需求。如果企业支付的所有制度成本全部以沉没的方式成为经济运行的真正摩擦损失，制度人的独特利益就无法较好地得以体现。

制度人的理性特征：会追求收入最大化和产品效用最大化。因此，为追求更多和更好的产品，有动力引导企业参与外贸，获得更多的制度利润，同时也可以消费更高效率、更多品质的进口产品。企业为规避国内的制度成本，也有动力开展贸易甚至对外直接投资，来保留更多的自由生产收益。因此，制度人与企业之间的博弈成为一国对外贸易发展的重要动因。

在开放情形下，制度人的独特利益才能更好地体现出来。基于消费者的角度，更加接近现实的需求特征是：随着收入的提高，更加倾向于购买高质量的商品。在本国难以提供高质量商品时，开展贸易则可以很好地解决产品的供应难题。因此，在开放情形下，企业从事进出口贸易的制度成本被降低甚至取消，更加自由的市场会吸引更多的企业加入其中。

二 制度成本与企业出口的决策

贸易成本是企业开展对外贸易的最大障碍（Novy，2006；Jacks，Meissner and Novy，2008；Jacks，Meissner and Novy，2010；Jacks，Meissner and Novy，2011；Baier and Bergstrand，2001），企业只有克服多种贸易成本，其产品才可以进入国际市场。这主要是基于企业对国际市场潜在利益追求的假设，是一种"引力"的作用，激励企业优胜劣汰。本节则基于企业对现有市场竞争体制排斥的视角构建简单模型，起到"推力"的作用，迫使企业进入国际市场，无论如何，企业进入国际市场均需要面对贸易成本的客观存在，但企业对内外两个市场抉择的过程值得分析。

由于国际市场充分竞争的特点，出口产品面对较高且固定的替代弹性 σ_x，代表了较低的成本加成率，出口利润率低于国内市场。从简单逻辑上讲，在出口前，现存的国内企业都有非负的利润，理性的企业并不会放弃更高利润的国内市场去开拓国际市场。从鼓励出口的角度而言，设企业出口生产的生产制度成本被降低：其中 e 值降为 0；一个新进入的出口企业将只需支付出口沉没成本 f_x，而无须支付任何制度成本 f_{is}。

以下对企业内销与出口行为的对比分析是以"双同企业"为基础

的。双同企业是指具有相同真实生产率和相同生产固定成本的若干家企业，其含义为一个专注于内销的企业（e 值将企业进一步区分）完全脱离制度的约束转型为出口企业时其完全保留的特质，反之亦然。这样的定义可以表达一个潜在或即存企业在内销与出口之间自由转换的背景，两个企业互为镜像。在不同制度约束下对比二者的经营状况，衡量在不同市场的利润水平，确定其专注的市场方向，有利于探讨制度因素的作用途径。

本节将基于开放情形，通过简单模型来分析制度成本对企业贸易行为产生的影响。

（一）要素成本比组合 $\left(e, \dfrac{l}{f_0}\right)$

企业的生产函数及其面对的国内需求函数如前文所述，企业面对的国内生产的诸项制度成本构成以及相关影响系数（α 值，ρ 值与 σ 值，δ 值，e 值等）等均保持不变。

设一家企业支付生产制度成本 f_i 后进入市场时的基本情况为[①]：实际生产率水平 φ_0，生产固定成本 f_0，随机的 e 值，其所处 e 值区间对应的产品替代弹性为 σ_i，进入内销市场需支付沉没制度成本 f_{is}，进入出口市场需支付出口沉没成本 $f_x < f_{is}$，且企业内销转出口时将退还二者差额，作为对企业出口的鼓励。根据公式（4－3），该企业单纯面对国内市场的生产函数为：

$$l_d = f_0(1 + e) + \frac{q_d}{\varphi_0(1 + e)^\gamma}$$

其中，$F_0 = f_0(1 + e)$。

根据公式（4－6），其生存的必要条件需要要素—成本[②]比符合如下条件：

$$\frac{l_d}{f_0} \geqslant \sigma_i(1 + e)$$

---

① 在上一节第四部分中，基于封闭情形，假设总固定成本 F_0 不变，此处，基于开放情形，假设生产固定成本 f_0 不变。

② 指劳动要素投入规模 l 与生产固定成本 f_0 的比例，其倒数为人均生产固定成本。下同。

双同企业若进入出口市场，国际市场产品替代弹性为 $\sigma_x > \sigma_i$[①]，其生产函数为

$$l_x = f_0 + \frac{q_x}{\varphi_0}$$

生存的必要条件需要要素—成本比符合如下条件：

$$\frac{l_x}{f_0} \geqslant \sigma_x$$

国内外两个市场的临界条件均受各自市场替代弹性的影响，在国内市场特定 e 值区间内，e 值增加会提高进入门槛，只有更高效率和要素投入的企业才能够进入该特定区间市场。根据图 4 - 2 对比两个市场的临界条件，内销企业的临界值曲线 $\sigma = \sigma_i(1+e)$ 随着 e 值区间的提高而向右移动，斜率减小，与出口临界值曲线 $\sigma = \sigma_x$ 的交点 e 值 a_0 逐步增加。

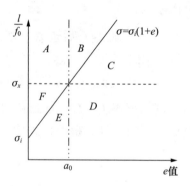

图 4 - 2　σ_x 与 $\sigma_i(1+e)$ 的关系

要素成本比组合 $\left(e, \dfrac{l}{f_0}\right)$ 位于 A 区域和 B 区域时，企业可以同时开展内销与出口，从利润最大化的角度来判断企业如何选择，需要进行较为详细的利润分析对比，将在后文进行讨论。要素成本比组合

---

① 国际市场产品替代弹性 σ_x 为固定值，不受国内各方面因素影响，其值可认为远大于国内相关替代弹性 σ_i。

$\left(e, \dfrac{l}{f_0}\right)$ 若位于 C 区域，则意味着企业内销出现亏损，企业仍可以选择出口来实现发展，位于 B 区域与 C 区域之间边界弹性线上的企业情形，因为内销利润为零，所以仍以出口作为选择区域。若要素成本比组合 $\left(e, \dfrac{l}{f_0}\right)$ 位于 D 区域和 E 区域，则无法进入生产领域，两个市场利润均为负值。要素成本比组合 $\left(e, \dfrac{l}{f_0}\right)$ 若位于 F 区域，企业面临出口负利润，只能选择内销。

（二）企业内销与出口的利润计算

根据公式（4-6），将企业内销与出口之时的利润公式表述如下：

企业内销利润公式

$$\pi_d = \frac{w}{\rho_i}\left(\frac{l_d}{\sigma_i} - F_0\right)$$

企业出口利润公式

$$\pi_x = \frac{w}{\rho_x}\left(\frac{l_x}{\sigma_x} - f_0\right)$$

进一步可得出

$$\pi_d = \frac{wf_0}{\sigma_i - 1}\left[\frac{l_d}{f_0} - \sigma_i(1 + e)\right]$$

$$\pi_x = \frac{wf_0}{\sigma_x - 1}\left(\frac{l_x}{f_0} - \sigma_x\right)$$

设两式相等，计算出口企业与内销企业利润相等[1]时的关系式，得

$$\frac{\dfrac{l_d}{f_0} - \sigma_i(1 + e)}{\dfrac{l_x}{f_0} - \sigma_x} = \frac{\sigma_i - 1}{\sigma_x - 1} < 1 \qquad\qquad (4-7)[2]$$

---

① 相同要素投入时，可以使得出口企业与内销企业的利润相等，但是这种相等是基于不同真实生产率水平而实现的。由于利润公式受到多种因素的影响，因此极难实现要素投入量相同、生产固定成本相同以及真实生产率相同"三同"条件下的同等利润，所以本文不考虑这种极端情形。

② 已知 $\sigma_x > \sigma_d$。

将两利润公式进一步分别展开

$$\pi_d = \frac{w}{\sigma_i - 1} l_d - \frac{w}{\rho_i} f_0 (1 + e) \tag{4-8}$$

$$\pi_x = \frac{w}{\sigma_x - 1} l_x - \frac{w}{\rho_x} f_0 \tag{4-9}$$

由于 $\sigma_x > \sigma_i$，$\rho_x > \rho_i$，若以图示两公式，则对应的两直线中，π_d 的斜率大于后者，其负截距的绝对值也大于后者，两条直线与横轴的交点分别为 $l_i = \sigma_i (1 + e) f_0$ 和 $l_x = \sigma_x f_0$，l_i 与 l_x 大小对比关系直接影响到两直线的相对关系①。

（三）企业内销与出口利润对比的三种情形

在市场和生产达到均衡时，每个企业的要素投入量 l 是确定的，主要受真实生产率、e 值和替代弹性三个变量影响，由于公式复杂，难以根据公式(4-6)比较双同企业的利润大小，因此以下结合图 4-2 来进行分析。

市场和生产达到均衡时，企业要素投入量决定公式为 $l = F_0 + R \cdot (\varphi P)^{\sigma - 1} \cdot \left(\frac{\rho}{w} \right)^{\sigma}$，可以确定 e 值与要素投入量 l 之间的正相关关系。图 4-2 中任何一点，都可以确定其对应内销企业的真实生产率值，可以根据需要画出内销企业所体现出的不同 e 值时的等真实生产率曲线；由于出口企业的真实生产率不受 e 值影响，因此出口企业的等生产率曲线为平行于横轴的直线，直线 $\frac{l_d}{f_0} = \sigma_x$ 表示出口利润为 0 时的等生产率曲线，设其对应生产率值为 φ_0。

在图 4-2 中，在特定 e 值区间内，双同企业 e 值与 a_0 的相对关系直接影响着内销与出口的利润对比关系，以下分 $e < a_0$，$e = a_0$ 和 $e > a_0$ 三种情形分析。

1. $e < a_0$ 时的情形

$e < a_0$ 意味着 $\sigma_i (1 + e_i) < \sigma_x$，也就是图 4-3 中的 A、E 和 F 区域情形。四条曲实线 α_1、α_2、α_3 和 α_4 分别表示内销企业在相同真实生

---

① 可参考图 4-4 与图 4-7 所示情形。

产率 φ_0 约束下可能有的四种 $\left(e,\dfrac{l}{f_0}\right)$ 关系，便于区分不同情形进行对比分析[①]。左侧竖虚线表示 $e=a_1$，在该线上，随着 $\dfrac{l}{f_0}$ 值的增加，企业的真实生产率和利润也随之增加。

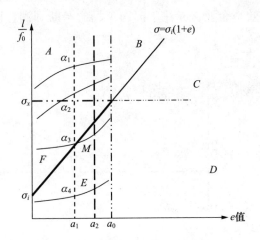

图 4 - 3　等真实生产率(φ_0)曲线的鉴别

（1）企业内销与出口真实生产率的对比。

根据公式（4-8）和公式（4-9），如图 4-4 所示，其为 e 值确定时的相关关系，对应图 4-3 中某条垂直线所示情形。横轴中 G 和 H 两点表示两直线利润为零时的交点，G 点为出口的临界点要素投入量 $\sigma_x f_0$，H 点为内销的临界点要素投入量 $\sigma_i(1+e)f_0$。

设内销企业利润为零时的真实生产率为 $\varphi_1 < \varphi_0$，随着内销企业要素投入量增加达到 l_1，对应企业的真实生产率增加至 φ_0，而该内销企业的利润为 π_1，对应同等利润的出口企业规模为 l_2，其生产率为 $\varphi_2 > \varphi_0$。这表明双同企业中内销的利润大于出口利润，企业更倾向于内销，而非出口（无论生产效率高低）。取 $l_3 < l_1$，其生产率 $\varphi_1 < \varphi_3 <$

---

① 这里的四条曲实线为假设曲线，后文将证明真正的等真实生产率(φ_0)曲线所处位置。

φ_0，内销企业利润为π_2，同等利润的出口企业要素投入规模为l_4，生产率$\varphi_0 < \varphi_4 < \varphi_2$，此时存在出口企业生产率为$\varphi_3$，利润小于零的可能。这里的假设在图4-3中体现为斜粗实线对应的利润为零的临界内销企业的真实生产率均小于利润为零的临界出口企业真实生产率，这既表明内销产品的生产率门槛较低，也表明由于制度成本的存在，保留了大量低效率企业，专注于国内市场的垄断利润，而没有能力和精力参与国际竞争。

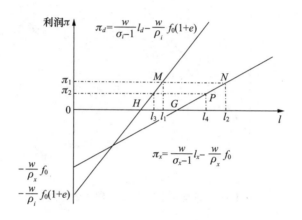

图 4 - 4　双同企业等利润真实生产率对比分析

若内销企业利润为零时的真实生产率为$\varphi_1 > \varphi_0$，则意味着生存下来的内销企业平均真实生产率高于自由竞争下的出口企业平均生产率，这和本章的基本假设相悖，本假设不成立。

（2）内销企业等生产率（φ_0）曲线的判定。

下面分析内销企业等生产率（φ_0）曲线的分布。图4-3中从可能性的角度画出四条曲线，分别代表了不同的意义。其中α_1表示真实生产率为φ_0的内销企业，其规模在不同e值下都高于同生产率的出口企业；α_2表示部分内销企业规模小于、大于出口企业，并且存在等规模的双同企业；α_3表示部分内销企业在e值增大后被迫退出市场；α_4表示在该生产率背景下，根本无法进入国内市场。

曲线α_1和α_2均有超过出口临界要素规模的投入。设任意曲线上

的要素投入规模为 l_a，存在关系式 $l_a > l_x$。取 $l'_x = l_x + \varepsilon$（ε 大于零但无穷小），因此 l'_x 对应的出口生产率接近于 φ_0，其利润大于零。将 l_a 和 l'_x 同时代入公式（4 - 7），可以判断出该公式不再成立，因此存在矛盾，所以否定了图 4 - 3 中 α_1 和 α_2 两条内销企业的等 φ_0 生产率曲线存在的可能性。

曲线 α_3 确定了一个特殊的点 M，该点对应的内销利润率为 0，与出口同生产率的情形相同。这意味着出现同生产率同利润的情况，对应于图 4 - 4 中 H 和 G 两点的关系。若存在这种情形，则可以推理出 M 点右上侧的粗斜线对应的内销临界生产率值高于 φ_0，这与前面分析的结论相矛盾，因此曲线 α_3 不存在。

曲线 α_4 表示内销生产率临界值全部高于 φ_0，与前述分析亦相矛盾，因此该曲线也不存在。

（3）结论。

综上所述，内销企业等真实生产率（φ_0）曲线如图 4 - 5 所示，随着 e 值的增加而不断接近 σ_x 线，最终三线相交，曲线 α_5 即为所求内销等效率（φ_0）曲线。曲线 α_5 将 A 和 F 两区域重新区分为两部分，曲线以上部分，内销企业的真实生产率高于出口临界生产率值，且利润高于同生产率的出口利润，因此曲线之上的企业完全内销；曲线下面的 F 区域，内销企业真实生产率低于出口临界值，开展出口无法获取利润，因而唯有内销维持生存。区域 E 的内销企业无论开展出口或是开展内销均无法获取利润，因此无法进入任何市场。

因此在 $e < a_0$ 时，内销企业利润为零时的真实生产率小于两同出口企业的临界生产率 φ_0，由于受到制度的保护，更多低效率企业进入市场，但此时企业内销利润高于出口，高效率和低效率企业均放弃出口，这表示图 4 - 2 中的 A 和 F 区域企业仅仅满足国内市场，由于制度的保护，而降低了企业参与自由竞争的积极性。

2. $e = a_0$ 时的情形

$e = a_0$ 时，如图 4 - 5 所示，此时意味着出口企业与内销企业的利润相同，曲线 α_5 相交于 K 点，此时内销企业与出口企业的两同企业达到更高程度的相同：总要素投入亦相同，成为名副其实的三同企业。

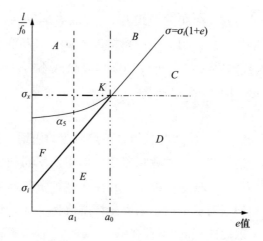

图 4 – 5　内销企业等真实生产率(φ_0)曲线

下面简单论证 K 点出现的合理性。

相关条件为：$l_x = l_d = 0$，$\sigma_x = \sigma_i(1 + e)$，

出口要素均衡投入为

$$l_x = f_0 + R_x \cdot (\varphi_0 P_x)^{\sigma_x - 1} \cdot \left(\frac{\rho_x}{w}\right)^{\sigma_x}$$

内销要素均衡投入为

$$l_d = f_0(1 + e) + R_d \cdot [\varphi_0(1 + e)^\gamma P_d]^{\sigma_i - 1} \cdot \left(\frac{\rho_i}{w}\right)^{\sigma_i}$$

其中，R_x，R_d，P_x 和 P_d 指数均取决于替代弹性，两等式相等时，只有 e 值为未知数，因此可以求得 a_0 值，且为唯一解。处于该点的企业可以自由选择内销或出口，并保持利润均为零。

3. $e > a_0$ 时的情形

$e > a_0$ 时，意味着 $\sigma_i(1 + e_i) > \sigma_x > \sigma_i$，如图 4 –6 所示，涉及 B、C、D 三区域。如前文分析，粗斜线对应的内销企业真实生产率值大于 K 点值，此时可以确定 $e > a_0$，内销企业的临界真实生产率水平要高于出口的临界水平，据此可以简单画出内销企业等生产率（φ_0）曲线 α_5[1]。

---

① 对于 α_5 线的确定，不涉及其斜率的严格讨论，只需确定其大致位置和走势即可。

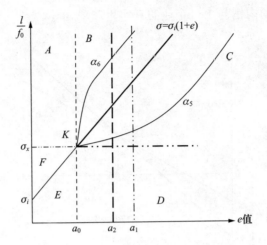

图 4 - 6　等真实生产率（φ_0）曲线的鉴别

曲线 α_5 将 B、C 和 D 区域划分为上下两部分。该线以下涉及的内销企业对应的两同出口情形利润为负，这部分的企业既不能出口也不能内销，因此无法进入市场。对于曲线 α_5 以上部分，需要进行进一步分析。

对比内销企业和两同出口企业的利润，设 e 值为任意值，如图 4 - 7 所示。在两线交点之前，要素投入量小于 l_1 时，出口情形利润高于内销情形，因此企业选择出口，而由于内销企业的利润增长率较快，在要素投入量超过 l_1 之后，形势逆转，内销的利润高于出口，因此企业选择内销而放弃出口。这种情形体现在图 4 - 6 中则为在内销临界线上方存在要素投入量 l_1 的曲线 α_6。该曲线与任意垂直线的交点都对应图 4 - 7 中的 l_1 值。

取一与 H 点代表的内销临界企业相同生产率 φ_a 的出口企业，其利润为 π_1，对应点为 T，与其利润相同的内销企业为点 S，该点生产率明显高于点 H，因此企业应出口而非内销。在两利润线相交于 M 点时，劳动要素投入与利润相同，这里的关键在于判断 M 点处两条线对应企业的真实生产率是否相等。根据利润公式，内销与出口生产率真实值相等时，确定其他变量值后，可以确定唯一的 e 值，因此可以确

定 M 点对应的内销与出口企业的真实生产率相等。

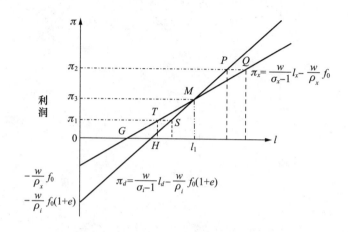

图 4 - 7　要素投入与利润的关系

从 G 点与 H 点到 M 点，可以看出，出口企业和内销企业增加同等的利润，但前者的生产率提高得更多，因此可以确定利润为 π_2 时，出口企业 Q 点的生产率要高于内销企业 P 点的真实生产率，在要素投入量大于 l_1 时，内销企业的利润要高于出口企业的利润。曲线 α_6（见图 4 - 6）也成为划分 B 区域内销与出口的分界线①。

因此，此时能够出口的企业范围被严格限定在曲线 α_5 和 α_6 之间（见图 4 - 6），两条曲线上的零利润以及进口、内销同等利润企业。

4. 总结

将图 4 - 5 与图 4 - 6 合并得出图 4 - 8。

在自由市场环境中，高效率企业都可以参与国际市场竞争，存在制度成本后，企业的境内经营成本增加，但在一定程度上获得了制度的保护以及较高的名义利润，因此在 e 值较小时（$e < a_0$），没有企业愿意转型出口，大量低效率企业得以生存，高效率企业也因制

---

① 曲线 α_6 上的每个点都代表内销与出口企业间的利润相等，生产率相等以及要素投入相等，但是各点之间所对应的生产率水平不等，与等生产率曲线 α_5 不同。

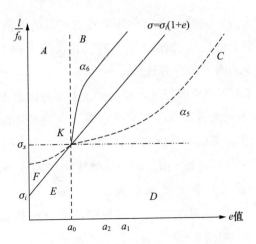

图 4 - 8　企业出口的区间

度保护获得高于出口的利润。在 e 值较大时（$e \geqslant a_0$），B 区域的下部分为出口，而上部分为内销。由于要素投入量与生产率之间存在正相关关系，这表明，高效率的国内企业会放弃国际市场，这一结论与一般的文献存在矛盾。从动态角度来考虑区域 B 的出口企业，随着企业出口规模的扩大，生产率逐步提升，其要素成本比重上升到一定阶段后，企业会转向内销，而放弃出口，这一推理与企业出口的自我选择效应以及学习效应亦出现相悖。选择出口的企业，一部分来自被制度排挤而无法在内销市场生存的企业，一部分来自境内获利较小的企业，这部分企业基本上只包括了低效率企业（曲线 α_5 和 α_6 之间部分），而最高效率的企业总是在制度的保护下在境内获得更高的利润。

综上所述，受制度成本的影响，出口企业的生产率不高，高效率企业不出口；同等生产效率的企业受制度的影响，有的企业可以在国内获得利润，但有的企业却被迫离开国内市场而进入国际市场。制度成本的存在扭曲了市场机制的正常发挥，不利于国内产业竞争力的培养。

（四）e 值区间对企业出口的决定

以上分析了在生产制度成本因素的影响下，企业要素投入量与企业利润之间的关系对企业出口决策的影响。为了更为详细地分析制度成本因素对企业出口决策的影响，这里考虑 e 值的取值区间，并区分多种情形，考察企业内销与出口生产的安排决策。图 4-8 中并没有完整地画出企业的内销边界弹性线。

由于任何进入市场或即将进入市场的企业都要面对不同 e 值区间的约束性，e 值与不同的替代弹性共同决定着企业的最终市场行为。不同 e 值区间的区分由分界值 a 和 b 决定，除此之外，企业最终决策还受到出口市场替代弹性 σ_x 与各 e 值区间替代弹性 σ_i 大小关系的影响①。

1. σ_x 与 σ_1 接近，各 σ_i 之间也接近

这意味着制度成本对国内市场的扭曲程度较轻②，因此大部分企业在低 e 值区间，如图 4-9 所示，存在关系式 $a_2 < a < a_3 < b$。三条斜实线成为实际的不同 e 值所对应的内销企业临界进入线，最终企业的出口行为也因实际内销企业临界线的变化而变化。添加各 e 值区间的 α_5 和 α_6 曲线，确定真实企业出口决策集合如图 4-10 情形（1）中的阴影部分所示。高 e 值区间的内销企业规模和数目被压缩，e_1 区间的内销企业成为内销企业的主力，因此这种情形对国内消费者是最为有利的。从长期动态考虑，在各区间处于临界值的企业不会因为增加或减少 e 值进入新区间而获得更高利润，因此，图示情形为较稳定的出口决策集合。

2. σ_x 与 σ_1 接近，各 σ_i 之间差距较大

此时存在关系式 $a_1 < a < a_2 < b < a_3$，企业出口决策集合如图 4-10 情形（2）所示。在各个 e 值区间内，都包含了完整的 A 至 F 区域。高 e 值区间内也有大量的内销企业，因此国内消费者福利受损。e_1 区间 $e = a$ 的出口企业与 e_2 区间 $e = b$ 的出口企业，均处于 e 值区间边界处，从长期动态考虑，会因为 e 值小幅增加进入新 e 值区间而获得更高内销利润，因此在长期，会出现大量出口企业转内销现象。

①　以下关系式涉及的 a_1、a_2、a_3 与 a、b 之间的关系，仅从存在可能性的角度设定了其中三种关系，其他若干种可能性在逻辑上不合理，此处不全部讨论。图 4-2 中的 a_0 值在三个 e 值区间内分别表现为 a_1、a_2、a_3 三值。

②　这是一种极端状态，在此分析仅作为对比用。其极端性体现在三个区间的替代弹性与出口替代弹性接近，这表明制度成本的存在对生产和需求的影响不明显。

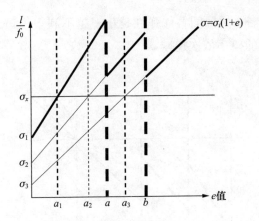

图 4 - 9 e 值区间划分与生产临界线的确定

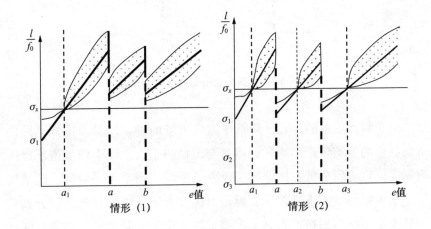

图 4 - 10 真实企业出口决策集合情形（1）和情形（2）

3. σ_x 与 σ_i 各之间差距均较大

这意味着 e 值的变化对市场环境的扭曲作用较大，存在关系式 $a < a_1 < b < a_2$，企业出口决策集合如图 4 - 11 所示。由于制度成本的作用，低 e 值区间的企业全部从事内销，放弃出口，仅有 e_3 区间的部分企业出口。

4. 总结

在国际市场需求替代弹性确定的前提下，国内 e 值区间划分既定时，国内市场各 e 值区间替代弹性越小，越不利于出口，三种情形中企业开展出口的概率依次递减。

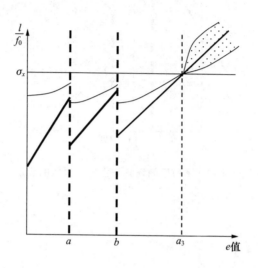

图4-11 真实企业出口决策集合情形

由于制度成本的存在，降低了国内市场的进入门槛，拉低了国内市场企业的平均生产率水平，而参与出口的企业生产率门槛值不因国内制度因素有所降低，因此出口企业的平均生产率水平较高，这证实了企业出口的自我选择效应，但是上述分析中也可以发现大部分高效率的企业不参与出口，而完全内销，这完全源于制度成本对其垄断能力的加强，这样仍然与出口自我选择效应相悖。在制度成本的影响下，企业开展出口的动机被扭转，完全源于其无法克服制度成本带来的额外成本，无缘国内市场，而不得不进入国际市场。

三 产品质量因素与企业出口决策关系

在上一部分中，企业在开展出口前后，内销与外销时所供应产品质量是完全一致的，并且在所有情形下企业都采用了统一的生产率水平，即使由于 e 值的存在而改变了真实生产率的外在表现值，但并不改变企业内在实际生产率间接发挥作用。

由于忽略了不同情形下企业产品质量的差异以及真实生产率的变

化，在很多情形下无法确定企业出口产品决策的明确合理性，且固定成本与边际成本之间没有任何关系，导致固定成本的确定存在很大的任意性，也失去相应的合理性。本部分将在生产和需求两方面分别引入质量系数 m，以便探讨企业在面对不同市场在投放产品质量方面的决策路径。

（一）产品质量系数 m 对生产、需求函数的影响

设生产率 φ 与产品质量 m 之间呈正相关关系，表示较高的生产率会生产出较高质量的产品（Verhoogen，2008），并设生产率 φ 与质量水平 m 的比值 $\dfrac{\varphi}{m(\varphi)}$ 随着生产率的增加而降低（Baldwin and Harrigan，2011），表示高质量产品平均每个单位指标的生产率附加值更低，或高质量水平的产品其对应的单位生产率贡献的质量水平更高，$m>1$。

质量系数 m 在本质上作为生产率的函数而存在，二者比值 $\dfrac{\varphi}{m(\varphi)}$ 可以理解为经质量调整的生产率水平，它的减函数性质表现为 $\dfrac{\partial m(\varphi)}{\partial \varphi} > \dfrac{m}{\varphi}$，进一步表示为

$$\frac{\partial m(\varphi)}{m} > \frac{\partial \varphi}{\varphi}$$

根据该式，上述对质量水平与生产率对比关系的假设意味着质量水平的增长率要快于生产率的增长率。生产率的增长会带来产品质量水平的更大提升，这种关系较好地反映了经济现实。

二者之间的这种关系，在生产函数中体现为高效率企业的高边际生产成本，从本质上来讲，这种高边际生产成本属于高质量附加值的成本，在实际生产中具有合理性。随着生产率的提高，生产固定成本提高，同样的产量需要更多的生产要素投入。生产率与要素投入量之间的正相关关系在上述假设中得以较好地体现。

将质量系数引入生产和需求函数，需区分国内销售和出口销售两种情形。

第一，由于国内市场受制度因素的强烈干预及扭曲，国内市场消

费者对产品质量的要求无法形成对企业生产决策的影响，质量因素无法作为消费者消费商品的决定因素，国内市场需求函数无须引入质量系数，或者设质量系数 $m = 1$；在国内销售情形下，由于国内制度成本的存在，企业产品市场的竞争力受到非市场等制度因素较强影响，企业对质量的关注度较低，因此在针对国内市场的生产中不引入质量系数，或设质量系数 $m = 1$。因此，针对国内市场的需求和生产函数形式不变。

第二，国外需求和出口生产均引入质量系数。国际市场更加开放，市场竞争更加激烈，一般情形下国际市场对产品质量的要求相对国内市场更为严格，消费者对产品的质量更加关注，因此在国际市场需求函数中引入质量系数 m；在面对国际市场情形下，企业产品的竞争力与质量和价格等因素紧密相关，基于上述假设，在其出口生产函数中引入质量系数 m。结合中国现实情形，国际市场质量水平一般要高于国内，设 $m > 1$。

因此有如下公式设定，包含质量因素 m 的出口生产函数为

$$l = f_0 + \frac{m}{\varphi_0} \cdot q$$

假设国际市场的需求函数不再单纯追求产品的数量，也开始注重产品的质量，其需求效应函数形式（Baldwin and Harrigan，2011）为

$$U = \left[\int_{\omega \in \Omega} m(\omega)^{\rho_x} q(\omega)^{\rho_x} d\omega \right]^{1/\rho_x}$$

该函数体现了国际消费者对质量的重视，同样的消费数量会因产品质量的不同而形成效用差异，即使较少的消费数量配合较高的质量水平也可以为消费者带来更多的效用。

（二）质量因素对企业出口决策的影响

根据上述两公式可得出口均衡时包含质量因素的产品价格为

$$p_x = p(\varphi_0) = \frac{w}{\rho_x \varphi_0} m$$

由于国内市场消费者与企业均无须考虑质量因素，根据公式 (4 - 4)，以及上节对生产率观察值 $\varphi = \varphi_0(1 + e)^\gamma$ 的定义，内销均衡时产品的价格为

$$p_d = p(\varphi_0) = \frac{w}{\rho_i \varphi_0 (1 + e)^\gamma}$$

上述两个价格体现出双同企业在面对不同制度因素和市场需求条件下定价的差别。

取两价格比值

$$\frac{p_x}{p_d} = \frac{\rho_i (1 + e)^\gamma}{\rho_x} \cdot m \qquad\qquad (4-10)$$

双同企业在面对国际和国内两个差异化市场时，其价格对比关系分析需结合上一部分的不同情形进行。

1. 从市场扭曲的角度

（1）国内市场扭曲较小时。

如图 4-10 情形（1）所示，所有 e 值区间均有企业可参与出口，出口替代弹性 σ_x 与国内市场各 e 值区间产品替代弹性值 σ_i 之间保持较小的差距，这意味着在制度成本的影响下，国内市场被扭曲的程度相对较小，结合公式（4-10），$\dfrac{\rho_i (1 + e)^\gamma}{\rho_x}$ 接近于 1 但小于 1，此时同一种商品出口与内销的价格之比完全由质量系数 m 决定。

质量系数 m 较小，且其取值范围区间严格受限时，可以实现

$$\frac{p_x}{p_d} = \frac{\rho_i (1 + e)^\gamma}{\rho_x} \cdot m < 1$$

即出口产品的质量水平较低（仍高于国内）时，会出现出口价格低于国内市场的情形。

质量系数 m 较大时，可以实现

$$\frac{p_x}{p_d} = \frac{\rho_i (1 + e)^\gamma}{\rho_x} \cdot m > 1$$

此时意味着，出口产品质量水平达到一定水平时，会出现出口价格高于国内市场的情形。

由于质量水平与真实生产率之间呈正相关关系，因此可以得出这样的结论：在国内市场扭曲程度较低时，有出口选择的企业数量庞大，在出口的高质量产品中，存在价格对内歧视的情形，但仅限于低效率出口企业，而高效率出口企业以高价格出口高质量产品。但从价

格歧视角度来说，由于 m 取值范围受限，所以"高质低价"出口的企业数目亦受到限制，整体上出口企业对国内市场的歧视主要体现为质量方面而非价格方面。

（2）国内市场扭曲较大时。

如图 4 - 11 所示情形，只有最高 e 值区间的企业可能从事出口，即 e_3 区间的 B 和 C 两区域，出口替代弹性 σ_x 远高于国内市场各 e 值区间的替代弹性 σ_i，这在公式（4 - 10）中，表现为 $\dfrac{\rho_i(1+e)^\gamma}{\rho_x}$ 远小于 1，因此质量系数 m 有极大的取值范围来实现 $\dfrac{p_x}{p_d} < 1$。

质量系数 m 极大的取值范围意味着更多效率水平和更多数量的企业，在国内市场被较大程度扭曲的情况下，以低价格出口更高质量的产品，加大了对国内市场的歧视。但是，只有达到非常高的质量水平 m 的产品才能导致 $\dfrac{p_x}{p_d} > 1$。

如前文所述，高 e 值区间的平均生产率水平更低，因此大量的出口企业并不能生产更高质量的产品，最终结果只能是出口产品较国内质量高，但价格低于国内市场。这种情形是对中国当前经济现实的恰当描述，出口企业在质量和价格方面形成对国内消费者的歧视，并且中国也能有限出口在国际上具有较高技术水平的产品。国际上一般认为中国产品是质量差与较强的价格竞争力并存（Abraham and Hove，2011）。中国的出口对中国经济的贡献程度很高，且大量的就业依赖于加工贸易产业。在理论上目前尚没有文献对中国的这种现象进行研究，但是从现象描述的角度，引起了更多的关注（如金融时报、腾讯网、人民网、慧聪网等①），通常将这种现象的产生

① 《金融时报》，http://www.ftchinese.com/story/001029975 和 http://www.ftchinese.com/story/001002045；人民网 2011 年专栏：《"中国制造"为何国内比国外贵》，http://mnc.people.com.cn/GB/14227390.html；腾讯网 2010 年专栏：《"中国制造"为何国内比国外贵》，http://view.news.qq.com/zt2010/madeinchina/index.htm；慧聪网：《中国茶叶怪圈：国外便宜国内贵》，2011 年 9 月，http://info.tea.hc360.com/2011/09/27160721.shtml；金融界：《中国制造为何国内比国外贵》，http://finance.jrj.com.cn/opinion/2012/07/26072613920040.shtml。

归因于中国广泛存在的加工贸易模式以及较高的国内税收负担等制度因素。

2. 从价格比值的角度

(1)出口价格高于内销价格。

$\dfrac{p_x}{p_d}>1$，表示双同企业各自以高价格出口高质量产品，以低价格内销低质量产品。此时，存在 $m>\dfrac{\rho_x}{\rho_i(1+e)^\gamma}>1$，出口企业需保证出口产品质量水平 m 高于一个下限值 $\dfrac{\rho_x}{\rho_i(1+e)^\gamma}$，具体受内销企业所属 e 值区间确定。若质量水平 m 处于一个较高水平，则必然能够保证上述不等式的成立，因此意味着该国企业可以参与国际上高质量产品的生产，但是由于制度成本的存在，迫使高质量产品出口，内销低质量产品。质量水平与生产率之间具有正相关性，因此这种假设表明在存在制度成本的情况下，高效率企业对内只能提供"低质低价"的产品，国内消费者对高质量产品的选择权受到影响，但这提高了该国出口产品的技术复杂度，可以提高出口规模，并可以从实证分析中证实贸易自我选择效应，但本质上这种自我选择是制度成本对企业行为的一种扭曲，是由企业对国内制度成本的逃避来实现的，而且并不是所有相同生产率的企业都会选择出口。

(2)出口价格低于内销价格。

$\dfrac{p_x}{p_d}<1$，表示双同企业各自以低价格出口高质量的产品，而以高价格对内销售低质量产品。这是对国内市场的明显歧视，国内消费者的正当消费权益被制度成本塑造的企业分工破坏。此时，存在 $1<m<\dfrac{\rho_x}{\rho_i(1+e)^\gamma}$，出口产品的质量水平被严格限制在一定的水平范围之内，即出口产品的质量水平 m 高于内销水平，但这种质量层次仍有上限约束。对应的国内参与生产企业的生产率也受到相应约束，最高效率层面的企业不在此范围内，但是这种较低层面的质量水平对应的生产率水平是本国的中坚生产力量，其涉及企业数量更多，这意味着在

制度成本的影响下，一国会有大量的企业在出口方面无论在价格还是在质量上都歧视国内市场，这种经营决策是企业面对制度成本约束形成的有违感情但合乎企业理性的结果，是中国当下外贸现实的真实写照。

第五节 结论

本章在 Melitz（2003）模型的基础上，通过引入制度成本，分析了封闭和开放条件下，企业进入、退出国内外市场的机制，得到了以下结论：

第一，企业异质性的表现在现实中不仅取决于生产效率，还与很多因素有关。企业的生产效率关乎企业的生存与发展，对于区分企业之间的差异具有重要的鉴别价值，但在非完全市场化环境以及非完全法治环境中，企业竞争的成败不仅与自身的生产效率有关，还与制度成本高低以及制度因素对市场竞争环境的影响程度有关。因此，看待并分析中国社会主义市场经济发展中的经济现象，需要综合考虑现实中的多方面因素，这样才能提高问题分析的准确性、政策建议的针对性和有效性。

第二，制度成本增加了企业的生产成本，并提高了产品售价，影响了市场公平竞争环境。较高比例制度成本的支付形成人为的垄断现象，企业经营趋于短期视角，不利于生产效率的提高与进步。同时，高效率的企业通过支付较高的制度成本，亦可以在国内获得更高的垄断收益，从而延缓企业国际化的步伐。比如，中国大型国有企业虽然有较多可以称为世界级的大型企业，但是其国际化程度很低，主要市场仍然在国内（Cui and Jiang，2010），主要利润仍然是靠国内市场的垄断力量来实现。

第三，制度成本的存在导致了贸易自我选择效应和贸易学习效应的失灵，破坏了企业正常生长的合理路径。由于制度成本的干预，企业面对的国内外市场相对状况发生了变化，企业适应当前制度的理性选择最终造成了宏观的非理性现象。

第四，制度成本的存在，严重扭曲了国内市场竞争环境，降低了出口企业的平均生产效率，缩小了本国参与出口的规模，并且使具有相同生产效率的企业能够生产高质量低价格产品用于出口，而无法面向国内市场销售，严重地歧视了国内消费者，降低了消费者应有的福利水平。

我国目前已为世界贸易大国，但产品的核心技术国际竞争力仍然低下，这种现象源于多方面因素，国内企业面临的大量非合理性制度因素便是其中之一。在未来政策取向上，应严肃厘理国内各个领域的违法、违规的相关规定以及行业惯例，为企业自由选择相关市场创造自由的环境。在未来的研究中，基于制度成本的国内外差异、行业间差异、区域间差异等视角，进一步分析企业内销与出口决策行为具有更加积极的现实意义，有助于厘清我国外贸发展中存在的诸多问题。

第五章　制度成本的测量

本章将对制度成本进行测量。如第三章第一节所述,制度成本测量公式的基础为贸易成本①测量公式,制度成本对应于其中的"内贸成本"。本章先对内贸成本进行分析,在此基础上确定制度成本测量的公式。

在贸易文献中,成本研究集中于贸易成本(Trade Costs)的研究,理论及实证研究中通常会包含对某些成本构成是否合理的分析,但贸易成本测量研究完全忽略了对合理与否的考虑。因此,在本章对制度成本的测量分析中,亦将放弃对"合理与不合理"二者的区分和甄别②,这样概念扩大后的制度成本更加便于衡量,也便于在整体上把握一个国家的企业在经营过程中的总体成本因素。

第一节　内贸成本与贸易成本关系分析

一　贸易成本的测量与引力模型

多年来,引力模型(Gravity)一直是分析影响双边贸易的诸多因素的最重要的理论工具,贸易成本的测量研究也与引力模型密切相关

---

① 在文献中,贸易成本(Trade Costs)普遍单指国际贸易成本(International Trade Costs),在涉及国内贸易成本时,一般用 Internal Trade Costs 或 Intra – national Trade Costs,本书中用"内贸成本"表示。

② 正如贸易成本文献普遍认为贸易成本无论是否合理,越低越好,越低越有利于贸易的发展。本章对制度成本持相同观点,其值变动的趋势应为不断下降,以体现技术和制度的进步。

（Chen and Novy，2012）。

Anderson 和 Wincoop（2003）奠定了引力模型的理论基础，其设定的引力模型公式为

$$x_{ij} = \frac{y_i y_j}{y^w} \left(\frac{t_{ij}}{P_i P_j} \right)^{1-\sigma}$$

其中，P_i 和 P_j 既表示相关价格水平，也表示相关贸易多边阻力水平。隐含前提包括贸易成本的对称性，即 $t_{ij} = t_{ji}$。

在控制一国规模的前提下，存在一国国内贸易与出口贸易的关系：

$$d \left(x_{ii} \frac{y^w}{y_i y_i} \right) = (\sigma - 1) \left[1 - 2\theta_i + \sum_k \theta_k^2 \right] dt$$

$$d \left(\frac{x_{ii}/y_i y_i}{x_{ij}/y_i y_j} \right) = (\sigma - 1) \left[1 - \theta_i + \theta_j \right] dt$$

Anderson 和 Wincoop（2004）进一步将其拓宽至产业贸易层面，其设定的引力模型公式为

$$x_{ij}^k = \frac{y_i^k x_j^k}{y^k} \left(\frac{t_{ij}^k}{\Pi_i^k P_j^k} \right)^{1-\sigma_k}$$

其中，k 表示产业 k，其他含义不变。

Chen 和 Novy（2011）考虑到难以取得多边阻力数据的问题，将 Anderson 和 Wincoop（2004）的引力模型进行内部贸易的变换，存在关系式为

$$x_{ii}^k = \frac{y_i^k x_i^k}{y^k} \left(\frac{t_{ii}^k}{\Pi_i^k P_i^k} \right)^{1-\sigma_k}$$

因而取得多边阻力的关系式为

$$\Pi_i^k P_i^k = \left(\frac{y_i^k x_i^k}{x_{ii}^k y^k} \right)^{\frac{1}{1-\sigma_k}} t_{ii}^k$$

在上式中，多边阻力变量的数据可以通过相关已知数据进行计算获得。

以 Head 和 Ries（2001）、Head 和 Mayer（2004）为基础，Chen 和 Novy（2011）得出关系式

$$\frac{t_{ij}^k t_{ji}^k}{t_{ii}^k t_{jj}^k} = \left(\frac{x_{ii}^k x_{jj}^k}{x_{ij}^k x_{ji}^k}\right)^{\frac{1}{\sigma_k - 1}}$$

这成为众多文献中进行贸易成本间接测量公式的来源。Head 和 Ries（2001）、Head 和 Mayer（2004）将两国贸易成本测量公式定义为

$$\phi_{ij}^k = \left(\frac{x_{ij}^k x_{ji}^k}{x_{ii}^k x_{jj}^k}\right)^{\frac{1}{2}} = \left(\frac{t_{ij}^k t_{ji}^k}{t_{ii}^k t_{jj}^k}\right)^{\frac{1-\sigma_k}{2}}$$

这一测量方法被称为 phi – ness 方法，ϕ_{ij}^k 表示 i 和 j 两国的产业贸易成本 k，该测量值仅与两国的双边贸易以及内部贸易相关，与产业 k 的需求弹性 σ_k 无关。

Chen 和 Novy（2011）采用了简单变更的公式，在贸易成本的测量中加入了替代弹性。

$$\theta_{ij}^k = \left(\frac{x_{ii}^k x_{jj}^k}{x_{ij}^k x_{ji}^k}\right)^{\frac{1}{2(\sigma_k - 1)}} = \left(\frac{t_{ij}^k t_{ji}^k}{t_{ii}^k t_{jj}^k}\right)^{\frac{1}{2}}$$

该公式包含了 CES 需求假设和各国差异化生产的 Armington 假设，但是 Chen 和 Novy（2011）亦将基于 Ricardian 模型（Eaton and Kortum，2002）和异质性企业贸易模型（Chaney，2008；Melitz and Ottaviano，2008）的贸易成本测量公式进行了统一。

$$\theta_{ij}^{EK} = \left(\frac{x_{ii}^k x_{jj}^k}{x_{ij}^k x_{ji}^k}\right)^{\frac{1}{2 s_k}} = \left(\frac{t_{ij}^k t_{ji}^k}{t_{ii}^k t_{jj}^k}\right)^{\frac{1}{2}}$$

$s_k > 1$，表示各产品之间的生产率水平的差异，各国间相同，其值越高则表示差异越小。在 $s_k = \sigma_k - 1$ 时，有 $\theta_{ij}^{EK} = \theta_{ij}^k$。

$$\theta_{ij}^{CH} = \left(\frac{x_{ii}^k x_{jj}^k}{x_{ij}^k x_{ji}^k}\right)^{\frac{1}{2\gamma_k}} = \left(\frac{t_{ij}^k t_{ji}^k}{t_{ii}^k t_{jj}^k}\right)^{\frac{1}{2}} \left(\frac{f_{ij}^k f_{ji}^k}{f_{ii}^k f_{jj}^k}\right)^{\frac{1}{2}\left(\frac{1}{\sigma_k - 1} - \frac{1}{\gamma_k}\right)}$$

$$\theta_{ij}^{MO} = \left(\frac{x_{ii}^k x_{jj}^k}{x_{ij}^k x_{ji}^k}\right)^{\frac{1}{2\gamma_k}} = \left(\frac{t_{ij}^k t_{ji}^k}{t_{ii}^k t_{jj}^k}\right)^{\frac{1}{2}}$$

其中，γ_k 是帕累托分布的形状参数（Shape Parameter），且存在 $\gamma_k > \sigma_k - 1$，其值越高，表示企业的异质性程度越低，存在较低的贸易壁垒。

Jacks, Meissner 和 Novy（2011）、Novy（2013）以与从价关税对等的角度，去除上标产业分类 k，将双边贸易成本测量公式设定为

$$\tau_{ij} \equiv \left(\frac{t_{ij}t_{ji}}{t_{ii}t_{jj}}\right)^{\frac{1}{2}} - 1 = \left(\frac{x_{ii}x_{jj}}{x_{ij}x_{ji}}\right)^{\frac{1}{2(\sigma-1)}} - 1 \qquad (5-1)$$

τ_{ij} 在本质上体现为所有阻碍双边贸易力量的几何平均值，该测量值与双边贸易成本（$t_{ij} \neq t_{ji}$）以及各自内贸成本之间存在着密切关系，$\left(\frac{t_{ij}t_{ji}}{t_{ii}t_{jj}}\right)^{\frac{1}{2}}$ 为两国贸易成本与内贸成本之比的几何平均值。

Novy（2006）将贸易成本测量表述为

$$\tau_{ij} = 1 - \left[\frac{\mathrm{EXP}_{ij}\mathrm{EXP}_{ji}}{(\mathrm{GDP}_i - \mathrm{EXP}_i)(\mathrm{GDP}_j - \mathrm{EXP}_j)s^2}\right]^{\frac{1}{2\rho-2}} = 1 - \left(\frac{x_{ij}x_{ji}}{x_{ii}x_{jj}s^2}\right)^{\frac{1}{2\rho-2}}$$

其中，s 表示各国总产出中贸易产品的比重，为固定值，一般取值为 0.8，ρ 为产品的替代弹性，大于 1。该式所表达的贸易成本不能体现出与内贸成本之间的关系，在相关文献中，该式不如公式（5-1）的应用广泛[①]。

二 内贸成本与贸易成本的关系

内贸成本是国际贸易成本估计中的重要组成部分，内贸成本的规模一般较国际贸易成本小，构成相对简单，在理论中通常仅作为中间变量，少有深入研究。

蒋含明和李非（2012），许统生、洪勇、涂远芬等（2013）均从省际贸易的角度进行了省际贸易成本的测度和影响分析，但都是基于公式（5-1）从双边贸易的角度进行的测定，而非进行各省内贸易成本的测定。

国际贸易理论研究中，通常设定一国内部贸易的成本为零（冰山成本 $T_{ii} = 1$），但在新经济地理（New Economic Geography, NEG）实证研究文献中几乎都将内贸成本构建成单一变量内部距离 D_{ij} 的函数，而忽略了可能影响内贸成本的其他特定要素（Bosker and Garretsen,

---

① 世界银行与联合国亚洲及太平洋经济社会委员会（ESCAP）共建的贸易成本数据库（ESCAP - World Bank Trade Cost Database）基于 Novy（2013）建立。

2010b)。

Redding 和 Venables（2004）设定内贸冰山成本与距离的关系式为

$$T_{ii}^{1-\sigma} = dist_{ii}^{\delta} = \left[\frac{2}{3} \left(\frac{area}{\pi} \right)^{1/2} \right]^{\delta}$$

其中，σ 表示替代弹性，δ 表示距离指数。

本章的目的是对一国的制度成本进行测量，公式（5-1）中内贸成本 t_{ii} 正是用来衡量一国企业开展国内经营行为的各项成本因素，两个概念在内涵方面相近，以下将以公式（5-1）作为制度成本测量公式的推导基础。

根据公式（5-1），可得双边贸易的关系式为

$$\frac{t_{ij} t_{ji}}{t_{ii} t_{jj}} = \left(\frac{x_{ii} x_{jj}}{x_{ij} x_{ji}} \right)^{\frac{1}{\sigma-1}}$$

进一步分解，可得

$$\frac{t_{ij}}{t_{ii}} \cdot \frac{t_{ji}}{t_{jj}} = \left(\frac{x_{ii}}{x_{ij}} \right)^{\frac{1}{\sigma-1}} \cdot \left(\frac{x_{jj}}{x_{ji}} \right)^{\frac{1}{\sigma-1}} \tag{5-2}$$

公式（5-2）四项比值并非函数，而是体现为任意两国相关数据的比值，因此四项比值并不具有连续性的特征，为推导出内贸成本 t_{ii} 的估算公式，可以作出如下三种可能性的假设：

假设一：公式（5-2）两侧均为对称结构，且从相关性角度考虑，其中 $\frac{t_{ij}}{t_{ii}}$ 与 $\left(\frac{x_{ii}}{x_{ij}} \right)^{\frac{1}{\sigma-1}}$ 关系更为密切，同样 $\frac{t_{ji}}{t_{jj}}$ 与 $\left(\frac{x_{jj}}{x_{ji}} \right)^{\frac{1}{\sigma-1}}$ 关系更为密切，设存在如下关系式：

$$\frac{t_{ij}}{t_{ii}} = \frac{1}{\alpha_{ij}} \cdot \left(\frac{x_{ii}}{x_{ij}} \right)^{\frac{1}{\sigma-1}}, \quad \frac{t_{ji}}{t_{jj}} = \alpha_{ij} \cdot \left(\frac{x_{jj}}{x_{ji}} \right)^{\frac{1}{\sigma-1}}, \quad \alpha_{ij} > 0$$

可得任意一国国内贸易成本的理论推导公式为

$$t_{ii} = \alpha_{ij} \cdot t_{ij} \left(\frac{x_{ij}}{x_{ii}} \right)^{\frac{1}{\sigma-1}} \tag{5-3}$$

内贸成本的确定受贸易成本、出口规模、内贸规模、产品替代弹性以及系数 α_{ij} 五个因素的影响，并且与内贸规模成反比，与出口额成正比，符合常规性规律，其中 α_{ij} 和 t_{ij} 两值无法确定。这样的设定既保

证了公式（5-2）的恒等性，也表达出了一国境内贸易及其成本与国际贸易及其成本之间更加简单的关系。根据公式（5-3），一国的国内贸易成本可根据任意一个贸易伙伴的相关数据进行确定，所以通过代入多国的贸易成本与出口数额进行计算可以得出 $t_{ij}\left(\dfrac{x_{ij}}{x_{ii}}\right)^{\frac{1}{\sigma-1}}$ 若干估值，求取诸多估值的几何平均数便可作为内贸成本的实际测量值，因此以国际贸易成本为基础表达的内贸成本的测量关系式为：

$$t_{ii} = \sqrt[N]{\prod_{j=1}^{N} \alpha_{ij} \cdot t_{ij}\left(\frac{x_{ij}}{x_{ii}}\right)^{\frac{1}{\sigma-1}}}$$

由于 α_{ij} 和 t_{ij} 数据无法确定，此式①仍无法作为实际测量内贸成本的公式来源，仅作为确定内贸成本与国际贸易本之间关系的一种体现。

假设二：存在关系式

$$\frac{t_{ij}}{t_{ii}} = \frac{1}{\beta_{ij}}\left(\frac{x_{jj}}{x_{ji}}\right)^{\frac{1}{\sigma-1}}, \quad \frac{t_{ji}}{t_{ij}} = \beta_{ij} \cdot \left(\frac{x_{ii}}{x_{ij}}\right)^{\frac{1}{\sigma-1}}, \quad \beta_{ij} > 0$$

上述关系式无法体现出一国内贸规模与出口对其内贸成本的决定作用，但是体现出其贸易伙伴内贸与出口的影响，显示出贸易伙伴国的内贸规模与本国内贸成本呈反比关系，表达出一国内贸成本会因贸易伙伴国内贸规模的扩大而降低的含义，非常恰当地反映出国际经济一体化的连锁影响机制。x_{ji} 与 t_{ii} 之间的正比关系隐含着一国进口规模的膨胀与内贸发展相对缓慢之间的关联。

因此，得出任意一国国内贸易成本的理论推导公式为

$$t_{ii} = \beta_{ij} \cdot t_{ij}\left(\frac{x_{ji}}{x_{jj}}\right)^{\frac{1}{\sigma-1}} \tag{5-4}$$

求取各国的估计值的几何平均值，可得以国际贸易成本为基础表达的内贸成本的测量关系式为

---

① 共有 N 个国家，i 国的贸易伙伴国有 $N-1$ 个，因此 j 的取值范围为 $[1, N-1]$，但考虑到 j 取值为 i 时，对公式的计算并不产生较大影响，因此本章中的几何平均开方次数均为 N。下同。

$$t_{ii} = \sqrt[N]{\prod_{j=1}^{N} \beta_{ij} \cdot t_{ij} \left(\frac{x_{ji}}{x_{ij}} \right)^{\frac{1}{\sigma-1}}}$$

假设三：存在关系式

$$\frac{t_{ij}}{t_{ii}} = \left(\frac{x_{ii}x_{jj}}{x_{ij}x_{ji}} \right)^{\frac{\gamma_{ij}}{\sigma-1}}, \quad \frac{t_{ji}}{t_{jj}} = \left(\frac{x_{ii}x_{jj}}{x_{ij}x_{ji}} \right)^{\frac{1-\gamma_{ij}}{\sigma-1}}, \quad \gamma_{ij} > 0$$

上述关系式将影响内贸成本 t_{ii} 的四个主要因素均包含在内，一定程度上较上述两种假设更能刻画出 t_{ii} 的决定轨迹。

因此，得出任意一国国内贸易成本的理论推导公式为

$$t_{ii} = t_{ij} \left(\frac{x_{ij}x_{ji}}{x_{ii}x_{jj}} \right)^{\frac{\gamma_{ij}}{\sigma-1}} \tag{5-5}$$

求取各国的估计值的几何平均值，可得以国际贸易成本为基础表达的内贸成本的测量关系为

$$t_{ii} = \sqrt[N]{\prod_{j=1}^{N} t_{ij} \left(\frac{x_{ij}x_{ji}}{x_{ii}x_{jj}} \right)^{\frac{\gamma_{ij}}{\sigma-1}}}$$

三　小结

Jacks, Meissner 和 Novy（2011）及 Novy（2013）等确定了内贸成本对贸易成本影响的路径，本节从反向推导的角度，对贸易成本经典公式进行了调整，为确定贸易成本对内贸成本的决定关系式，考虑了三种可能的情形，为第二节进行制度成本的测量奠定了基础。

三个关系式均具有一定的现实合理性，但也都存在一定的缺陷，同时，三个关系式中均包含相应的未知值（α_{ij}，β_{ij}，γ_{ij} 和 t_{ij}），因此在寻求内贸成本的具体测量时都将无法获得其绝对值。下文在进行内贸成本相对值估算时，将对三个关系式的选取进行进一步的讨论。

第二节　制度成本的测量

一　制度成本测量公式的确定

前述三个关系式均为内贸成本的绝对值表达式，但由于相关变量

数值难以确定，本节将通过相应推导寻求内贸成本的相对值公式作为制度成本的测量公式。

（一）内贸成本测量相对值公式推导

Novy（2013）对 Anderson 和 Wincoop（2003）的经典引力模型进行变通，以贸易成本的相对值计算代替了贸易成本的绝对值计算，本部分将分别对上述中的三个关系式进行调整，以构建内贸成本可测量且可对比的相对值公式。

上述三种假设均基于对公式（5-2）左侧部分进行拆解，根据 $\dfrac{t_{ij}}{t_{ii}}$ 与 $\dfrac{t_{ji}}{t_{jj}}$ 的对称关系进行推导。这里为了推导出内贸成本的相对值，对 $\dfrac{t_{ij}}{t_{ii}}$ 与 $\dfrac{t_{ji}}{t_{jj}}$ 两式进行如下推导：

$$T_{ij} = \frac{t_{ji}}{t_{jj}} \bigg/ \frac{t_{ij}}{t_{ii}} = \frac{t_{ii}}{t_{ij}} \cdot \frac{t_{ji}}{t_{jj}} = \frac{t_{ii}}{t_{ij}} \bigg/ \frac{t_{jj}}{t_{ji}} \qquad (5-6)$$

上式中已经出现了两国内贸成本的对比关系，但由于双边贸易成本 t_{ij} 和 t_{ji} 在 Novy（2013）设定的模型中并不相等，所以需要对上面的相对内贸成本公式做进一步的调整。

对上式 j 进行全部取值 $[1, N]$，将所得各 T_{ij} 值取几何平均值，得到：

$$T_i = \sqrt[N]{\prod_{j=1}^{N} \left(\frac{t_{ii}}{t_{ij}} \bigg/ \frac{t_{jj}}{t_{ji}} \right)} = \frac{t_{ii}}{\sqrt[N]{\prod_{j=1}^{N} t_{ij}}} \bigg/ \frac{\sqrt[N]{\prod_{j=1}^{N} t_{jj}}}{\sqrt[N]{\prod_{j=1}^{N} t_{ji}}} \qquad (5-7)$$

即

$$T_i = \frac{t_{ii}}{\sqrt[N]{\prod_{j=1}^{N} t_{ij}}} \bigg/ \frac{\sqrt[N]{\prod_{j=1}^{N} t_{jj}}}{\sqrt[N]{\prod_{j=1}^{N} t_{ji}}} \qquad (5-8)$$

其中，$\sqrt[N]{\prod_{j=1}^{N} t_{ij}}$ 为 i 国对所有国家出口成本的几何平均值，$\dfrac{t_{ii}}{\sqrt[N]{\prod_{j=1}^{N} t_{ij}}}$ 表示一国内贸成本与其总平均出口成本之比，该值越大则表示该国内贸成本越高；$\sqrt[N]{\prod_{j=1}^{N} t_{jj}}$ 表示所有国家内贸成本的几何平均值，该值不随 i 国的变化而变化，为固定值；$\sqrt[N]{\prod_{j=1}^{N} t_{ji}}$ 表示所有国家对 i 国出口成本的几何平均值。该分母作为两式的比值表示所有国家内贸成本与其对 i 国出口成本的两个几何平均值的对比。

对于 T_i，其值可以看作 i 国与所有国家 w 的同项目指标的对比。将 i 和 w 作为两国看待，T_i 的分子表示的是 i 国内贸成本与其对 w 国出口成本的比值，T_i 的分母表示的则是对应的比值，即 w 国内贸成本与其对 i 国出口成本的比值。因此若 $T_i > 1$，则表示 i 国的内贸成本与贸易成本的比值高于世界平均水平，表现出较高的内贸成本；若 $T_i <$ 1，则表示 i 国的内贸成本与贸易成本的比值低于世界平均水平，表现出较低的内贸成本①。因此，T_i 值可以作为衡量一国内贸成本的指标，既可以作为绝对值进行评价，也可以进行国别比较。

下面将第一节第二部分中三种假设情形下的内贸成本理论推导公式(5-3)、公式（5-4）和公式（5-5）代入公式（5-6）中分别进行讨论分析，以期根据公式（5-8）确定具体的内贸成本测量公式。

经计算得到以下三个内贸成本的测量公式。

假设一情形：

$$T_{ij} = \frac{\alpha_{ij}}{\alpha_{ji}} \left(\frac{x_{ij}}{x_{ii}} \right)^{\frac{1}{\sigma-1}} \left(\frac{x_{jj}}{x_{ji}} \right)^{\frac{1}{\sigma-1}}$$

α_{ij} 和 α_{ji} 为未知值，设两值相等，则有

$$T_{ij} = \left(\frac{x_{ij}}{x_{ii}} \right)^{\frac{1}{\sigma-1}} \left(\frac{x_{jj}}{x_{ji}} \right)^{\frac{1}{\sigma-1}}$$

假设二情形：

$$T_{ij} = \frac{\beta_{ij}}{\beta_{ji}} \left(\frac{x_{ii}}{x_{ij}} \right)^{\frac{1}{\sigma-1}} \left(\frac{x_{ji}}{x_{jj}} \right)^{\frac{1}{\sigma-1}}$$

β_{ij} 和 β_{ji} 为未知值，设两值相等，则有

$$T_{ij} = \left(\frac{x_{ii}}{x_{ij}} \right)^{\frac{1}{\sigma-1}} \left(\frac{x_{ji}}{x_{jj}} \right)^{\frac{1}{\sigma-1}}$$

①　T_i 与显示性比较优势指数（Revealed Comparative Advantage Index，RCA 指数）具有类似之处。

该式表现出本国内贸规模与内贸成本之间的正相关性，这种关系虽然有违经济常识性规律，但考虑到 T_{ij} 的相对概念，该公式仍具有一定的参考价值。该式与假设一所得公式互为倒数关系，因此上述两个公式最多保留其中之一。

假设三情形：

$$T_{ij} = \left(\frac{x_{ij} x_{ji}}{x_{ii} x_{jj}} \right)^{\frac{2\gamma_{ij} - 1}{\sigma - 1}}$$

若设定 $\gamma_{ij} > 0.5$，则该式 T_{ij} 估值与公式（5-1）确定的贸易成本值 τ_{ij} 之间存在紧密的正相关关系；若设定 $\gamma_{ij} < 0.5$，则两值之间存在紧密的负相关关系。若 γ_{ij} 取固定值，则如同 $\tau_{ij} = \tau_{ji}$，也存在 $T_{ij} = T_{ji}$，因而无法确定每个国家独立的内贸成本值。

基于以上分析，假设三情形无法作为内贸成本的测量公式，现在需要在假设一和假设二两种情形中进行选择。

将上述假设一和假设二情形的 T_{ij} 表达式与公式（5-7）相结合，可以得到具体的相对内贸成本测量表达式。

基于假设一情形的表达式为：

$$T_{i1} = \sqrt{\prod_{j=1}^{N} \left(\frac{x_{ij}}{x_{ii}} \right)^{\frac{1}{\sigma - 1}} \left(\frac{x_{jj}}{x_{ji}} \right)^{\frac{1}{\sigma - 1}}} = \sqrt{\prod_{j=1}^{N} \left(\frac{x_{ij} x_{jj}}{x_{ii} x_{ji}} \right)^{\frac{1}{\sigma - 1}}}$$

基于假设二情形的表达式为：

$$T_{i2} = \sqrt{\prod_{j=1}^{N} \left(\frac{x_{ii}}{x_{ij}} \right)^{\frac{1}{\sigma - 1}} \left(\frac{x_{ji}}{x_{jj}} \right)^{\frac{1}{\sigma - 1}}} = \sqrt{\prod_{j=1}^{N} \left(\frac{x_{ii} x_{ji}}{x_{ij} x_{jj}} \right)^{\frac{1}{\sigma - 1}}}$$

（二）差异化产品替代弹性与制度成本测量公式的确定

产品替代弹性值 σ 在上述两式中对最终测量值具有重要的决定作用。在贸易成本研究的相关文献中，一般都以固定替代弹性（CES）作为基础假设（Anderson and Wincoop，2003；Bosker and Garretsen，2010；Novy，2013），Engel（2002）认为 Anderson 和 Wincoop（2003）未能区分国内外市场差异化的产品替代弹性，Melitz 和 Ottaviano（2008）未采用 CES 假设，但是其贸易成本公式 θ_{ij}^{MO} 中各国仍然保持固定的指数系数 γ。

本书第四章基于不同 e 值区间的假设，构造了企业面对国内外差异化市场相机抉择的模型，其中国内外市场最基本的差异来自竞争强度，而产品需求的替代弹性 σ 是表示市场竞争强度的唯一指标，国内替代弹性与国际市场的替代弹性关系为 $\sigma_d < \sigma_x$。

从国际贸易现实以及本书第四章假设考虑，需要对上述两式中的 $\left(\dfrac{x_{ij}x_{jj}}{x_{ii}x_{ji}}\right)^{\frac{1}{\sigma-1}}$ 和 $\left(\dfrac{x_{ii}x_{ji}}{x_{ij}x_{jj}}\right)^{\frac{1}{\sigma-1}}$ 中的替代弹性 σ 进行国别区分，具体从以下两种情形进行分析，以便确定国别替代弹性与相关项目的对应关系。

T_{i1} 与 T_{i2} 互为倒数，为方便起见，以下对替代弹性 σ 的讨论仅围绕假设一情形下 T_{i1} 的公式展开，T_{i2} 公式可直接取倒数获得新的表达式。

T_{i1} 的核心部分可以表达为：$\left(\dfrac{x_{ij}}{x_{ii}}\right)^{\frac{1}{\sigma-1}}\left(\dfrac{x_{jj}}{x_{jt}}\right)^{\frac{1}{\sigma-1}} = \left(\dfrac{x_{ij}x_{jj}}{x_{ii}x_{ji}}\right)^{\frac{1}{\sigma-1}}$，设

$$\vartheta_{1i} = \left(\frac{x_{ij}}{x_{ii}}\right)^{\frac{1}{\sigma-1}}\left(\frac{x_{jj}}{x_{ji}}\right)^{\frac{1}{\sigma-1}}$$

设两国 $i=a$，$j=b$，存在 $\dfrac{x_{ab}}{x_{aa}} = \dfrac{x_{ba}}{x_{bb}}$，此时上式中无论替代弹性 σ 如何取值，都有 $\vartheta_{1a} = \vartheta_{1b} = 1$ 成立，因此在内贸成本公式中无法体现出两国市场差异对各国内贸成本的独特影响。这里引入非对称国别替代弹性假设，设 $\sigma_a > \sigma_b$，表示 a 国国内的竞争程度高于 b 国，因而 a 国的内贸成本低于 b 国，则存在 $\vartheta_{1a} < \vartheta_{1b}$，以此为基础①，可以得出非对称情形下 ϑ_{1a} 的合理表达式为

$$\vartheta_{1a} = \left(\frac{x_{ab}}{x_{aa}}\right)^{\frac{1}{\sigma_a-1}} \cdot \left(\frac{x_{ba}}{x_{bb}}\right)^{\frac{1}{1-\sigma_b}}$$

因此可得非对称情形的一般形式表达为

$$\vartheta'_{1i} = \left(\frac{x_{ij}}{x_{ii}}\right)^{\frac{1}{\sigma_i-1}} \cdot \left(\frac{x_{ji}}{x_{jj}}\right)^{\frac{1}{1-\sigma_j}}$$

将其代入 T_{i1} 表达式并替换 $\left(\dfrac{x_{ij}}{x_{ii}}\right)^{\frac{1}{\sigma-1}}\left(\dfrac{x_{jj}}{x_{ji}}\right)^{\frac{1}{\sigma-1}}$，可得非对称替代弹性

---

① 此处默认为各国出口规模不大于本国的内贸规模，世界上绝大部分国家符合这种隐含条件，因此，可以对个别例外国家予以忽略或者单独处理，此处不再进行详细分析。

下的内贸成本测量公式为

$$k_{i1} = \sqrt[N]{\prod_{j=1}^{N} \left(\frac{x_{ij}}{x_{ii}}\right)^{\frac{1}{\sigma_i-1}} \cdot \left(\frac{x_{ji}}{x_{jj}}\right)^{\frac{1}{1-\sigma_j}}}$$

引入时间 t，重新表述为

$$k_{i1t} = \sqrt[N]{\prod_{j=1}^{N} \left(\frac{x_{ijt}}{x_{iit}}\right)^{\frac{1}{\sigma_i-1}} \cdot \left(\frac{x_{jit}}{x_{jjt}}\right)^{\frac{1}{1-\sigma_j}}}$$

对上式取倒数，可以得到 T_{i2} 公式新的表达式为

$$k_{i2t} = \sqrt[N]{\prod_{j=1}^{N} \left(\frac{x_{ijt}}{x_{iit}}\right)^{\frac{1}{1-\sigma_i}} \cdot \left(\frac{x_{jit}}{x_{jjt}}\right)^{\frac{1}{\sigma_j-1}}}$$

上述两式互为倒数，因此只能选择其中一个表达式。从成本的角度而言，测量值越大，表明一国的内贸成本值越高；测量值越小，表明其内贸成本值越低。根据相关数据设定进行的计算发现，k_{i1t} 测量值中发达国家值普遍明显高于发展中国家对应值，与常识相悖，因此放弃 k_{i1t} 表达式，选择基于假设二情形下的 k_{i2t} 表达式作为本章内贸成本最终的测量公式。

$$k_{it} = \sqrt[N]{\prod_{j=1}^{N} \left(\frac{x_{ijt}}{x_{iit}}\right)^{\frac{1}{1-\sigma_i}} \cdot \left(\frac{x_{jit}}{x_{jjt}}\right)^{\frac{1}{\sigma_j-1}}} \tag{5-9}$$

综上所述，公式（5-9）为本章计算一国制度成本的公式，其值越大，表明 i 国在 t 时期的内贸成本越高，制度水平越差；其值越小，表明制度水平越高。

二 数据来源说明

公式（5-9）中需要确定的参数包括双边贸易数据 x_{ij} 和 x_{ji}，内贸规模 x_{ii} 和 x_{jj}，替代弹性 σ_i 和 σ_j，以及贸易总国别数量 N 等。

（一）年份和国家的确定

考虑到大部分国家相关数据的完整性和可获得性，确定相关数据年份为 1994—2011 年，经多重筛选，最终共获得 119 国的制度成本值。在国家确定方面，以联合国 Comtrade 数据库所有国家（地区）为基础，首先剔除国内生产总值（GDP）、年度出口总额数据严重缺

失的国家①，其次剔除双边贸易数据不平衡的国家年度数据②，最后剔除某年度内出口贸易目的国少于 36 的国家相关数据，但保留该国在其他年度的数据。

制度成本计算国家（地区）名单及简单情况如表 5 - 1 所示。"年度数据"栏表示该国数据符合要求的年度数，如英国有 18 年的数据均符合要求，因此可以计算出 18 年的制度成本值。"国家（地区）类型"栏目显示为 1 则表示该国为国际货币基金组织定义的发达国家（地区）③，共 27 个发达国家，其余 92 个为发展中国家（地区）。"OECD 数据库"栏目为 1 则表示经济合作与发展组织（OECD）在其 OECD – WTO Trade in Value Added（TiVA）数据库中报告了该国相关的贸易增加值数据。共有 53 个国家（地区）在 18 年研究区间内具有双边贸易数据。

表 5 - 1　　　　制度成本计算国家（地区）名单及简单情况

国家（地区）	年度数据	国家（地区）类型	OECD数据库	国家（地区）	年度数据	国家（地区）类型	OECD数据库
爱尔兰	18	1	1	约旦	17	0	0
奥地利	18	1	1	巴拿马	16	0	0
澳大利亚	18	1	1	保加利亚	16	0	1
冰岛	18	1	1	俄罗斯联邦	16	0	1
韩国	18	1	1	菲律宾	16	0	1
丹麦	18	1	1	尼加拉瓜	16	0	0
德国	18	1	1	乌克兰	16	0	0
法国	18	1	1	牙买加	16	0	0
芬兰	18	1	1	埃塞俄比亚	15	0	0

————————

① 对于只缺乏三年及以内的国家，其所缺失的相关数据以相邻年度的简单平均增长率进行计算来补充。

② 双边贸易数据不平衡是指在某年度只有 A 国对 B 国出口数据，而没有 B 国对 A 国出口数据时，则将该年度 A 国对 B 国的数据也予以剔除。即本书未考虑贸易零值的具体处理，而是采取这种方法予以回避。在共计 20 万行数据中，涉及不平衡数据 5 万余行，占比较高，通过各种零值处理方法均易产生较大的主观误差，因此本书剔除不平衡贸易数据。

③ 本文将国际货币基金组织（IMF）确定的先进经济体作为发达国家样本，其他国家（地区）作为发展中国家（地区）分析。国际货币基金组织《世界经济展望（2013 年 4 月）》确定的先进经济体名单共包括 35 个经济体。

续表

国家（地区）	年度数据	国家（地区）类型	OECD数据库	国家（地区）	年度数据	国家（地区）类型	OECD数据库
荷兰	18	1	1	巴巴多斯	15	0	0
加拿大	18	1	1	格鲁吉亚	15	0	0
捷克	18	1	1	加纳	15	0	0
马耳他	18	1	1	黎巴嫩	15	0	0
美国	18	1	1	马其顿	15	0	0
挪威	18	1	1	摩尔多瓦	15	0	0
葡萄牙	18	1	1	苏丹	15	0	0
日本	18	1	1	坦桑尼亚	15	0	0
瑞典	18	1	1	赞比亚	15	0	0
斯洛伐克	18	1	1	中国澳门	15	0	0
斯洛文尼亚	18	1	1	阿塞拜疆	14	0	0
西班牙	18	1	1	巴哈马	14	0	0
新加坡	18	1	1	白俄罗斯	14	0	0
意大利	18	1	1	多哥	14	0	0
英国	18	1	1	肯尼亚	14	0	0
爱沙尼亚	17	1	1	马拉维	14	0	0
卢森堡	13	1	1	塞内加尔	14	0	0
比利时	12	1	1	斯里兰卡	14	0	0
阿根廷	18	0	1	乌干达	14	0	0
埃及	18	0	0	贝宁	13	0	0
巴拉圭	18	0	0	多米尼加	13	0	0
巴西	18	0	1	亚美尼亚	13	0	0
波兰	18	0	1	阿拉伯联合酋长国	12	0	0
玻利维亚	18	0	0	圭亚那	12	0	0
厄瓜多尔	18	0	0	吉尔吉斯斯坦	12	0	0
哥伦比亚	18	0	0	柬埔寨	12	0	1
哥斯达黎加	18	0	0	津巴布韦	12	0	0
克罗地亚	18	0	0	莫桑比克	12	0	0
拉脱维亚	18	0	1	南非	12	0	1
立陶宛	18	0	1	苏里南	12	0	0
罗马尼亚	18	0	1	越南	12	0	1
马达加斯加	18	0	0	布基纳法索	11	0	0

续表

国家 （地区）	年度数据	国家（地区）类型	OECD 数据库	国家 （地区）	年度数据	国家（地区）类型	OECD 数据库
马来西亚	18	0	1	斐济	11	0	0
毛里求斯	18	0	0	博茨瓦纳	10	0	0
秘鲁	18	0	0	马里	10	0	0
摩洛哥	18	0	0	阿尔巴尼亚	9	0	0
墨西哥	18	0	1	巴基斯坦	9	0	0
萨尔瓦多	18	0	0	波斯尼亚和 黑塞哥维那	9	0	0
泰国	18	0	1	沙特阿拉伯	9	0	1
突尼斯	18	0	0	卢旺达	8	0	0
土耳其	18	0	1	叙利亚	8	0	0
乌拉圭	18	0	0	也门共和国	8	0	0
匈牙利	18	0	1	蒙古	6	0	0
印度	18	0	1	尼泊尔	6	0	0
印度尼西亚	18	0	1	塞舌尔	6	0	0
智利	18	0	1	阿鲁巴	4	0	0
中国	18	0	1	刚果（布）	4	0	0
阿尔及利亚	17	0	0	毛里塔尼亚	2	0	0
哈萨克斯坦	17	0	0	圣卢西亚	2	0	0
特立尼达和 多巴哥	17	0	0	中非	1	0	0
委内瑞拉	17	0	0				

表 5 - 2　　　　　　　　　　最大国别出口目的地

国家	次数	国家类型	国家	次数	国家类型
美国	512	1	克罗地亚	7	0
德国	323	1	马里	6	0
法国	112	1	捷克	4	1
英国	105	1	加纳	4	0
意大利	92	1	苏丹	4	0

续表

国家	次数	国家类型	国家	次数	国家类型
俄罗斯	86	0	乌拉圭	4	0
中国	78	0	瑞典	3	1
日本	62	1	贝宁	3	0
巴西	60	0	多哥	3	0
南非	44	0	挪威	2	1
加拿大	36	1	阿塞拜疆	2	0
印度	31	0	布基纳法索	2	0
荷兰	27	1	哈萨克斯坦	2	0
阿拉伯联合酋长国	18	0	津巴布韦	2	0
芬兰	14	1	特立尼达和多巴哥	2	0
马来西亚	14	0	委内瑞拉	2	0
比利时	13	1	乌克兰	2	0
乌干达	13	0	叙利亚共和国	2	0
西班牙	12	1	拉脱维亚	1	0
新加坡	10	1	罗马尼亚	1	0
土耳其	10	0	泰国	1	0
澳大利亚	8	1	巴拿马	1	0
肯尼亚	8	0	哥伦比亚	1	0
立陶宛	7	0	赞比亚	1	0
沙特阿拉伯	7	0			

　　表 5-2 为出口目的地的国别情况，共有 49 个国家，其中发达国家 16 个，在地理区位上欧洲和中亚国家最多，达到 20 个。表中的"次数"栏目反映的是该国作为年度最大出口目的国的次数，美国居首位，达到 512 次，凸显了美国作为世界进口强国的地位，中国虽然近年来成为世界第二大进口国，但是从过去 18 年来看，中国仅有 78 次成为特定国家的最大出口目的国，稍逊于俄罗斯的 86 次，这也体现出区域经济发展的魅力。尤其值得注意的是，来自撒哈拉以南非洲（Sub-Saharan Africa）的国家也有 11 国共计 90 次成为特定国家的最大出口目的国，区域经济协作的重要性得到了重要体现，因此这也是

未来十年中国对外经济战略的主旨所在。

表 5 – 3   各年度国家数目

年份	国家数目	年份	国家数目
1994	58	2003	110
1995	61	2004	112
1996	73	2005	113
1997	82	2006	112
1998	86	2007	111
1999	93	2008	113
2000	103	2009	111
2001	102	2010	113
2002	104	2011	107

表 5 – 3 反映的是各研究年度中计算出制度成本值的国家数目，非常明显，随着时间的推进，国家数目不断增加，表明世界自由贸易发展的进程带动了更多的国家参与，也促进了更多国家间的双边贸易，2001 年的小幅降低也体现出了"9·11"事件带来的冲击，2007年的小波谷也正是美国"次贷危机"的准确反映。

（二）内贸规模数据 x_{ii} 和 x_{jj} 的确定

所有的双边贸易的出口数据都可以从联合国 Comtrade 数据库获得，单位为即期美元值（Current USD）。由于统计制度的问题，一国统计的出口与进口国统计的对应进口之间存在差异，此处不考虑这些差异问题。在双边贸易中存在的一个重要问题就是零值贸易（Zero Trade Flow），即两国彼此或者单向贸易规模为零（Anderson，2011），因此无法代入公式进行计算。Chen 和 Novy（2011）针对小规模的零值贸易现象[1]，以 1 欧元作为零值贸易的替代，此方法会放大双边贸易成本的估测值。本书在选择贸易国别方面进行了一定的筛选，剔除

---

[1] Chen 和 Novy（2011）研究对象为欧盟内部贸易，在其共计 14145 个内贸与双边贸易的数据中，仅有三个双边贸易值为零。

了所有零值贸易数据，以便尽可能避免零值贸易出现所带来的估算偏误。

内贸数据无法直接获得，Wei（1996）确定了相应的原则。由于市场出清原则的适用，因此一国国内贸易与其总出口恒等于其总产出，内贸数据可通过关系式 $x_{ii} = y_i - x_i$ 得出，其中 $x_i = \sum_{i \neq j} x_{ij}$。国内生产总值（GDP）数据并不适于作为总产出 y_i 的数据来源，因为GDP数据包括了大量的服务业，而服务业的贸易形态与货物贸易形态存在极大的差异，且GDP属于年度增加值类型，出口数据则属于总产出类型。本书根据 Novy（2013）以 Wei（1996）为基础确定的原则，选取联合国 National Accounts Main Aggregates Database 中的数据①，将数据库中农业、狩猎和林业、渔业（ISIC A – B）以及采矿及采石，制造业，电、煤气和水的供应（ISIC C – E）两部分的数据之和作为国内总产出 y_i 的数据来源，为保持与年度双边贸易数据相同的价格指数，所选择数据均为当年美元（Current Prices in US Dollars）。

在依据上述原则取得各国历年的工、农业增加值之和 y_i 后②，如果直接根据公式 $x_{ii} = y_i - x_i$ 进行计算，会遇到大量负值的情形，即在历年中，有大量国家的制造业、农业增加值之和低于该国的出口额，例如，在1996年的119个样本国家中，有12个国家的差值为负，1998年达到16国，2006年达到极值，为29国，其中有15个发达国家，2010年下降至24个国家，其中包含14个发达国家。

y_i 与 x_i 差值由正趋负变化的原因主要有两方面：

首先，来自两个数据统计口径的差异。y_i 作为增加值的概念，属于该国在特定年度内新创造的价值体系，而 x_i 作为出口额，并不完全受限于该国特定年度内的生产与制造，可能其生产的部分投入来自其他年度的存货或来自其他国家。统计口径的差异，使得一国的制造业出口规模可能大于该国对应年度的非服务业增加值总额，因而出现

---

① http://unstats. un. org/unsd/snaama/dnlList. asp.

② 工、农业增加值之和 y_i 也可以通过 GDP 值减去服务业增加值（ISIC Rev. 3 第50—99 类相对应的服务）获得。

负值。

其次，来自国际化分工的深化和全球价值链合作的细化，这加剧了出口额 x_i 与本国增加值 y_i 关系的扭曲。Dedrick，Kraemer 和 Linden（2010）对苹果公司 iPod 产品全球价值链的分析作出了较好的解释。iPod 在中国工厂的出厂价格是 144 美元，但是 iPod 在中国工厂实现的增加值不足 10%，其中约 100 美元左右的部件进口自日本，其他部件则来自美国和韩国，但是最终的 144 美元则被统计为中国的出口额。国际分工的深化，使得一国在其出口额中的贡献份额下降，Koopman，Wang 和 Wei（2008）认为中国总出口产品内，国内增加值的比重约为 50%，在电子类产品中国内增加值比重不足 20%。

为推动对世界贸易统计体系的完善与发展，以便为各国政府和国际机构提供针对性更强的统计数据，世界贸易组织（WTO）和经济合作与发展组织（OECD）从 2011 年开始联合推动世界主要国家增加值贸易（Trade in Value – Added）的统计，截至 2013 年 10 月，OECD – WTO Trade in Value Added（TiVA）数据库[1]提供了 58 个报告对象，即在 1995 年、2000 年、2005 年、2008 年和 2009 年五年的相关增加值贸易数据。本书依据该数据库统计项目 EXGRDVA_ EX 和 SERV_ VAGR[2] 对相应国家的出口值 x_i 进行调整：EXGRDVA_ EX 是一国总出口（Gross Export）中本国贡献的增加值所占的比重；SERV_ VAGR 是一国总出口中来自本国服务业贡献增加值的比重。

调整原则为：

第一，时间方面。1994—1997 年采用 1995 年比例，1998—2001 年采用 2000 年比例，2002—2005 年采用 2005 年数据，2006—2008 年采用 2008 年数据，2009—2011 年采用 2009 年数据。

第二，国家方面。在 TiVA 数据库之外的其他国家和地区的值根

---

① http://stats. oecd. org/Index. aspx? DataSetCode = TIVA_ OECD_ WTO.

② EXGRDVA_ EX：Value Added Export Ratio – total domestic value added share of gross exports，% 。SERV_ VAGR：Services value added embodied in gross exports by source country, as % of gross exports。OECD TiVA 数据库中包括本文 49 个国别对象数据，其他 70 国的数据根据与 49 国地理区位相邻关系以及人均 GDP 的双重关系进行对应确定。

据地区分布和人均 GDP 的相似度进行匹配。

据此，一国的内贸数据计算关系式调整为

$$x_{ii} = y_i - x_i \cdot \text{EXGRDVA\_ EX}_i \cdot （1 - \text{SERV\_ VAGR}_i）$$

经上述公式调整后的内贸规模 x_{ii} 值除新加坡等八国外均为正值，符合公式（5-9）计算的要求。这八国分别为比利时、卢森堡、爱沙尼亚、荷兰、巴拿马、塞舌尔、马耳他和新加坡。新加坡属于著名的转口贸易国家，利用世界贸易组织数据库提供的新加坡再出口（Re-export）数据，将其出口总额扣除再出口部分，只有三个年度为负值。为了实现这八国数据的可计算性，将每个国家的出口额再乘以一个系数，进行计算，实现 18 个年度均为正值的最大四位小数值作为该国出口额的统一调整系数，进行相乘计算 x_{ii} 值，最终确定的八国出口额调整系数分别为：比利时 0.4814，卢森堡 0.4358，爱沙尼亚 0.9318，荷兰 0.8121，巴拿马 0.9072，塞舌尔 0.7292，马耳他 0.7808 以及新加坡 0.8644。

（三）替代弹性的确定

替代弹性的取值来自经验研究，由于本书中引入了两个不同的替代弹性 σ_i 和 σ_j，其取值需在现有文献的基础上进行一定的调整，方可实现较好的估值。

Wei（1996）是对替代弹性进行赋值的较早经典文献，其研究仅限于对 OECD 国家间贸易情况进行研究，尚未对替代弹性估值方法提供创新思想，只是单纯取其赋值为 10，以此作为其研究的基础。

Anderson 和 Wincoop（2004）对 1991 年至 2002 年的六份文献进行了总结，确定替代弹性的取值范围应在 5—10，这一总结性的结论已成为绝大部分文献进行替代弹性赋值的理论基础。但是这六份文献中除 Hummels（2001）涉及 5 个发展中国家（阿根廷、巴西、智利、巴拉圭和乌拉圭）外，其余五份文献都是针对 OECD 全部或部分国家进行的研究，因而这些文献对替代弹性的估值忽略了发展中国家的特殊性。Anderson 和 Wincoop（2003）对替代弹性取值的影响进行了多方面的赋值对比，分别取值为 2、5、10 和 20，其中 2 和 20 的分析未进行报告。

Novy（2010）取替代弹性为 8，Novy（2013）取 5 与 10 的中间值 8 作为替代弹性的取值，但仍然代入 5 和 10 进行了相应的对比。国内研究文献都采用了 Novy（2013）的赋值思路，许统生、陈瑾和薛智韵（2011）以及许统生、洪勇、涂远芬等（2013）都简单地将替代弹性取值为 8，而钱学锋和梁琦（2008）、许德友和梁琦（2010）、史长宽和梁会君（2013）则进行了取值 5、8 和 10 的对比分析。

本书借鉴上述文献的思想，将发达国家的替代弹性设定为 11，发展中国家的替代弹性设定为 4，这样的设定刚刚超出了通常的 [5，10] 区间，试图通过扩大不同发展水平国家的替代弹性差距，以提高发达国家与发展中国家制度成本的分辨率。本书将国际货币基金组织（IMF）确定的先进经济体作为发达国家样本，其他经济体作为发展中国家（地区）分析，具体对应关系如表 5 - 1 所示。

（四）N 值的确定

考虑到降低计算的复杂度且尽可能保持估值的准确度，N 共分五种取值，分别为 36，56，76，96 和 100。对于年度出口对象国不足 36 的数据予以剔除。随着 N 取值增加，符合要求的国家数目逐渐减少，如 2011 年，N 的五个取值对应的样本国家数目分别为 107，93，64，40 和 32。通过较多 N 值的对比，有助于对制度成本的估测值进行较为全面的对比分析和评价。

第三节　制度成本测量值分析

根据上述的规则进行计算之后，获得了若干国家在不同年份的制度成本测量值，在测量公式筛选过程中已经按照最基本的常识，选择了假设二情形，以保证整体上发达国家的制度成本测量值处于较低的水平，发展中国家处于相对较高的水平。整体上所有的测量值位于区间 [0.03978，7.13526] 内，其中巴拿马在 2011 年且 N = 36 时，取该最小值 0.03978，委内瑞拉在 2011 年且 N = 56 时，取该最大值

7.13526。两国虽然都为拉丁美洲国家，但存在很大的制度成本差异。

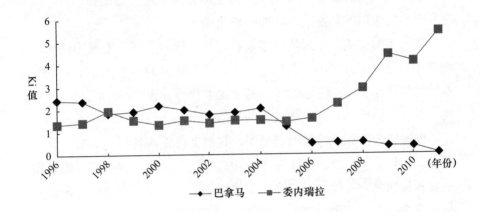

图 5 - 1　两国制度成本测量值对比（N＝36）

图 5 - 1 将两国 N＝36 时的制度成本进行了对比，在 20 世纪 90 年代中后期以及 21 世纪前 5 年，委内瑞拉制度成本优于巴拿马，但在 2005 年之后，委内瑞拉制度成本出现大幅飙升，而巴拿马则出现迅速优化。2005 年两国制度成本分化的同时，对应的却是 2005 年之后委内瑞拉人均 GDP 对巴拿马优势的大幅拉开。单纯从 2005 年之后的委内瑞拉人均 GDP 无法衡量出该国经济发展的内在矛盾，但本书上文上述的制度成本却较为准确地判断出了该国 2005 年后的重大经济发展障碍的产生。委内瑞拉前总统查韦斯在任期间一直倾向于国有化政策，在其第二任期中后期（2005 年和 2006 年）开始大幅度恢复国有化政策，涉及石油等多个领域，在其 2007 年开始的第三个任期内国有化政策规模空前扩大，虽然其政策推动其国民经济总量的增长，但其内在发展的风险在不断积累，中国出口信用保险公司针对委内瑞拉发布的出口风险预警主要是其国有化政策①。

上述通过两国简单对比后，下面将对制度成本的测量值进行较为

---

① 中国出口信用保险公司：《委内瑞拉国有化状况跟踪与简析》，2009 年 5 月 27 日，http://wms. mofcom. gov. cn/article/zt_ fxff/subjectzn/200907/20090706422232. shtml。

详细和全面的分析。由于不同 N 值带来的研究国别数目存在较大差异，本节将主要针对 $N = 36$ 时的制度成本测量值进行对比分析。

一 发达国家制度成本值的分析比较

从每年制度成本估测值观察来看，基本情形体现为发展中国家制度成本显著高于发达国家，发达国家除美国之外基本上历年的制度成本估测值都小于1，具有明显的制度成本优势。表5－4和表5－5描述了各发达国家历年的制度成本测量值。

美国作为世界上最大的贸易国，其制度成本在各年均为发达国家之最，尽管其出口规模在很多年份均低于德国，但其制度成本测量值一直在德国之上，这表明制度成本的测量值与贸易规模有一定的联系但不完全吻合。美国在2010年制度成本值达到最低，为0.992，且为唯一的一次低于1，2011年达到最高，为1.157，整体而言，美国的制度成本相对于其外贸成本较高，不具有内贸发展优势。德国和日本作为贸易大国，其出口规模也影响其制度成本的测量，成为制度成本持续较高的两个国家，基本上共同保持着发达国家中的第二和第三的位置。但是日本在总出口规模排名没有变化的情形下，于2004年之后被意大利超过，2007年被法国超过，2008年被英国和西班牙超过，但在2011年日本又重新跻身发达国家第三名，这也表明肇始于美国的次贷危机及其后果对欧洲主要国家的影响要甚于对日本的影响。正如制度成本值所示，法国、英国两国在次贷危机期间制度成本呈现一定增长趋势，而日本则呈下降的趋势，西班牙同期下降幅度较小而暂时领先于日本。

表5－4　　发达国家制度成本值（1994—2002年）（N = 36）

年份	1994	1995	1996	1997	1998	1999	2000	2001	2002
美国	1.085	1.058	1.041	1.064	1.070	1.097	1.078	1.088	1.119
德国	0.857	0.860	0.850	0.847	0.823	0.890	0.903	0.913	0.888
日本	0.849	0.822	0.813	0.771	0.758	0.854	0.834	0.869	0.886
法国	0.725	0.729	0.699	0.702	0.705	0.770	0.751	0.814	0.812
意大利	0.781	0.802	0.740	0.734	0.742	0.770	0.766	0.792	0.804

续表

年份	1994	1995	1996	1997	1998	1999	2000	2001	2002
西班牙	0.637	0.636	0.631	0.636	0.629	0.658	0.677	0.680	0.768
英国	0.731	0.731	0.712	0.744	0.719	0.742	0.763	0.775	0.767
荷兰	0.662	0.686	0.641	0.639	0.668	0.668	0.642	0.651	0.644
比利时	—	—	—	—	—	0.593	0.600	0.587	0.622
加拿大	0.560	0.519	0.502	0.533	0.531	0.595	0.638	0.595	0.612
韩国	0.511	0.524	0.515	0.492	0.428	0.529	0.518	0.495	0.565
奥地利	0.499	0.523	0.527	0.501	0.472	0.554	0.554	0.531	0.548
葡萄牙	0.451	0.474	0.429	0.454	0.437	0.543	0.513	0.493	0.541
瑞典	0.464	0.460	0.465	0.467	0.483	0.503	0.487	0.489	0.540
丹麦	0.468	0.440	0.448	0.513	0.492	0.528	0.554	0.523	0.527
捷克	0.411	0.449	0.444	0.469	0.445	0.494	0.487	0.474	0.522
挪威	0.440	0.452	0.447	0.508	0.466	0.534	0.481	0.507	0.508
芬兰	0.394	0.426	0.430	0.451	0.438	0.460	0.421	0.468	0.503
新加坡	0.441	0.453	0.456	0.475	0.389	0.431	0.480	0.429	0.477
澳大利亚	0.530	0.521	0.477	0.448	0.434	0.482	0.520	0.400	0.449
斯洛伐克	0.317	0.338	0.332	0.331	0.369	0.399	0.381	0.436	0.446
爱尔兰	0.377	0.369	0.346	0.386	0.391	0.419	0.421	0.415	0.442
斯洛文尼亚	0.324	0.355	0.336	0.377	0.320	0.424	0.395	0.367	0.408
爱沙尼亚	—	0.301	0.340	0.273	0.287	0.303	0.307	0.361	0.388
马耳他	0.296	0.298	0.282	0.305	0.283	0.370	0.300	0.338	0.354
冰岛	0.207	0.257	0.264	0.265	0.265	0.278	0.312	0.292	0.278
卢森堡	—	—	—	—	—	0.251	0.287	0.263	0.266

作为亚洲的新兴工业化国家，韩国通过大力发展贸易并积极培育本国产业的国家竞争优势，使得该国进入发达国家行列，其制度成本在发达国家中的排名也低于其出口规模的世界排名，其制度成本值在历年变化较小，类似于日本，体现出一定的稳定格局。随着韩国与欧盟自由贸易协定于2011年7月正式生效，韩国与欧盟在地理上的距离逐渐被经济上的高度自由化迅速缓和，这在提升韩国经济增长能力的同时，也会对制度成本形成较大的冲击，其中潜在的影响值得关注。

表5-5　　　　发达国家制度成本值（2003—2011年）（N=36）

年份	2003	2004	2005	2006	2007	2008	2009	2010	2011
美国	1.089	1.128	1.104	1.088	1.051	1.014	1.001	0.992	1.157
德国	0.871	0.912	0.863	0.853	0.844	0.900	0.908	0.890	0.973
日本	0.838	0.815	0.819	0.806	0.767	0.714	0.720	0.727	0.914
意大利	0.824	0.822	0.822	0.831	0.794	0.831	0.810	0.817	0.890
法国	0.779	0.801	0.756	0.783	0.776	0.803	0.821	0.768	0.828
英国	0.772	0.777	0.762	0.778	0.736	0.764	0.752	0.745	0.772
西班牙	0.744	0.699	0.710	0.718	0.729	0.717	0.708	0.662	0.707
挪威	0.519	0.570	0.606	0.614	0.477	0.613	0.585	0.583	0.683
韩国	0.490	0.577	0.558	0.545	0.504	0.562	0.547	0.576	0.678
加拿大	0.643	0.642	0.608	0.593	0.557	0.592	0.558	0.574	0.630
瑞典	0.542	0.551	0.503	0.494	0.515	0.527	0.495	0.518	0.621
丹麦	0.507	0.547	0.532	0.536	0.529	0.560	0.549	0.487	0.618
奥地利	0.549	0.577	0.538	0.532	0.475	0.536	0.533	0.524	0.576
捷克	0.559	0.557	0.484	0.512	0.517	0.524	0.474	0.513	0.576
斯洛伐克	0.445	0.405	0.432	0.446	0.423	0.458	0.440	0.411	0.568
芬兰	0.501	0.530	0.469	0.503	0.486	0.542	0.524	0.500	0.568
葡萄牙	0.533	0.526	0.503	0.500	0.494	0.499	0.509	0.461	0.494
澳大利亚	0.477	0.489	0.493	0.423	0.519	0.442	0.422	0.417	0.489
爱尔兰	0.442	0.452	0.418	0.430	0.415	0.432	0.416	0.399	0.413
斯洛文尼亚	0.421	0.383	0.394	0.401	0.336	0.343	0.344	0.371	0.377
卢森堡	0.289	0.319	0.261	0.278	0.304	0.311	0.110	0.282	0.316
荷兰	0.663	0.642	0.619	0.625	0.607	0.639	0.648	0.567	0.279
比利时	0.611	0.615	0.604	0.568	—	0.562	0.555	0.503	0.266
冰岛	0.341	0.328	0.315	0.311	0.293	0.255	0.307	0.240	0.260
马耳他	0.315	0.354	0.297	0.301	0.283	0.308	0.314	0.306	0.240
新加坡	0.404	0.406	0.451	0.443	0.385	0.371	0.390	0.409	0.227
爱沙尼亚	0.410	0.421	0.400	0.350	0.313	0.346	0.338	0.339	0.159

发达国家中只有三个来自亚洲，新加坡的成功得益于其中转港口的特殊定位，这里的测量值较低与扣除了相当比重的再出口有关，但这里测算出的较低制度成本也体现出新加坡独特的内在经济发展环境。其在经济相对落后的东南亚得以成为发达经济体，既得益于其便利的地理位置，也取决于其内在的相对优势的内贸发展环境。

从表5-4和表5-5中，还能得出一国制度成本与该国的经济总规模的关系，即一国的经济总量，如国内生产总值（GDP）会增加一国的制度成本。其原理在于一国经济总规模越大，交易主体越多，产生的经济交易及其成本总规模越大。通过公式（5-9）进行的制度成本测量由于忽视了一国GDP等因素的影响，导致出现了上述的一定缺陷，在未来的研究中需要进行更为深入的探讨。

二　发展中国家制度成本值的分析比较

在18年的制度成本值排名中，排名靠前的基本上都是发展中国家，除美国之外，作为发达国家排名第二的德国均居于中间偏后位次，这表明，影响制度成本的因素不仅是各自国家的贸易规模和经济总量，还有国家的类型，这在公式（5-9）中体现为替代弹性的差异。该公式的替代弹性有两个，但是二者均不随时间的推移而发生变化，同种类型的国家也是相同的，这样的设定虽然可能会引起一定的误差，但其带来的测量结果仍然具有一定的研究价值。

在发展中国家中，中国是当之无愧的贸易巨无霸，类同于发达国家中的美国。中国的制度成本值虽然处于领先地位，但与美国相去甚远。中国在很多年份并没有位居第一，而是被不同的贸易小国超越，这是一个值得注意的现象，因此，既要研究影响中国制度成本的因素，也要探究导致个别落后国家出现较大经济波动的原因。

表5-6列出了部分发展中国家（地区）部分年份的制度成本值。委内瑞拉在2009年、2010年以及2011年连续三年的制度成本值是所有制度成本测量值中的最大值，有力地反衬出其国内发展政策的失败[①]。

[①]　对于委内瑞拉出现的这种较大幅度的变化，亦可以质疑在计算过程中对其出口中的两个增加值比率数据适用的合理性，因为OECD数据库并未提供委内瑞拉的数据。

　　从 1991 年开始，在发展中国家（地区）中，中国的出口额仅次于中国香港，并于 1998 年超过中国香港成为发展中国家（地区）中的最大出口国，但是这并没有影响其他国家的制度成本超过中国，在 18 年中，中国位居第一 1 次，第二 5 次，第三 3 次，第四 7 次。超过中国的国家主要有埃及、土耳其、墨西哥、委内瑞拉、苏丹、印度、沙特阿拉伯、阿尔巴尼亚、多米尼加等，其中既有贸易大国，也有贸易小国，且以中东国家居多。中国历年的制度成本值基本稳定，中国相对排名的变化主要来自其他国家制度成本值的较大浮动变化，这体现出 1992 年邓小平南方谈话之后中国制定的市场体制改革政策的稳定性，也表明了中国加入 WTO 对国内经济发展的促进性。

　　印度和俄罗斯作为较大的发展中经济体，二者体现有所不同。印度与中国类似，其制度成本较高，均大于 2，在排名上基本与中国相邻，而俄罗斯在保持较大贸易规模的同时，还实现了较低的制度成本，其波动主要表现为在 20 世纪 90 年代的持续大幅降低，这表明俄罗斯在转轨时期通过逐步的市场化和法治化改革，净化了国内经济发展环境。

表 5 - 6　　　　部分发展中国家（地区）制度成本值（N = 36）

年份	1999	2001	2003	2005	2006	2008	2009	2010	2011
委内瑞拉	1.532	1.521	1.512	1.443	1.593	2.918	4.414	4.100	5.438
中国	2.740	2.639	2.657	2.494	2.358	2.423	2.815	2.782	3.448
苏丹	3.819	2.024	1.898	2.143	2.657	3.202	2.610	2.980	3.302
吉尔吉斯斯坦	—	0.949	1.188	1.336	1.305	1.246	1.202	1.245	2.525
土耳其	2.430	1.834	2.169	2.222	2.199	2.061	1.898	2.198	2.460
墨西哥	2.959	2.655	2.360	2.405	2.484	2.127	2.129	2.133	2.418
巴西	1.948	1.673	1.532	1.629	1.607	1.807	1.856	2.100	2.313
印度	2.536	2.269	2.179	2.042	2.050	2.096	2.167	2.231	2.243
多米尼加	—	2.971	2.078	2.106	2.136	1.822	1.885	2.021	2.112
埃及	3.090	2.735	1.924	1.921	2.064	1.635	1.841	1.974	2.106
印度尼西亚	1.391	1.407	1.641	1.534	1.580	1.560	1.743	1.762	2.093

续表

年份	1999	2001	2003	2005	2006	2008	2009	2010	2011
俄罗斯	1.482	1.632	1.733	1.881	2.032	1.936	1.830	1.956	2.082
菲律宾	1.544	1.834	1.764	1.650	1.640	1.730	1.785	1.719	1.981
波兰	1.958	1.622	1.867	1.771	1.624	1.705	1.649	1.759	1.948
哥伦比亚	1.650	1.918	1.534	1.728	1.728	1.741	1.601	1.818	1.871
阿尔及利亚	1.714	1.387	1.633	1.636	1.645	1.524	1.697	1.599	1.852
坦桑尼亚	1.433	1.614	1.385	1.135	1.325	1.176	1.178	1.295	1.703
埃塞俄比亚	2.125	2.014	1.558	1.593	1.581	1.675	1.772	1.670	1.638
南非	—	1.345	1.692	1.591	1.531	1.402	1.497	1.459	1.618
巴基斯坦	—	—	1.722	1.636	1.672	1.582	1.609	1.615	1.597
牙买加	1.459	1.367	1.247	1.153	1.487	0.813	1.212	1.266	1.573
加纳	1.456	1.442	1.618	1.567	1.581	1.682	1.642	1.607	1.570
罗马尼亚	1.159	1.227	1.223	1.366	1.298	1.332	1.459	1.440	1.504
巴哈马	1.773	1.945	2.312	—	1.825	1.179	1.435	1.317	1.464
哈萨克斯坦	0.872	1.249	0.997	1.204	1.377	1.106	1.296	1.604	1.410
秘鲁	1.167	1.107	1.240	1.056	1.078	1.294	1.270	1.251	1.386
斐济	—	—	1.584	2.251	1.410	1.230	1.237	0.989	1.386
塞内加尔	1.637	1.043	1.055	1.072	1.252	1.321	1.049	1.071	1.383
泰国	1.241	1.241	1.282	1.282	1.238	1.202	1.152	1.212	1.350
乌干达	1.398	1.730	1.468	1.246	1.133	1.363	1.175	1.277	1.344
赞比亚	1.030	1.146	1.363	1.215	0.835	1.079	1.050	0.965	1.302
克罗地亚	1.309	1.323	1.377	1.382	1.170	1.393	1.242	1.237	1.302
越南	—	1.206	1.268	1.081	1.113	1.172	1.163	1.204	1.285
马来西亚	1.075	1.165	1.129	1.102	1.033	1.066	1.042	1.092	1.275
萨尔瓦多	1.631	2.189	2.194	1.724	1.509	1.500	1.399	1.251	1.268
阿塞拜疆	1.504	0.915	1.402	1.595	1.926	0.810	1.217	1.245	1.249
斯里兰卡	0.987	0.892	0.913	0.925	0.857	1.110	1.056	0.910	1.235
摩洛哥	1.261	1.370	1.273	1.237	1.372	1.254	1.345	1.116	1.220
格鲁吉亚	1.996	1.722	1.715	1.241	1.190	1.224	0.996	0.874	1.213
多哥	0.901	0.797	0.691	1.089	—	0.821	1.188	0.771	1.198

续表

年份	1999	2001	2003	2005	2006	2008	2009	2010	2011
智利	1.218	1.034	0.910	0.967	1.095	1.040	1.083	1.122	1.190
莫桑比克	—	1.965	1.426	1.172	1.171	0.842	0.916	1.095	1.176
厄瓜多尔	0.815	0.820	0.877	0.926	1.077	1.209	1.070	0.937	1.144
尼加拉瓜	1.494	1.453	1.639	1.286	1.279	1.112	1.135	0.966	1.124
津巴布韦	—	0.791	—	0.962	0.869	0.899	0.805	0.747	1.123
阿根廷	1.433	1.151	0.813	0.861	0.926	0.973	0.928	1.033	1.075
哥斯达黎加	1.066	1.010	0.942	0.930	0.851	0.871	0.876	0.938	1.062
乌克兰	1.054	0.726	0.766	0.939	0.991	1.143	0.871	1.004	1.034
摩尔多瓦	0.877	1.028	0.898	0.722	0.663	0.883	0.704	0.727	1.018
毛里求斯	0.942	0.881	0.856	0.873	0.832	0.851	0.742	0.701	1.001
突尼斯	1.323	1.244	1.250	1.044	0.934	0.832	1.025	0.887	0.992
玻利维亚	1.378	1.035	0.905	0.891	0.669	0.881	0.892	0.840	0.962
约旦	0.869	0.765	0.800	0.742	0.709	0.790	0.944	0.780	0.958
马其顿	1.176	1.064	0.914	0.881	1.134	—	1.149	0.950	0.928
保加利亚	0.935	0.841	1.060	0.792	0.886	0.804	0.934	0.847	0.886
匈牙利	1.209	1.073	0.996	0.920	0.812	0.906	0.865	0.824	0.870
柬埔寨	—	1.360	1.291	1.019	0.975	0.906	0.894	0.812	0.864
巴巴多斯	1.491	1.372	1.136	1.099	0.998	0.867	0.949	0.975	0.863
圭亚那	—	0.880	0.789	0.581	0.600	0.673	0.628	0.615	0.826
立陶宛	1.355	1.091	1.110	1.047	0.903	0.827	0.881	0.851	0.824
黎巴嫩	1.836	1.531	1.378	0.973	0.992	0.694	0.785	0.660	0.804
乌拉圭	0.997	1.022	0.596	0.627	0.582	0.789	0.671	0.779	0.766
白俄罗斯	0.835	0.672	0.669	0.736	0.761	0.648	0.566	0.705	0.726
马拉维	0.796	0.597	0.815	0.849	0.665	0.540	0.509	0.566	0.546
巴拉圭	1.399	0.518	0.551	0.532	0.716	0.456	0.458	0.430	0.501
拉脱维亚	1.262	1.077	1.041	0.822	0.792	0.718	0.686	0.605	0.421
巴拿马	1.909	1.989	1.869	1.237	0.490	0.537	0.355	0.354	0.040
阿拉伯联合酋长国	1.858	2.072	2.033	1.905	1.957	2.241	1.928	2.036	—

续表

年份	1999	2001	2003	2005	2006	2008	2009	2010	2011
沙特阿拉伯	—	2.457	1.519	1.487	1.412	—	—	—	
肯尼亚	1.505	1.457	1.235	1.070	1.253	1.222	1.317	1.040	—
特立尼达和多巴哥	0.751	0.890	0.734	0.931	0.875	0.823	0.824	0.659	—
中国澳门	0.490	0.309	0.464	0.411	0.555	0.451	0.634	0.720	—

从绝对值来看，发展中国家（地区）的制度成本值绝大部分大于1，体现出制度成本的高企，从而成为一个国家经济发展的障碍。有10 余个国家的贸易成本长期低于若干发达国家，但从这些国家具体发展情形来看，仍然存在着一些极端贫困国家如柬埔寨、津巴布韦等，如何解释制度成本低下给一个落后国家带来的优势是一个难题，或者可以认为一个国家的制度成本低下只是促进其经济发展诸多因素中的一个。

历年制度成本值均小于1 的国家（地区）只有四个，分别为中国澳门、圭亚那、白俄罗斯和马拉维。这个数目远小于发达国家的水平。

三　制度成本值与人均 GDP 关系分析

根据本书对制度成本测量公式的选择原则，假定发达程度高的国家制度成本较低。本节将分别对1995 年、2000 年、2005 年、2008 年和2009 年共计五年的制度成本值与对应年份的人均 GDP 值进行作图对比，以便发现其中的整体关系和特殊情形。

图 5 - 2 是 1995 年制度成本与人均 GDP 的关系图，右侧纵坐标为国家类型，其中 1 为发达国家，0 为发展中国家。图中非常明确地显示出二者之间的负相关关系，在人均 GDP 超过 10000 美元的水平之上，再没有发展中国家，而且发达国家的整体贸易成本除美国之外均处于 1 以下。在人均 GDP 低于 10000 美元的区间内，有四个发达国家，分别是爱沙尼亚、斯洛伐克、捷克和马耳他，这四国基本都属于

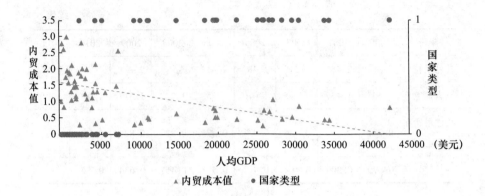

图 5-2　制度成本与人均 GDP 关系（1995 年）

转型经济体，在 1995 年四国尚未跻身发达国家行列，但四国的制度成本值是同一人均 GDP 区间中最低的。

图 5-3 将其余四年的对应关系置于一起，所反映的基本关系没有变化。个别发展中国家（地区）在人均 GDP 方面已经进入了发达国家

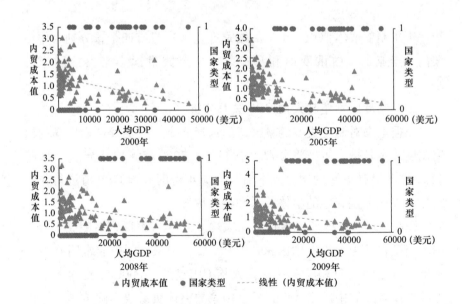

图 5-3　制度成本与人均 GDP 关系（N=36）

的最低限度，阿拉伯联合酋长国、中国澳门、阿鲁巴、巴哈马与特立尼达和多巴哥等在 2008 年人均 GDP 都超过了 20000 美元，但制度成本只有中国澳门处于较低的水平。阿拉伯联合酋长国尽管也超过了 40000 美元，但其制度成本却高居 2.241 的水平。

图 5 - 3 反映了所有国家间的制度成本与人均 GDP 之间的负向关系，但是通过单独对发展中国家样本群体的分析（见图 5 - 4）发现，二者之间基本上不存在较强的相关性，但这种关系并不是杂乱无章的，而表现为在一平均值两侧的均匀分布。同一人均 GDP 水平下制度成本的差异产生原因值得进一步深入研究。

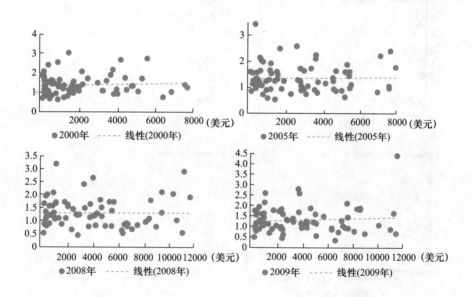

图 5 - 4　发展中国家四个年度制度成本值与人均 GDP 关系

四　制度成本值与出口规模关系分析

选取 1995 年、2000 年、2005 年和 2009 年制度成本值与各国年度出口额（当年美元值）进行对比分析，如图 5 - 5 所示。发达国家的贸易额出现在各个值域区间，但发展中国家中较少有贸易规模较大的国家，由于绝大部分国家的贸易规模较小，从图 5 - 5 中难以确定制度成本与出口规模二者之间的确切关系，但可以确定二者之间的简单关系。

　　大部分样本国家的出口额相对于贸易大国而言都处于较低水平，过于集中，从而无法明确低水平贸易国家间的制度成本走势，但从图5－5中可以确定一个简单的趋势，就是在低出口规模阶段，大体上随着贸易规模的提升，制度成本会有下降的趋势，但出口规模进入较大区间时，制度成本的增长压力增加，而表现出制度成本与出口规模的正相关关系，两个阶段总体表现出一个类似于U形的关系。

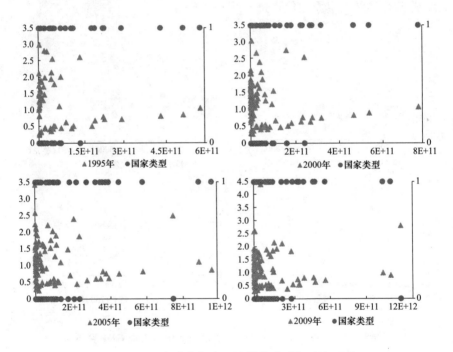

图5－5　制度成本与出口总额关系对比（N＝36）

　　由于大部分国家出口规模较小，经过对小规模出口国家的二者关系对比亦未能确定出口贸易规模对制度成本的确定性的影响。如图5－6所示，分别在两个年度中选取了出口规模最小的80个国家样本进行了对比。2005年，二者关系呈现一种轻度的负相关关系，在贸易规模较大时，制度成本有较大的增加但最后仍有下降趋势的表现。

2009 年显示出制度成本值在出口规模扩大过程中，取值分布较为均匀，未有较明显关系体现。

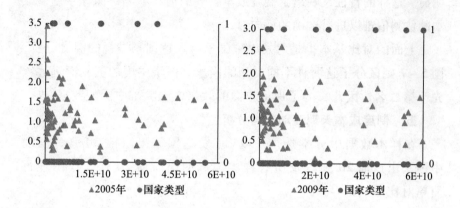

图 5 - 6　贸易小国制度成本与出口规模关系对比

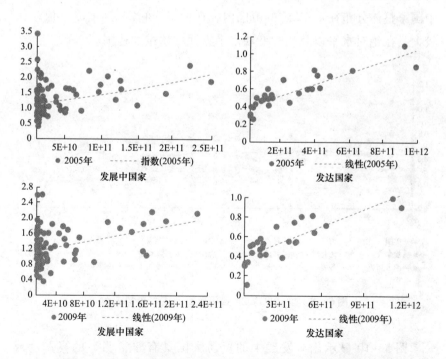

图 5 - 7　发展中国家及发达国家制度成本与出口规模关系对比

图 5 - 6 显示出，如果区分两种类型国家，则每一种类型的国家都能体现出出口规模与制度成本成正比的特征，发达国家的特征尤为明显。这样的特征反映出了制度成本公式的内在缺陷，而导致制度成本的估测值难以进行准确的横向对比。

上面的对比基本上是对发展中国家与发达国家进行的混合分析，图 5 - 7 则区分了这两种不同类型的国家。由于中国的贸易额远远领先于第二名，因此，为了保证作图的效果，删除了中国的数据。

五 制度成本长期变动趋势分析

在样本数据中分别选取 1995 年发达国家出口前 20 强，发展中国家出口前 20 强以及所有样本国家的出口前 20 强，作图进行简单对比。

图 5 - 8 显示出发达国家整体分布在 0.4—0.9 的范围内，在 18 年间各国制度成本值均有起伏，但波动范围较小。图 5 - 9 显示出发展中国家整体分布在 1—2.5 的范围内，在 18 年间各国制度成本值起伏较大，在绝对水平以及相对变动水平方面均超过发达国家水平。

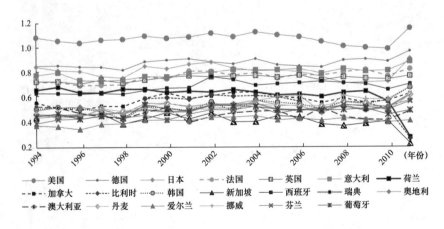

图 5 - 8　发达国家 20 强历年制度成本走势曲线

图 5 - 10 显示出，发展中的贸易大国具有非常明显的高制度成本，并且与同为世界贸易大国的发展中国家制度成本走势存在较为明显的差异，八个发展中贸易大国只有马来西亚制度成本处于较低的水

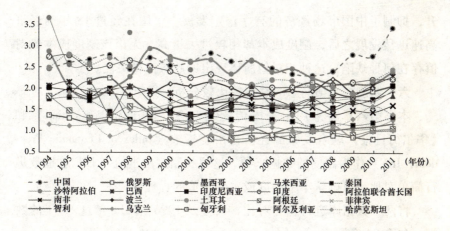

图 5 – 9　发展中国家 20 强历年制度成本走势曲线

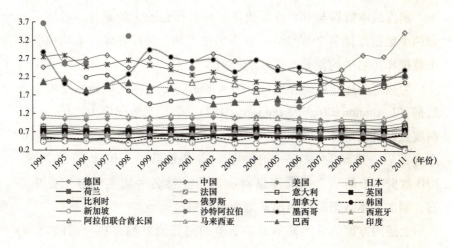

图 5 – 10　样本国家出口 20 强历年制度成本走势曲线

平，与发达国家中最高水平的美国相仿，其余七国制度成本一直处于高位，但从长期趋势来看，基本上只有中国在增长，其他国家表现出了降低的趋势。中国制度成本在 2002 年达到波峰之后，开始逆转，一直到 2007 年保持了连续下降的趋势，这可以理解为中国加入世界贸易组织的红利带动了国内制度的改革，但受世界金融危机的影响，中国政府 2008 年底开始的大规模经济刺激计划，虽然缓解了经济危机对中国的冲击，但是从制度成本值来看，使得中国制度成本不断上升，抑制了中国市场经济的有序稳定发展。中国在经过 18 年的经济高速迅猛发展之后，制度成本却相较过去更高，无论该制度成本绝对值存在何种缺陷，这种相对值所体现出的趋势值得关注。

六 制度成本值与 IEF 总指数比较分析

本书第六章将采用由美国传统基金会（Heritage Foundation）和《华尔街日报》联合发布的经济自由度指数（Index of Economic Freedom，IEF）作为制度的数据来源。这里将制度成本值与 IEF 总指数进行简单对比，以确认本书制度成本估测值的合理性。

将两个数据库进行合并对比，共涉及 1996—2011 年这 16 年的数据，包含 94 个国家。

首先，从各国排名角度进行对比分析。

制度成本数据与 IEF 总指数各年排名存在较大的差异。将所有国家两个数据库排名之差的绝对值按年度求和，并计算年度平均值，两个数据库排名平均偏差水平在 21 左右。

为确定上述对比的合理性，引入 Kunčič（2014）的国际制度质量数据（Institutional Quality Dataset，IQD），利用其数据库中的两个经济制度数据进行对比，分别是 economic_ rel 和 economic_ abs。三个数据库合并后，共涵盖 1996—2010 共计 15 年的数据，包含 85 个国家。IQD 数据库中的两个制度变量对应的年度排名平均偏差值均在 9 左右，制度成本数据的平均偏差值为 19 左右。

上述两方面的对比显示出第五章的测算值虽然存在一定的缺陷，但仍具有一定的参考意义。

其次，从单个国家制度水平变化角度进行对比分析。

采用两个指标体系对同一国家多年制度的变化进行描述，从理论上来讲，不同制度指标体系描述的基本走势应当是一致的。在对上述 94 个国家的相应情形做基本分析之后，可以发现两个指标体系难以完全匹配，部分国家两个指标体系表现的制度变化趋势没有规律，个别国家表现趋势恰好相反，但大部分国家在多年的大趋势上表现相似[①]，

① 附录列出了 16 个主要发达、发展中国家的两个制度数据的对比走势图。

这虽体现出了制度成本测量公式以及数据选择等多方面的缺陷，但表明该测算方法仍旧具有一定的实际价值。

第四节　结论

本章以经典贸易成本研究文献为基础，从测量的角度将整体的内贸成本与制度成本相联系，构建了制度成本的测量公式。本章根据公式（5-9）进行的测量，实现了对各国制度成本的可观察性与可比性，也实现了各国制度成本水平的历史比较，从中可以探讨一国制度成本突然变化的原因以及可以采取的对策。

制度成本测量值与各国的人均 GDP 和出口规模存在着密切的关系，但关系并不是非常明显。发达国家的平均水平明显低于发展中国家，这是对该测量值基本准确性的一个重要支持。一国制度成本的历史变动走势非常显著地体现出了该国宏观经济的波动情形。

由于大量不平衡双边贸易数据被剔除，使得样本范围受限，增加了最终测量值的偏差，在以后的研究中，需对大规模零值贸易的数据处理进行深入研究，以便提高本测量值的准确性。由于公式（5-9）本身存在一些缺陷，在第六章中，将使用国际组织发布的相关制度因素指标代替制度成本测量值。

第六章　制度成本对出口影响的实证分析

第四章通过理论模型证明了制度成本在微观层面上会影响企业在国内外两个市场之间的选择，第五章利用国家层面的数据计算出了多国的制度成本。本章将借鉴相关文献的实证分析思想和方法，来分析宏观层面上的制度因素对一国出口的影响机制。

实证研究文献中通常将制度具体分为合同履行（Contract Enforcement）、产权（Property Rights）、投资保护（Investor Protection）、基础设施（Infrastructure）、腐败（Corruption）以及政治制度（The Political system）等，本章实证数据将采用第五章测算的制度成本值以及由美国传统基金会（Heritage Foundation）和《华尔街日报》联合发布的经济自由度指数（Index of Economic Freedom，IEF）作为制度因素的衡量标准分别进行实证检验，考察制度因素对出口的影响。

第一节　文献中主要研究方法

近年来有大量的文献对制度与出口之间的关系进行了实证研究，从结论方面具有一定的共性，即制度优越性与双边贸易规模存在正相关，制度相似性与双边贸易规模也表现出一定的正相关。在实证研究的方法方面，存在较大的差异。较早期文献多以 OLS 方法进行多制度指标的代入比较分析，近期的文献引入了更多较新的计量方法，如Tobit 和 Probit 方法以及 PPML 法（Poisson Pseudo - Maximum Likelihood）等。早期文献对零值贸易关注较少，处理较简单，近期文献对零值贸易的处理更加谨慎并采用了较新的计量方法来提高检验的可信性。在制度指标的采用方面，更多的文献引入多个指标进行检验分析。绝大多数模型以引力模型及其变形为基础，相关控制变量相近，被解释变量以双边贸易额为主，但有部分文献采用贸易相对值。

表 6 - 1 为制度与贸易关系研究文献中采用的主要计量方法。

表 6 - 1　　　制度与贸易关系研究文献中采用的主要计量方法

文献	计量方法	零值处理	研究国家	制度变量
Groot, Linders, Rietveld 等（2004）	OLS	未报告	100 个国家	世界银行的 WGI 指数
Cheptea (2007)	OLS（引入 Year Dummy）和 GLS	未报告	中东欧转型国家	四种不同制度指数
Levchenko (2007)	—	简单剔除	美国进口	the Herfindahl Index of Intermediate Input Use
Ranjan 和 Lee (2007)	OLS 法、门槛 Tobit 回归法（Threshold Tobit Regressions）和工具变量法	对所有双边贸易额加 1000 美元	1992 年全球双边贸易数据	三种制度衡量指标
Dutt 和 Traca (2010)	混合 OLS	删除处理	128 个出口国和 126 个进口国	the International Country Risk Guide (ICRG) 指数
Zelekha 和 Sharabi (2012)	OLS, GLS 和 Tobit（Tobit with GLS, Tobit without GLS）三种方法	共采用了三种方法：第一，以 1 代替零值贸易额；第二，剔除所有零值；第三，用门槛 Tobit 模型构建极大似然公式 ML - Function	以色列	the International Country Risk Guide (ICRG) 指数

文献	计量方法	零值处理	研究国家	制度变量
Francois 和 Manchin (2013)	Possion Maximum Likelihood estimator 方法	Possion Maximum Likelihood estimator 方法	多国双边贸易	the "Economic Freedom of the World" (EFW) Database
Assane 和 Chiang (2014)	第一, 为普通 OLS 法; 第二, 鉴于双边贸易的大量零值, 采用了 Heckman–two–step procedure 方法; 第三, Possion Pseudo–Maximum Likelihood (PPML) 方法, 以便于同时解决异方差和零值贸易问题	the Heckman Two–Step Procedure	西非经济共同体 15 国	the International Country Risk Guide (ICRG) Index
魏浩、何晓琳和赵春明 (2010)	第一, 可行广义最小二乘法 (FGLS); 第二, 面板修正的标准差估计 (Panel–Corrected Standard Error, PCSE); 第三, 广义估计方程 (Generalized Estimation Equation, GEE)	未考虑	发展中国家 (31 个)	the Heritage Foundation 公布的经济自由指数 IEF (Index of Economic Freedom)

上述诸多文献之间的研究差异主要表现在以下几个方面:

第一, 被解释变量的差异。双边贸易额是最主要的被解释变量, 但也存在国家层面与产业层面的差异; 另外, 也有以贸易的相对值为被解释变量的设定, 这种设定多来自文献的理论模型, 催生了对经典引力模型的调整。

第二, 研究对象的差异。大部分文献以全部国家为理论研究对象, 但实际上国别数量的确定受到相关数据来源的约束, 且通常会因制度指标的不同而出现较大的变化。少数文献以单个国家或少数同类型国家作为研究对象。

第三，零值贸易的处理。部分文献忽略零值贸易，较新的文献开始采用多种方法对零值贸易现象进行分析。

第四，制度指标的选取。目前国际上诸多学者和研究机构编制了大量的制度衡量指标，侧重点各异，不同文献基于不同研究目的而有不同的选择。出于研究谨慎的考虑，有更多的文献同时报告多项制度指标的分析结果。

第五，计量研究方法的差异。部分文献仅采用特定年份数据进行截面分析，因而采用较为简单的 OLS 法，较新的文献采用的方法更加复杂多样，其主要目的是为了规避零值贸易问题，以及处理内生性和异方差等。

上述对制度与贸易关系分析的文献主要基于宏观双边贸易数据进行研究，部分采用较为细分的中观产业层面数据，目前还没有文献从微观企业层面数据探讨制度因素与贸易的关系。本书第四章的理论模型塑造了微观层面制度因素与企业贸易行为的关系，但由于数据所限，并基于目前文献的研究方法，将选择宏观双边数据来探讨制度与贸易的关系，同时将借鉴上述诸多文献的各自独特之处构建本章的计量模型。以下的实证检验将分两种情形：第一种情形研究中国单边贸易与制度的关系；第二种情形以多国双边贸易与制度的关系为研究对象，目的是以宏观数据模拟微观企业内销与出口的多重经营选择。

第二节　制度成本对中国出口影响的检验

在双边贸易数据中存在大量的零值现象，因此在相关研究中，对于零值贸易的处理成为众多文献必须首要考虑的问题，但无论采取何种方法，都很难完整地对空缺数据进行补充。本节选取中国双边出口数据，研究制度因素对中国出口的影响关系。在对中国的双边贸易数据进行初步筛查中发现，有大量的双边贸易数据存在极大的统计差别，即中国统计的对某国的出口额与对方国家统计的进口额有显著区别，并且很多情形下中国统计的数据完整而对方国家却无对应进口数据。例如在本书统计的 131 个中国出口对象国，17 年共 2244 个数据中，进口国报告的数据缺失率达到 18.9%，中国报告的出口缺失率为 0.9%，进口国报告的进口额超过中国报告的出口额 2 倍的情形占 14.2%，低于 0.5% 的比例为 26.1%，数值在 0.8—1.2 倍的比例仅为 22.8%。

Francois 和 Manchin（2013）认为在测度双边贸易时，进口国的数据可信度要高于出口国，因为进口国政府因有征税的动机而具有更大的主动性确认商品的原始生产国。本节将采用中国各出口对象国报告的进口数据作为中国双边出口数据的来源，但如上所述，相关进口报告值存在较多的缺失，即零值贸易现象较为明显，考虑到中国双边数据量较小，本节采用两种方法"消除"零值贸易现象，一种为忽略零值贸易，另一种为通过筛选对象实现研究对象间贸易数据不为零，以最简单的计量方法检验制度与双边贸易的关系。

一 模型构建

Groot, Linders, Rietveld 等（2004）及魏浩、何晓琳和赵春明（2010）均以经典引力模型为基础，引入制度因素等解释变量，分析了制度因素与双边贸易的关系，本部分借鉴上述文献计量模型设定的思想，设定检验模型公式为：

$$\ln(EX_{it}) = \beta_0 + \beta_1 \ln(Y_{it}) + \beta_2 \ln(Y_{ct}) + \beta_3 \ln(y_{it}) + \beta_4 \ln(y_{ct}) + \beta_5 \ln(Inst_{it}) + \beta_6 \ln(Inst_{ct}) + \beta_7 INSTgap_{ict} + \beta_8 \ln(Dist_{ic}) + \beta_9 Develop_i + \beta_{10} FTA_i + \sum \beta_j CDummy_{ji} + \varepsilon_{it} \qquad (6-1)$$

其中，脚标 i 表示中国的出口目的地国家，c 表示中国，t 表示年份，j 表示若干控制变量的编号；EX_{it} 表示在 t 年度中国对 i 国的出口金额（百万美元）；Y_{it} 和 Y_{ct} 分别表示 i 国和中国在 t 年的国内生产总值（GDP，百万美元），y_{it} 和 y_{ct} 分别表示对应的人均 GDP（千美元）；$Inst_{it}$ 和 $Inst_{ct}$ 分别表示 i 国和中国的制度成本；$INSTgap_{ict}$ 表示在 t 年 i 国制度与中国制度之差；$Dist_{ic}$ 表示 i 国与中国的地理距离（千公里）；

$Devetop_i$ 作为 i 国类型的虚拟变量，取值为 1 表示 i 国为发达国家，取值为 0 表示其为发展中国家；FTA_i 表示 i 国与中国建立自由贸易区的虚拟变量，取值为 0 表示双方无自贸区关系，若双方自贸区关系在 2007 年及以前生效则取值为 2，之后生效则取值为 1；$\sum \beta_j CDummy_{ji}$ 表示若干控制变量的和，控制变量主要涉及两国是否接壤，是否使用同种货币，是否使用同种语言以及历史上是否为同一国家，等等。

二　制度成本值数据

本部分利用第五章计算的制度成本数据作为制度指标进行计量检验。本模型中共涉及中国的 104 个贸易伙伴（含中国），所有零值贸易被剔除，因此本部分的各个模型均为非平衡面板。

（一）数据说明

在模型中以 $INcost_{it}$ 和 $INcost_{ct}$ 表示 i 国和中国在 t 年度的制度成本值，该值越大表明一国的制度水平越差，需要改进。此处选择 $N \geqslant 36$ 时的制度成本值，取值范围为（0，4.5），由于取值较小，因此在模型中未采用对数值。由于经济自由度指数（Index of Economic Freedom，IEF）的权威性，且应用广泛，在模型（11）—（15）中，均保留了总指数变量 $\ln (Inst_{it})$，作为制度成本变量 $INcost_{it}$ 的补充解释。$INSTgap_{ict}$ 采用 IEF 总指数之差值，仅用于模型（17）和模型（18）的检验。

双边贸易数据来自联合国 Comtrade 数据库，本书以国外统计的进口数据作为中国出口的金额。由于中国的巨额复进口现象，导致"中国"成为中国最大的商品来源国之一，因此本节将中国的出口目的地国家设定为包括中国在内的 104 个。在计算中，双边贸易数据经美国历年 GDP 平减指数调整，以保证历年贸易数据具有可比性。

国内生产总值以及人均国内生产总值数据均来自世界银行数据库，本节采用的数据均为 2005 年不变价美元。

根据国际货币基金组织标准划分发达国家与发展中家，其中发达国家有 33 个。

中国签署并生效的自由贸易协定数据来自中国商务部网站。其他变量的数据如距离、若干控制变量（国别接壤 contig，同一官方语言 comlang_ off，主流语言 comlang_ ethno，历史统一性 colony，以及货币统一性 smctry）均来自 CEPII 数据库。

（二）结果分析

本章的计量分析均采用分析软件 Stata12.1 进行。

表 6-2 列示了制度成本与中国出口关系的实证结果。

模型（3）的固定效应分析 F 检验结果为 $F(103, 1373) = 36.03$，概率值 Prob > F = 0，表明模型（3）优于混合回归的模型（1）。Hausman 检验结果为 $chi2(7) = -117.27$，该值小于零，可以简单判定固定效应模型可能较优于随机效应模型。模型（3）的检验结果中，进口国的制度成本值变量 $INCost_{it}$ 的系数不显著，因此该固定模型检验需要进一步进行调整。

根据 Cheptea（2007），魏浩、何晓琳和赵春明（2010）以及 Assane 和 Chiang（2014）的检验方法，对模型（3）进行异方差检验。结果为 $chi2(104) = 21652.10$，概率 Prob > chi2 = 0，因此拒绝原假设，可以确定模型（3）存在异方差，因此采用可行广义最小二乘法（Feasible Generalized Least Squares, FGLS）进行检验估计，结果如模型（4）和模型（5）所示，其中模型（5）进行了组间异方差处理[①]。

模型（5）的检验结果显示三个制度相关指标的系数均显著：第一，进口国的制度成本指标变量 $INcost_{it}$ 系数为负值，表明一国较高的制度成本会不利于产品的进口；第二，中国的制度成本指标变量 $INCost_{ct}$ 系数同样为负，表明中国国内制度成本较高时，也会不利于产品的出口，这将中国出口规模与国内制度相联系，国内制度水平低下会抑制国内出口企业的竞争力水平，但是这个线性负相关性无法反映出国内企业在面对国内较高制度成本时的"被迫"出口的问题；第三，IEF 总指数变量 $\ln(InSt_{it})$ 的系数为正且显著，与通常的检验相符。

---

① 此系指在进行 FGLS 分析时，添加了 panels（heteroskedastic）选项，下同。

表 6 - 2 制度成本与中国出口关系的实证结果

变量	模型(1) 混合 OLS	模型(2) 随机效应	模型(3) 固定效应	模型(4) FGLS	模型(5) FGLS (异方差处理)
$\ln(Y_{it})$	1.076 *** (66.25)	1.026 *** (21.19)	0.823 *** (3.327)	1.076 *** (66.59)	1.024 *** (107.7)
$\ln(y_{it})$	- 0.281 *** (- 11.09)	0.0524 (0.727)	1.183 *** (4.914)	- 0.281 *** (- 11.15)	- 0.187 *** (- 12.02)
$\ln(Y_{ct})$	6.253 (1.580)	7.219 *** (3.012)	7.617 *** (3.266)	6.253 (1.588)	2.094 (1.081)
$\ln(y_{ct})$	- 4.573 (- 1.080)	- 5.624 ** (- 2.193)	- 6.300 ** (- 2.525)	- 4.573 (- 1.086)	- 0.197 (- 0.0953)
$INcost_{it}$	- 0.329 *** (- 6.524)	0.0324 (0.663)	0.0640 (1.297)	- 0.329 *** (- 6.557)	- 0.160 *** (- 4.725)
$INcost_{ct}$	- 0.317 *** (- 3.750)	- 0.325 *** (- 6.346)	- 0.290 *** (- 5.793)	- 0.317 *** (- 3.769)	- 0.307 *** (- 8.167)
$\ln(Inst_{it})$	0.835 *** (4.660)	0.0486 (0.240)	- 0.454 ** (- 2.103)	0.835 *** (4.684)	0.734 *** (6.961)
$\ln(Dist_{ic})$	- 0.354 *** (- 6.373)	- 0.407 ** (- 2.177)		- 0.354 *** (- 6.405)	- 0.294 *** (- 8.906)
$contig$	- 0.449 *** (- 3.820)	- 0.361 (- 0.982)		- 0.449 *** (- 3.839)	- 0.519 *** (- 6.747)
$comlang\_ethno$	0.894 *** (6.204)	0.725 (1.455)		0.894 *** (6.235)	0.888 *** (10.23)
$colony$	1.840 *** (5.119)	1.818 ** (2.128)		1.840 *** (5.145)	2.002 *** (17.54)
$smctry$	- 0.705 *** (- 3.887)	- 0.826 (- 1.316)		- 0.705 *** (- 3.907)	- 0.516 *** (- 3.164)
$Develop_i$	0.161 * (1.720)	- 0.149 (- 0.621)		0.161 * (1.729)	0.185 *** (3.603)
FTA_i	0.262 *** (5.381)	0.321 ** (2.021)		0.262 *** (5.408)	0.278 *** (10.92)

续表

变量	模型（1） 混合 OLS	模型（2） 随机效应	模型（3） 固定效应	模型（4） FGLS	模型（5） FGLS （异方差处理）
$Constant$	-95.16^{*} （-1.711）	-105.6^{***} （-3.139）	-109.5^{***} （-3.338）	-95.16^{*} （-1.720）	-36.24 （-1.333）
$Observations$	1484	1484	1484	1484	1484
$R-squared$	0.891		0.837		

注：括号内数值为 t 值；***、** 和 * 分别代表 1%、5% 和 10% 的显著性水平。

为了探讨 IEF 指数变量 $\ln(Inst_{it})$ 和 $INSTgap_{ict}$ 的影响，设立模型（6）、模型（7）和模型（8），与模型（5）进行对比。模型（5）—模型（8）均采用可行广义最小二乘法（FGLS），并进行组间异方差处理，四个模型的差异在于对 $\ln(Inst_{it})$ 和 $INSTgap_{ict}$ 两个变量的取舍。

如表 6－3 所示，在四个模型中，无论是否包含两个 IEF 指数变量，两个制度成本变量的系数都为负，且都在 1% 的水平上显著，这表明第五章测量的制度成本指数能够较好地衡量一国的制度因素。模型（8）同时包含了变量 $\ln(Inst_{it})$ 和 $INSTgap_{ict}$，导致 IEF 总指数变量 $\ln(Inst_{it})$ 的系数不显著。

表 6－3　制度成本与中国出口关系的实证结果：FGLS（组间异方差处理）

变量	模型（5）	模型（6）	模型（7）	模型（8）
$\ln(Y_{it})$	1.024^{***} （107.7）	1.007^{***} （104.7）	1.024^{***} （106.6）	1.023^{***} （106.3）
$\ln(y_{it})$	-0.187^{***} （-12.02）	-0.152^{***} （-11.15）	-0.192^{***} （-12.28）	-0.191^{***} （-12.23）
$\ln(Y_{ct})$	2.094 （1.081）	6.689^{***} （4.423）	3.179 （1.634）	3.918^{*} （1.909）
$\ln(y_{ct})$	-0.197 （-0.0953）	-5.098^{***} （-3.136）	-1.376 （-0.661）	-2.175 （-0.990）

续表

变量	模型(5)	模型(6)	模型(7)	模型(8)
$INcost_{it}$	-0.160 ***	-0.131 ***	-0.154 ***	-0.150 ***
	(-4.725)	(-4.026)	(-4.532)	(-4.411)
$INcost_{ct}$	-0.307 ***	-0.313 ***	-0.320 ***	-0.324 ***
	(-8.167)	(-7.536)	(-8.173)	(-8.230
$\ln(Inst_{it})$	0.734 ***			-0.464
	(6.961)			(-1.195)
$INSTgap_{ict}$			0.0141 ***	0.0218 ***
			(7.916)	(3.281)
$\ln(Dist_{ic})$	-0.294 ***	-0.359 ***	-0.306 ***	-0.308 ***
	(-8.906)	(-11.85)	(-9.245)	(-9.311)
$contig$	-0.519 ***	-0.407 ***	-0.520 ***	-0.525 ***
	(-6.747)	(-5.918)	(-6.743)	(-6.792)
$comlang\_ethno$	0.888 ***	0.814 ***	0.882 ***	0.878 ***
	(10.23)	(9.829)	(10.35)	(10.34)
$colony$	2.002 ***	1.712 ***	1.977 ***	1.976 ***
	(17.54)	(17.43)	(17.39)	(17.42)
$smctry$	-0.516 ***	-0.557 ***	-0.533 ***	-0.536 ***
	(-3.164)	(-3.794)	(-3.322)	(-3.348)
$Develop_i$	0.185 ***	0.231 ***	0.179 ***	0.178 ***
	(3.603)	(4.045)	(3.481)	(3.454)
FTA_i	0.278 ***	0.354 ***	0.276 ***	0.277 ***
	(10.92)	(15.43)	(11.01)	(11.07)
$Constant$	-36.24	-97.49 ***	-48.51 *	-57.02 **
	(-1.333)	(-4.588)	(-1.774)	(-2.009)
$Observations$	1484	1484	1484	1484
$Number\ of\ code$	104	104	104	104

注：括号内数值为 t 值；*** 、**和*分别代表1%、5%和10%的显著性水平。

为了进一步确定各制度因素与出口的关系，引入三个制度变量的平方项，设立模型（9），其实证结果如表6-4所示，三个制度变量 IN-

$cost_{it}$、$INcost_{ct}$和 ln ($Inst_{it}$) 及其平方项的系数均在 1% 的水平上显著。与模型（5）一样，制度成本两个指数的系数仍旧为负，而 ln ($Inst_{it}$) 的系数出现变化，变为负值。但三个变量的平方项的系数均为正值，表明三个制度变量与双边出口规模呈"U"形关系，并不是完全的线性关系。

根据模型（9）相应系数计算可得出三个"U"形关系的分界点：进口国制度成本变量 $INcost_{it}$ 的分界点为 2.46，中国制度成本 $INcost_{ct}$ 的分界点为 3.23，进口国 IEF 总制度指数 ln ($Inst_{it}$) 的分界点为 31.51。各值在小于分界点值时，与出口规模呈负相关非线性关系；各值在大于分界点值时，与出口规模呈正相关非线性关系。

经过对数据的整理分析确定：超过变量 $INcost_{it}$ 分界点 2.46 的数据占 4.24%，低于其的占 95.76%，因此变量 $INcost_{it}$ 与出口规模保持 95.76% 的负相关关系，基本上证实了模型（5）；超过变量 $INcost_{ct}$ 分界点 3.23 的数据占 5.56%，低于其的占 94.44%，该变量与出口规模的关系基本保持负向相关，基本证实了模型（5）；超过变量 ln ($Inst_{it}$) 分界点 31.51 的数据占 99.73%，因此其基本上与出口规模保持了正相关关系，证实了模型（5）。

表 6-4　　　　　　　　　包含制度因素平方项的实证结果

变量	模型（9）	模型（10）	模型（11）	模型（12）
	FGLS（异方差处理）	FGLS	随机效应	固定效应
ln (Y_{it})	1.048 ***	1.108 ***	1.068 ***	0.987 ***
	(89.00)	(64.64)	(21.54)	(3.938)
ln (y_{it})	-0.213 ***	-0.314 ***	0.0259	1.071 ***
	(-12.71)	(-12.17)	(0.355)	(4.482)
ln (Y_{ct})	3.411 *	8.088 **	8.616 ***	8.747 ***
	(1.728)	(2.049)	(3.611)	(3.763)
ln (y_{ct})	-1.707	-6.621	-7.227 ***	-7.640 ***
	(-0.807)	(-1.566)	(-2.828)	(-3.069)
$INcost_{it}$	-0.556 ***	-1.016 ***	-0.690 ***	-0.634 ***
	(-4.447)	(-6.891)	(-5.428)	(-4.987)

续表

变量	模型（9）	模型（10）	模型（11）	模型（12）
	FGLS(异方差处理)	FGLS	随机效应	固定效应
$(INcost_{it})^2$	0.113 ***	0.188 ***	0.172 ***	0.161 ***
	(3.286)	(4.946)	(6.011)	(5.713)
$INcost_{ct}$	-2.608 ***	-2.435 **	-2.241 ***	-1.754 **
	(-4.284)	(-2.024)	(-3.099)	(-2.484)
$(INcost_{ct})^2$	0.404 ***	0.374 *	0.340 ***	0.260 **
	(3.747)	(1.755)	(2.658)	(2.082)
$\ln(Inst_{it})$	-5.472 ***	-3.003	-5.523 *	-10.76 ***
	(-2.842)	(-0.931)	(-1.718)	(-3.198)
$[\ln(Inst_{it})]^2$	0.793 ***	0.507	0.727 *	1.322 ***
	(3.322)	(1.257)	(1.804)	(3.133)
$\ln(Dist_{ic})$	-0.327 ***	-0.388 ***	-0.449 **	
	(-9.889)	(-7.023)	(-2.363)	
contig	-0.551 ***	-0.453 ***	-0.312	
	(-6.832)	(-3.906)	(-0.835)	
comlang_ ethno	2.037 ***	1.854 ***	1.783 **	
	(15.97)	(5.235)	(2.059)	
colony	-0.610 ***	-0.813 ***	-0.915	
	(-3.737)	(-4.507)	(-1.437)	
smctry	0.853 ***	0.800 ***	0.631	
	(9.968)	(5.543)	(1.247)	
$Develop_i$	0.0242	-0.118	-0.554 **	
	(0.390)	(-1.105)	(-2.207)	
FTA_i	0.268 ***	0.241 ***	0.279 *	
	(11.01)	(5.013)	(1.727)	
Constant	-39.20	-110.4 **	-111.6 ***	-104.3 ***
	(-1.405)	(-1.984)	(-3.289)	(-3.154)
Observations	1484	1484	1484	1484
R-squared				0.842
Number of code	104	104	104	104

注：括号内数值为 t 值；***、** 和 * 分别代表1%、5%和10%的显著性水平。

三 经济自由度指数（IEF）数据

考虑到年度连续性以及历史跨度等问题，本部分选取美国传统基金会（Heritage Foundation）和《华尔街日报》联合发布的经济自由度指数（Index of Economic Freedom，IEF）作为制度因素 $Inst_{it}$ 的来源，进行稳健性检验。

（一）数据说明

经济自由度指数数据库（IEF）涵盖了183个国家自1995年至2013年的IEF指数。IEF指数包括总指数（Overall Score）和十个分项指数，后者分别为产权指数（Property Rights）、清廉指数（freedom from Corruption）、财政自由度指数（Fiscal Freedom）、政府支出指数（Government Spending）、商务自由度指数（Business Freedom）、劳动自由度指数（Labor Freedom）、货币自由度指数（Monetary Freedom）、贸易自由度指数（Trade Freedom）、投资自由度指数（Investment Freedom）以及金融自由度指数（Financial Freedom）。十一个指数取值范围均为0—100，指数越大表明自由度越高，制度越优越，100表示完全的自由化水平，与制度成本的含义相反。

上述十项分指标分属于四类范畴。产权指数和清廉指数属于法治化范畴（Rule of Law）；财政自由度指数和政府支出指数属于政府约束范畴（Limited Government）；商务自由度指数、劳动自由度指数和货币自由度指数属于监管效率范畴（Regulatory Efficiency）；贸易自由度指数、投资自由度指数和金融自由度指数属于市场开放范畴（Open Markets）[①]。总指数由十个分项指数同等加权计算而得。

为了确保选取的国别对象IEF指数的完整和连贯，本部分最终选取了1996年至2012年共17年的数据，并确定了数据较为完整的131个国家和地区（含中国）。由于少数国家和地区缺失个别年份指数，本书根据历史对比对缺失的指数进行了填充，以构建完全平衡面板。

在双边贸易数据方面，由于存在较高比例的统计缺失，出现了零

---

① 详细介绍可以参考美国传统基金会（Heritage Foundation）网站，http://www. heritage. org/index/about。

值贸易问题，为了实现完全平衡面板的要求，本书根据历史平均年度增长率对缺失年份数据进行了补充[①]。如前文所述，中国的出口目的地国家设定为包括中国在内的 131 个。

其他数据来源与上文相同。

（二）结果分析

1. 制度变量：IEF 总指数

以 IEF 总指数作为制度变量，首先进行混合 OLS、随机效应和固定效应回归，结果如表 6 – 5 中模型（13）、模型（14）和模型（15）所示。

三个制度解释变量 $\ln(Inst_{it})$、$\ln(Inst_{ct})$ 和 $INSTgap_{ict}$ 的系数符号在三种检验方法中相同。作为进口国制度因素指标的 $\ln(Inst_{it})$ 系数符号为负，表明中国出口目的地集中于整体制度水平较低的国家，与模型（5）中的结论相反。$\ln(Inst_{ct})$ 和 $INSTgap_{ict}$ 的系数在三种检验方法中均为正值，表明中国国内整体制度水平对出口规模具有显著的正向作用，国外与中国国内制度水平的差距与中国出口规模正相关，一国制度水平越高于中国，则越会促进中国对该国的出口。这里出现了较为明显的矛盾，即 $\ln(Inst_{it})$ 与 $INSTgap_{ict}$ 有着不同的系数符号，导致较难进行合乎现实的解释。

经过 F 检验，F（130，2089）= 46.68，Prob > F = 0，因此固定效应方法优于混合效应。在固定效应和随机效应两种方法中进行选择，经 Hausman 检验，chi2（7）= 93.0，Prob > chi2 = 0，因此固定效应模型估计要优于随机效应模型。

选取 2009 年至 2012 年四年 $\ln(Inst_{it})$ 和 $\ln(EX_{it})$ 做散点图，如图 6 – 1 所示，二者关系呈现出较强的正向关系，这与上述三种方法的检验结果不符。

固定效应模型检验方法对三个制度变量数的估计值均表现出较强

---

① 中国与 130 个国家（地区）的贸易，17 年共涉及 2210 个数据，缺失约 20%，在处理上的任务量并不大。这里追求绝对的平衡面板检验，主要是由于填补零值贸易的难度较小。

的显著性，但由于上述发现的 $\ln(Inst_{it})$ 与 $INSTgap_{ict}$ 不同的系数符号问题，以及 $\ln(Inst_{it})$ 系数为负问题，因此固定效应模型的结果需要进一步验证。

根据 Cheptea（2007），魏浩、何晓琳和赵春明（2010）以及 Assane 和 Chiang（2014）的检验方法，对上述模型进行异方差检验。检验结果显示统计量值 chi2（131）= 17047.99，对应的概率 Prob > chi2 = 0，因而完全拒绝原假设，固定效应模型存在异方差。因此采用可行广义最小二乘法（FGLS）进行检验估计，结果如表 6 – 5 中模型（16）和模型（17）所示，其中模型（17）进行了组间异方差处理。

模型（17）中三个制度变量系数均在 1% 的水平上显著，超过了固定效应模型（15）的检验结果，在系数的符号上两个模型相同，但模型（17）中三个制度变量系数的绝对值都明显大于模型（15）。

模型（17）中 IEF 总指数变量 $\ln(Inst_{it})$ 系数符号与模型（5）中相同变量的系数符号相反，从含义上也异于变量 $INcost_{it}$ 系数表达的内在关系，因此模型（5）无法通过稳健性检验。但模型（5）相对于模型（17）更符合通常的检验，也符合图 6 – 1 所示的对应关系，综合而言，模型（17）的问题可能来源于 IEF 总指数变量的设计，其涵盖了众多制度因素，从而导致其解释力下降，而在模型（5）中通过变量 $INcost_{it}$ 对其不足进行了弥补。

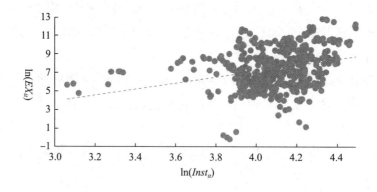

图 6 – 1　2009—2012 年 $\ln(Inst_{it})$ 与 $\ln(EX_{it})$ 的散点图

表 6 - 5　　　　　　　总制度因素与中国出口关系的实证结果

| 变量 | 模型 (13) | 模型 (14) | 模型 (15) | 模型 (16) | 模型 (17) |
	混合 OLS	随机效应	固定效应	FGLS	FGLS 组间（异方差处理）
$\ln (Y_{it})$	1.031 ***	1.042 ***	1.358 ***	1.031 ***	1.012 ***
	(83.36)	(24.56)	(7.469)	(83.64)	(141.5)
$\ln (y_{it})$	-0.266 ***	0.0584	0.518 ***	-0.266 ***	-0.203 ***
	(-12.42)	(0.953)	(3.083)	(-12.46)	(-16.52)
$\ln (Y_{ct})$	7.135 *	7.845 ***	7.751 ***	7.135 *	1.898
	(1.923)	(3.584)	(3.592)	(1.929)	(1.022)
$\ln (y_{ct})$	-5.665	-6.482 ***	-6.636 ***	-5.665	-0.168
	(-1.425)	(-2.764)	(-2.874)	(-1.429)	(-0.0843)
$\ln (Inst_{it})$	-4.650 ***	-0.963	-2.085 ***	-4.650 ***	-3.207 ***
	(-7.068)	(-1.371)	(-2.776)	(-7.092)	(-8.326)
$\ln (Inst_{ct})$	5.602 ***	1.089	1.783 *	5.602 ***	4.210 ***
	(4.959)	(1.217)	(1.924)	(4.976)	(7.094)
$INSTgap_{ict}$	0.104 ***	0.0199	0.0339 **	0.104 ***	0.0777 ***
	(8.297)	(1.491)	(2.381)	(8.325)	(10.80)
$\ln (Dist_{ic})$	-0.356 ***	-0.276		-0.356 ***	-0.369 ***
	(-7.287)	(-1.613)		(-7.312)	(-13.02)
$contig$	-0.151	0.0233		-0.151	-0.0133
	(-1.525)	(0.0670)		(-1.530)	(-0.222)
$colony$	1.755 ***	2.004 **		1.755 ***	1.546 ***
	(7.253)	(2.347)		(7.277)	(17.86)
$smctry$	-0.105	0.0176		-0.105	0.176
	(-0.640)	(0.0304)		(-0.642)	(1.502)
$comlang\_ethno$	0.866 ***	0.957 *		0.866 ***	0.933 ***
	(6.003)	(1.906)		(6.024)	(12.01)
$Develop_i$	0.328 ***	-0.201		0.328 ***	0.193 ***
	(4.937)	(-0.959)		(4.954)	(5.627)
FTA_i	0.302 ***	0.369 **		0.302 ***	0.303 ***
	(6.850)	(2.401)		(6.873)	(15.38)

续表

变量	模型（13）混合 OLS	模型（14）随机效应	模型（15）固定效应	模型（16）FGLS	模型（17）FGLS 组间（异方差处理）
Constant	− 108.9 ** (− 2.167)	− 116.0 *** (− 3.916)	− 117.3 *** (− 4.030)	− 108.9 ** (− 2.174)	− 35.34 (− 1.404)
Observations	2227	2227	2227	2227	2227
R − squared	0.889		0.833		

注：括号内数值为 t 值；***、**和 * 分别代表 1%、5% 和 10% 的显著性水平。

模型（17）中采用可行广义最小二乘法（FGLS）进行的检验表明，进口国的制度绝对水平对中国的出口具有一定的抑制作用，但进口国的制度相对水平对中国的出口具有一定的促进作用，这种关系较为复杂，以下采用赋值举例进行解释。

进口国制度绝对水平每增长 0.1%，则意味着中国对该国的出口将降低 0.3%；进口国制度相对于中国制度水平差距每增加 1 分，则意味着中国对该国的出口将增长 8.1%；中国的制度水平每增长 0.1%，则会带动中国出口增长 0.4%。

中国 17 年的 IEF 总制度水平平均值为 52.8 分，设其为中国第一年的制度水平，而 A 国第一年制度水平为 60，第二年 A 国制度水平为 60.3，中国制度水平为 53。基于以上结论可以得出 A 国相对水平与绝对水平的增长对中国出口产生的影响以及中国制度变化产生的影响为：A 国绝对水平带来 1.5% 的下降，相对水平上升带来 0.82% 的增长，中国制度的改善带来 1.52% 的增长。综合来看，由于各方面制度的变化，带来出口规模 0.84% 的增长。

上述实证结果证明了母国制度因素对出口规模作用的重要性，因此未来加强中国的制度建设，改善各方面制度因素显得尤为重要。上述实证检验中确定的进口国制度水平与出口规模负相关的关系与现实情形不太吻合，因此有必要做进一步的分析。

2. 制度变量：IEF 分项指数

将进口国制度变量 ln（$Inst_{it}$）由 IEF 总指数替换为 IEF 各分项指数进行实证分析，结果如表 6 - 6 所示。由于部分分项指标在观察年度内有缺失，导致总样本量（Observations）小于表 6 - 5 所示各模型，不再为平衡面板。

模型（20）固定效应分析的 F 检验结果为 F（129，878）= 43. 31，Prob > F = 0，因此可以确定固定效应分析优于混合效应。Hausman 检验显示 chi2（16）= 52. 92，Prob > chi2 = 0，据此可以确定固定效应优于随机效应。对固定效应模型进行进一步的异方差检验，结果为 chi2（130）= 33276. 11，Prob > chi2 = 0，拒绝原假设，因此模型存在异方差。

表 6 - 6　　　　分项制度因素与中国出口关系的实证结果

变量	模型（18）	模型（19）	模型（20）	模型（21）	模型（22）
	混合 OLS	随机效应	固定效应	FGLS	FGLS（异方差处理）
ln（Y_{it}）	1. 032 ***	1. 043 ***	2. 012 ***	1. 032 ***	1. 021 ***
	（66. 64）	（26. 58）	（7. 370）	（67. 44）	（167. 1）
ln（y_{it}）	− 0. 236 ***	− 0. 0881	− 0. 410	− 0. 236 ***	− 0. 235 ***
	（− 7. 516）	（− 1. 390）	（− 1. 511）	（− 7. 605）	（− 15. 55）
ln（Y_{ct}）	− 55. 36 *	− 72. 39 ***	− 71. 41 ***	− 55. 36 *	− 63. 72 ***
	（− 1. 743）	（− 5. 038）	（− 5. 090）	（− 1. 764）	（− 5. 419）
ln（y_{ct}）	59. 35 *	77. 61 ***	76. 36 ***	59. 35 *	68. 16 ***
	（1. 772）	（5. 123）	（5. 161）	（1. 793）	（5. 497）
ln（$Inst_{ct}$）	2. 501	− 0. 954	− 1. 900 *	2. 501	1. 991 ***
	（1. 248）	（− 0. 875）	（− 1. 710）	（1. 263）	（2. 631）
$INSTgap_{ict}$	0. 0489 ***	− 0. 0254 *	− 0. 0457 ***	0. 0489 ***	0. 0370 ***
	（4. 090）	（− 1. 886）	（− 3. 108）	（4. 139）	（6. 515）
lnbus	− 0. 121	− 0. 0636	0. 00234	− 0. 121	− 0. 125 *
	（− 0. 824）	（− 0. 513）	（0. 0181）	（− 0. 834）	（− 1. 748）

续表

变量	模型（18）混合 OLS	模型（19）随机效应	模型（20）固定效应	模型（21）FGLS	模型（22）FGLS（异方差处理）
lnfin	-0.461 ***	0.0279	0.0607	-0.461 ***	-0.334 ***
	(-4.635)	(0.320)	(0.660)	(-4.690)	(-7.366)
lnfis	0.578 ***	0.135	0.0913	0.578 ***	0.599 ***
	(2.968)	(0.635)	(0.393)	(3.003)	(8.023)
lnfre	-0.356 **	0.0612	0.0760	-0.356 **	-0.0485
	(-2.492)	(0.629)	(0.782)	(-2.522)	(-0.682)
lngov	-0.165 **	0.167 **	0.213 ***	-0.165 **	-0.127 ***
	(-2.014)	(2.463)	(2.987)	(-2.038)	(-3.987)
lninv	0.0168	0.0788	0.117	0.0168	-0.0517
	(0.182)	(1.099)	(1.579)	(0.184)	(-1.318)
lnlab	-0.217 *	0.533 ***	0.597 ***	-0.217 *	-0.0611
	(-1.908)	(3.968)	(3.964)	(-1.931)	(-1.122)
lnmon	0.480	0.878 ***	0.977 ***	0.480	0.262 **
	(1.606)	(4.249)	(4.655)	(1.625)	(2.197)
lnpro	-0.234 ***	-0.177 **	-0.0735	-0.234 ***	-0.239 ***
	(-2.621)	(-2.091)	(-0.814)	(-2.652)	(-5.593)
lntra	1.342 ***	0.634 ***	0.621 ***	1.342 ***	0.845 ***
	(8.307)	(5.238)	(5.022)	(8.406)	(8.423)
$\ln(Dist_{ic})$	-0.104	-0.0984		-0.104	-0.0807 ***
	(-1.617)	(-0.624)		(-1.636)	(-2.854)
contig	0.163	-0.00993		0.163	0.0734
	(1.331)	(-0.0313)		(1.347)	(1.056)
colony	1.617 ***	2.007 ***		1.617 ***	1.773 ***
	(5.412)	(2.583)		(5.476)	(12.77)
smctry	0.219	0.159		0.219	0.744 ***
	(1.065)	(0.301)		(1.078)	(3.947)
comlang_ ethno	0.683 ***	0.933 **		0.683 ***	0.926 ***
	(3.838)	(2.041)		(3.883)	(10.33)

续表

变量	模型（18）	模型（19）	模型（20）	模型（21）	模型（22）
	混合 OLS	随机效应	固定效应	FGLS	FGLS（异方差处理）
$Develop_i$	0.176*	0.279		0.176*	0.184***
	(1.685)	(1.287)		(1.706)	(4.225)
FTA_i	0.200***	0.267*		0.200***	0.188***
	(3.642)	(1.909)		(3.686)	(7.524)
$Constant$	758.8*	1.006***	985.0***	758.8*	879.2***
	(1.706)	(5.000)	(5.012)	(1.726)	(5.339)
$Observations$	1024	1024	1024	1024	1024
$R-squared$	0.904		0.678		

注：括号内数值为 t 值；***、** 和 * 分别代表 1%、5% 和 10% 的显著性水平。

　　模型（22）采用 FGLS 异方差结构方法进行处理，结果显示两个总制度变量 ln（$Inst_{ct}$）和 $INSTgap_{ict}$ 的系数仍保持为正值，但绝对值相对于模型（17）都有所下降。在关于进口国的十个分项制度指标中，有 7 个指标的系数显著，分别为 lnbus、lnfin、lnfis、lngov、lnmon、lnpro 和 lntra，另外 3 个指标 lnfre、lninv 和 lnlab 不显著。

　　显著的 7 个变量中，lnbus、lnfin、lngov 和 lnpro 系数为负，lnfis、lnmon 和 lntra 系数同为正值。进口国国内的商务自由程度（Business freedom，lnbus）、金融自由程度（Financial Freedom，lnfin）、政府支出规模（Government Spending，lngov）和产权保护程度（Property Rights，lnpro）与中国的出口呈负相关，表明进口国在这些方面的制度改进，会抑制中国的出口，其原因可能在于这些指标的改善会倾向于降低企业在进口国的直接经营成本，进而会产生投资对进口的替代效应；政府支出规模（lngov）的影响原因与该指数的计算相关[①]，该

---

① $GE_i = 100 - \alpha (Expendituresi)^2$, where GE_i represents the government expenditure score in country i; Expendituresi represents the total amount of government spending at all levels as a portion of GDP（between 0 and 100）; and α is a coefficient to control for variation among scores（set at 0.03）. The minimum component score is zero.

指数与政府总支出占 *GDP* 的比重成正比，其高低与一国真正制度水平并不相关[①]，因此 *lngov* 的系数为负，仍体现出高制度水平对中国出口的促进作用，在另一层面上，政府的支出更倾向于购买本国产品，亦会压制进口产品的需求。财政自由度指数（Fiscal Freedom, *lnfis*）[②]、货币自由度指数（Monetary Freedom, *lnmon*）[③] 和贸易自由度指数（Trade Freedom, *lntra*）与中国的出口呈正相关关系，这些制度的改进，会促进中国对相应国家的出口，其原因可解释为较高的货币自由度代表了进口国国内的低通胀率和稳定的物价水平，有利于进口国国内购买力的稳定，促进对进口产品的需求，而贸易自由度本身体现的就是降低进口的各种壁垒，为产品的进口提供便利；财政自由度与一国的税务负担相关，其原因难以解释。

清廉指数（Freedom from Corruption）、劳动自由度指数（Labor Freedom）和投资自由度指数（Investment Freedom）三个指标与中国出口的关系不显著，因此，这三个指标对一国进口的影响不显著，也不会产生直接的影响。

若上述 7 个显著的指标同时增长 0.1%，经计算会导致中国的出口增长 0.09%，这体现出了进口国制度因素与出口国出口规模的正相关关系，但放大效应不是很明显，这与模型（17）的检验结果存在差异，与模型（5）的结果相同。即便考虑其他三个不显著的变量，则对应的关系为：十个指标共同以 0.1% 的增长会带来出口 0.07% 的增长，进口国制度因素与出口的总体关系仍然为正向。

综上所述，实证检验结果显示，进口国和出口国的制度水平均与出口国的双边出口规模成正比，两国制度水平差距（进口减出口）与出口规模成正比，在结论上较好地证实并呼应了模型（5），表明制度

---

① The methodology treats zero government spending as the benchmark, and underdeveloped countries with little government capacity may receive artificially high scores as a result. From：http://www.heritage.org/index/government - spending.

② Fiscal freedom is a measure of the tax burden imposed by government.

③ Monetary freedom combines a measure of price stability with an assessment of price controls. Both inflation and price controls distort market activity. Price stability without microeconomic intervention is the ideal state for the free market.

成本数据能够较好地反映一国的制度水平，且其对出口的影响具有较好的稳健性。

第三节　制度成本对多国出口的影响

本节将利用多国宏观数据来模拟第四章理论模型的部分情形，利用处理后的宏观数据对前述理论模型的结论进行一定程度的实证检验。

一　计量模型的构建

（一）实证模型说明：模拟国家与企业贸易关系

根据异质性企业贸易理论经典文献，生产效率处于前列的企业才能够参与国际化经营，其所考虑的主要是投资成本与贸易成本等固定的成本因素。第四章中第四节的开放模型设定出口国的国内制度成本高于国际市场，因此存在境内外制度成本的巨大差异。本节实证模型的设定将以前述理论模型为基础，通过宏观数据来模拟这种国内外固定级差的现象，以证明前述的理论。

目前诸多针对制度与贸易关系的实证研究文献，除个别文献（Levchenko，2007）采用行业层面数据外，其余基本都采用宏观数据，并且研究的双边贸易较少考虑到出口国与进口国制度水平的对比关系，出口对象国既包括较高制度水平的国家，也包括较低制度水平的国家。为了与本书第四章的理论模型相吻合，本节从以下角度构建实证模型，并进行相应的数据处理。

与第二节相同，本节先采用第五章制度成本数据进行实证分析，之后再选取经济自由度指数（IEF）总指数作为制度因素的衡量数据。

由于微观数据的缺乏，为了能够对微观层面的企业贸易行为进行有效的实证分析，这里将利用宏观国际贸易关系模拟企业层面的贸易行为，通过临界国的设定，将部分国家的贸易行为作为模拟的企业行为，而其他国家的贸易行为则看作其与模拟企业间的贸易关系，具体模拟模型表述如下：

选择任何一国作为临界国（*border*），在任何一个年度，该国的制

度水平可以将所有国家划分为两个大类：制度水平较高的国家集合
（Ⅰ）和制度水平较低的国家集合（Ⅱ）①。将集合Ⅱ内部所有国家之
间的出口贸易作为"国内贸易"看待，将各国对集合Ⅰ内所有国家的
出口贸易作为"国际贸易出口"看待，不考虑集合Ⅰ内部及其对集合
Ⅱ各国的出口。任一年度，在 IEF 最高值和最低值的国家作为临界国
时，会出现无出口和无进口的现象，其他情形下，都会有相应的"国
内贸易"和"出口"数值。不同的临界国会形成不同的集合Ⅰ和集
合Ⅱ，考虑到各国 IEF 值的年度变动，即使同一临界国在不同的年度
其两个集合内的国别构成也会存在差异。

　　集合Ⅱ中的任何一个国家（出口国 i）都会有若干"国内贸易伙
伴"及若干"国际贸易伙伴"，任何一个贸易伙伴都有相应的制度特
征数据以及其他相关宏观经济数据。集合Ⅱ中的出口国 i 其出口与内
贸相关伙伴的对应关系正是本节探讨的核心。从微观视角看，出口国
i 可以视为一个企业，其参与的内贸与外贸之间存在着一定的关系，
并且出口国 i 本身的生产效率水平以及内外贸伙伴的制度水平等都会
对其出口规模产生影响，其中的关系也正是第四章理论模型探讨的
核心。

　　这里的设定，实际上可以视为将集合Ⅱ作为一个虚拟国家，而
集合Ⅱ中的各个国家则作为虚拟的企业，有出口和内销，集合Ⅰ中
的各个国家作为进口国而存在。通过虚拟设定不同国家，来模拟企
业贸易行为，既可以探讨特殊情形下制度因素对国家贸易行为的影
响路径，也可以在缺乏微观数据的同时作为微观实证研究的有力补
充。在以下的实证分析数据处理中，出口国 i 的任何内贸、外贸伙
伴的相关指标数据均为总和值的平均值②，比如出口国 i 在集合Ⅱ中
面对 50 个国家出口规模为 200，最终衡量 i 国在集合Ⅱ中的"内
贸"规模为 4，同理如果 50 个国家中有 20 个发达国家，则 i 国对应
的内贸国家类型指数为 0.4，其他类同。这样可以有效地对 i 国在集

---

① 本节将临界国（border）及与其具有相同 IEF 值的国家均归入集合Ⅱ。
② 人均 GDP 除外，其值为各国 GDP 总和除以总人口。

合Ⅰ和集合Ⅱ中的经济活动进行对比，也可以最大限度地模拟企业的行为。

如图6-2所示，横坐标表示制度水平，自左向右表示制度水平提高，制度成本降低，集合Ⅰ中国家的制度成本要低于集合Ⅱ中国家的制度成本，各点对应不同的国家。根据模型设定，将临界线上的各国①与临界线左侧各国整体上视为一个虚拟国家，各点视为虚拟国家内部的企业。任意一点A对应的各直线箭头表示此虚拟国家各企业间的内部贸易，点A对临界线右侧各点的粗曲线视为此虚拟国家内部企业A对他国的出口贸易。随着制度水平临界线的移动，会产生众多虚拟国家以及相应的内贸与出口贸易数据。

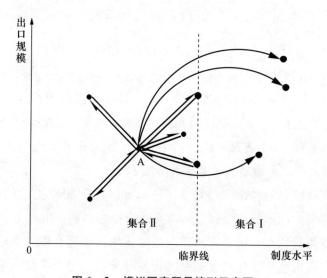

图6-2 模拟国家贸易情形示意图

此模型不仅可以作微观解释，还可以作为新的宏观贸易现象进行解读。在任意临界国的设定下，通过对A国在集合Ⅰ中各出口对象国的宏观数据进行平均，可以获得一个新的虚拟国家，同理，A国在集合Ⅱ中各出口对象国也可以进行相应处理。在不同临界国的设定下，

① 临界线上的国家即为临界国，在两国或多国制度水平相等时，同为临界国。图6-2中若两国的制度水平相同，同为临界国。

可以获得 A 国新的高制度水平贸易国家（属于集合Ⅰ）和低制度水平贸易国家（属于集合Ⅱ）。实证模型的结果也将基于此宏观视角进行解释。

（二）实证模型公式

实证模型共采用两种形式：第一种为相对值模型；第二种为绝对值模型。作为相对值模型的稳健性检验，该模型与第二节第一部分所述内容相同，这里不再赘述，仅对相对值模型进行简要阐述。

相对值模型主要体现为被解释变量以及主要解释变量均为相应国家指标间的对比值，该形式主要参考 Cheptea（2007）。

Cheptea（2007）中模型（16）的形式为

$$\ln = \frac{m_{ij}}{m_{kj}} = \ln \frac{y_i}{y_k} - \sigma \ln \frac{w_i}{w_k} + \rho(1-\sigma)\ln \frac{d_{ij}}{d_{kj}} + (1-\sigma)\ln \frac{(1+t_{ij})}{1+t_{kj}} +$$

$$\eta(1-\sigma)(ntb_{ij} - ntb_{kj}) + \gamma_1(1-\sigma)(S_i - S_k) +$$

$$\gamma_3(1-\sigma)(\,|\,S_i - S_j\,| - |\,S_k - S_j\,|\,) + (1-\sigma)(b_{ij} - b_{kj})$$

其中，m_{ij}表示 j 国从 i 国的进口，y_i 表示 i 国总产出（GDP），w_i 表示 i 国工资水平，d_{ij}表示 i 国和 j 国的地理距离，t_{ij}表示 j 国对 i 国产品的进口关税，ntb_{ij}表示 j 国对 i 国进口产品的非关税壁垒，S_i 表示 i 国的制度水平，b_{ij}表示其他双边跨界成本。

该模型设定的各个变量均为 i 国和 k 国两国相应指标的相对值，部分指标引入两国与第三国 j 国的关系指标相对值。其相对值包括比值和差值两种情形，适合取对数的采用比值，不适合取对数的采用差值。本节将借鉴上述相对值模型进行实证分析，但对于部分变量的选择将有所变化。

制度与贸易关系研究中模型普遍存在异方差问题，Cheptea（2007），Zelekha 和 Sharabi（2012），Assane 和 Chiang（2014）以及魏浩、何晓琳和赵春明（2010）均考虑到异方差问题，在计量方法上采用的主要有 GLS、FGLS、GEE 以及 PPML 等。本节面板数据因变量没有零值，无法采用 PPML 方法，而且属于大 N 小 T 型，因此采用 FGLS[①]

---

① http://www.stata.com/support/faqs/statistics/xtgls – versus – regress/.

方法所得的实证结果也只能作为参考。本节采用的 GEE 方法也为混合 OLS 的一种，因此其解释效果也受限制。在计量方法上，将分别报告混合效应、固定效应、随机效应、广义估计方程（GEE）以及可行性广义最小二乘法（FGLS）等方法检验的结果。

二　实证分析：制度成本数据

（一）数据及模型说明

N = 36 时，第五章中计算出 104 个国家 1994—2011 年共 18 年间不完整的制度成本值，联合国 Comtrade 数据库中共有 153426 个双边贸易数据，扣除其中的复进口数据 198 个［涉及 41 个国家（地区），见表 6 - 7］，尚余 153228 个数据，零值贸易占 20.5%。由于本部分涉及的出口数据均取平均值，因此对于零值贸易的处理相对简单，直接剔除即可，因此本节模型的分析将不再考虑零值贸易如何处理的问题，在实证方法方面将不考虑 Tobit、Heckman - two - step procedure 以及 Possion Pseudo - maximum Likelihood（PPML）等方法。

表 6 - 7　　样本中复进口国家（地区）及其复进口发生次数

国家（地区）	频率	国家（地区）	频率
阿尔及利亚	2	马来西亚	5
阿根廷	5	巴拉圭	1
巴巴多斯	1	秘鲁	2
玻利维亚	1	罗马尼亚	2
博茨瓦纳	1	南非	5
巴西	12	苏丹	1
保加利亚	3	苏里南	1
白俄罗斯	1	泰国	12
柬埔寨	5	特立尼达和多巴哥	3
智利	4	埃及	1
中国	12	委内瑞拉	4

续表

国家（地区）	频率	国家（地区）	频率
哥伦比亚	4	以下为发达国家：	
哥斯达黎加	1	澳大利亚	12
多米尼加共和国	1	加拿大	10
埃塞俄比亚	3	捷克共和国	3
斐济	4	爱沙尼亚	10
印度尼西亚	11	法国	12
牙买加	3	挪威	1
黎巴嫩	2	斯洛伐克共和国	4
中国澳门	11	斯洛文尼亚	8
马拉维	2	英国	12

根据实证模型构想进行数据处理后，共有 74841 个观察值。采用 FGLS 方法在计算上述数据时，矩阵计算已经超出软件 Stata12.1 的计算能力，因此本节采用 FGLS 方法时针对的是缩减后的数据，其他方法均使用上述的完整面板数据。

本节构建的模型所有原始数据的来源与第二节第二部分完全相同，有关对原始数据的进一步处理原则将在后续各部分的对应模型中进行详细介绍。

（二）相对值模型变量介绍

根据 Cheptea（2007）设定相对值模型如公式（6-2）所示，式中 ln（ ）表示取对数。

$$\ln\left(\frac{EX_j}{EX_k}\right) = \alpha_0 + \alpha_1 \ln\left(\frac{Y_j}{Y_k}\right) + \alpha_2 \ln\left(\frac{y_j}{y_k}\right) + \alpha_3 \ln(Y_b Y_i) + \alpha_4 \ln(y_b y_i) + \alpha_5$$

$$\frac{INcost_j}{INcost_k} + \alpha_6 \left(\frac{INcost_j}{INcost_k}\right)^2 + \alpha_7 INcost_b \cdot INcost_i + \alpha_8 (INcost_b \cdot INcost_i)^2 +$$

$$\alpha_9 Develop_b \cdot Develop_i + \ln\left(\frac{Dist_j}{Dist_k}\right) + \sum \beta \ln\left(\frac{Du_j + 1}{Du_k + 1}\right) + \varepsilon_{jk} \qquad (6-2)$$

各变量的脚标包括 b、i、k 和 j 四个，分别表示临界国（b）、集合 Ⅱ 中的出口国（i）和进口国（k）以及集合 Ⅰ 中的进口国（j）。集

合 Ⅱ 中的 i 国与 k 国的关系属于模型中设定的内贸关系，i 国与 j 国的关系属于设定的国际贸易关系。在面板数据中，b 国和 i 国为具体的国家，分别有对应的原始宏观经济数据，但此处的 k 国和 j 国均不再表示任何具体的国家，而是作为特定临界国 b 和特定年度时，将 i 国在两个集合中的所有贸易国别进行平均之后而得到的虚拟国家，因此，k 国的相应宏观指标为 i 国在集合 Ⅱ 中所有的出口目的国的宏观指标的算术平均值，j 国数据的来源同理。

上述数据处理方法导致所有的变量都具有时间性，包括虚拟变量和距离，因此在模型变量的表达上将不再增加时间 t 脚标。

式（6-2）中，EX_j 表示 i 国对集合 Ⅰ 中 j 国的出口，经 2005 年美国 GDP 平减指数调整（百万美元）；EX_k 同理；Y_i 表示 i 国 2005 年不变价 GDP 值（百万美元），其他脚标同理；y_i 表示 i 国 2005 年不变价格人均 GDP（千美元），其他脚标同理；$INcost_i$ 表示 i 国的制度成本，其他脚标同理；$Dist_j$ 表示 j 国与 i 国的距离（千公里），$Dist_k$ 同理；$Develop_i$ 作为 i 国类型的虚拟变量，取值为 1 表示 i 国为发达国家，取值为 0 表示其为发展中国家，$Develop_b$ 同理；但由于 $Develop_k$ 和 $Develop_j$ 为平均值，因此 k 国和 j 国的国家类型变量不再表现为虚拟变量，取值范围为 [0，1]。

公式中 Du 表示 CEPII 八个变量和 $Develop$ 共计九个变量，$\sum \beta \ln \left(\dfrac{Du_j + 1}{Du_k + 1} \right)$ 表示九个变量相对值求对数之后的和，β 为系数。

八个双边关系变量分别为 $contig$、$comlang\_ off$、$comlang\_ ethno$、$colony$、$comcol$、$curcol$、$col45$ 和 $smctry$，数据均来自 CEPII 数据库，具体含义见表 6-8。同变量 $Develop$ 相同，八个变量的脚标为 i 和 b 时，取值为 1 和 0；脚标为 k 和 j 时，则不再表现为虚拟变量，取值范围为 [0，1]。

表 6-8　　　　　　　　CEPII 数据库八个双边虚拟变量

变量名	含义	变量名	含义
$contig$	1 表示两国接壤	$comcol$	1 表示在 1945 年后有相同的宗主国
$comlang\_ off$	1 表示相同的主要官方语言	$curcol$	1 表示当前仍保持殖民关系

续表

变量名	含义	变量名	含义
comlang_ ethno	1 表示两国间至少有 9% 同种语言	col45	1 表示 1945 年后保持殖民关系
colony	1 表示曾经有殖民关系	smctry	1 表示双边曾经或现在同属一国

（三）相对值模型分析

该模型主要探讨的是相对制度水平对出口的影响关系，公式（6-2）中共有四个制度变量，其中包含两个二次方项，由于制度成本值较小（最大值小于 5.5），因此未采用对数值。公式（6-2）中的变量可简单分为两大类：第一类包括 j 国与 k 国对应指标的比值，第二类为 b 国与 i 国主要指标的乘积。

第一类中的比值是本模型的核心所在，通过实证分析来判断各相对指标之间的关联关系；第二类主要是以临界国的指标与集合 Ⅱ 中 i 国对应指标的乘积来界定差异化的 i 国，例如，中国的各指标只有年度的差异，但通过上述乘积运算，使得中国的各指标产生了不同临界国情形下的差异，这体现了构造的虚拟出口国中临界国对内部出口企业的影响。

针对上述面板数据，本节共采用五种方法进行实证检验，表 6-9 对主要结果进行了报告 [模型（5）为考虑组间异方差的结果]。

表 6-9　　　　　　制度成本相对值模型实证分析结果

变量	模型（1）混合 OLS	模型（2）随机效应	模型（3）固定效应	模型（4）GEE	模型（5）FGLS
$\ln\left(\dfrac{Y_j}{Y_k}\right)$	1.381 *** (178.3)	1.233 *** (145.0)	1.162 *** (123.9)	1.246 *** (143.2)	1.223 *** (153.4)
$\ln\left(\dfrac{y_j}{y_k}\right)$	-0.618 *** (-55.38)	-0.498 *** (-43.77)	-0.430 *** (-35.33)	-0.511 *** (-43.59)	-0.649 *** (-60.73)
$\ln\left(Y_b Y_i\right)$	-0.0145 *** (-7.089)	-0.00309 (-0.663)	-0.587 *** (-19.38)	-0.00275 (-0.628)	0.00376 *** (2.771)
$\ln\left(y_b y_i\right)$	0.0583 *** (19.04)	0.0436 *** (6.729)	0.766 *** (20.23)	0.0437 *** (7.111)	0.0138 *** (6.824)
$\dfrac{INcost_j}{INcost_k}$	-4.027 *** (-7.329)	-10.12 *** (-21.58)	-11.22 *** (-23.27)	-9.834 *** (-20.17)	-8.074 *** (-16.56)

续表

变量	模型（1） 混合 OLS	模型（2） 随机效应	模型（3） 固定效应	模型（4） GEE	模型（5） FGLS
$\left(\dfrac{INcost_j}{INcost_k}\right)^2$	6.421 *** （7.598）	15.03 *** （20.77）	16.19 *** （21.84）	14.66 *** （19.49）	12.73 *** （18.08）
$INcost_b \cdot INcost_i$	0.126 *** （9.924）	0.226 *** （16.40）	0.183 *** （11.75）	0.225 *** （15.96）	0.307 *** （25.15）
$(INcost_b \cdot INcost_i)^2$	− 0.00808 *** （− 4.623）	− 0.0136 *** （− 7.764）	− 0.00894 *** （− 4.673）	− 0.0138 *** （− 7.675）	− 0.0337 *** （− 13.46）
$Develop_b \cdot Develop_i$	0.455 *** （24.65）	0.466 *** （10.04）		0.475 *** （10.92）	0.315 *** （24.10）
$\ln\left(\dfrac{Develop_j+1}{Develop_k+1}\right)$	0.170 ** （2.088）	1.161 *** （15.01）	1.167 *** （14.24）	1.124 *** （14.04）	1.169 *** （20.90）
$\ln\left(\dfrac{Dist_j}{Dist_k}\right)$	− 1.012 *** （− 63.11）	− 0.723 *** （− 37.99）	− 0.666 *** （− 32.27）	− 0.737 *** （− 37.76）	− 0.897 *** （− 66.68）
Constant	1.572 *** （16.31）	1.558 *** （13.94）	12.35 *** （21.91）	1.541 *** （14.08）	1.369 *** （14.69）
Observations	74841	74841	74841	74841	39507
R − squared	0.687		0.367		

注：①括号内数值为 t 值；*** 、 ** 和 * 分别代表1%、5%和10%的显著性水平。

②此表未列示 CEPII 八个变量对应系数的估测结果，但结果显示，各个模型中八个变量的系数估测值基本上都在1%的水平上显著。

经 LM 检验，随机效应模型的检验结果为 chibar2（01）= 78303.67，Prob > chibar2 = 0，拒绝原假设，可得随机效应模型结果优于混合效应；固定效应模型的 F 检验结果为 F（6940，67886）= 11.14，Prob > F = 0，同样拒绝原假设，可得固定效应模型结果亦优于混合效应。

经 Hausman 检验，结果为 chi2（14）= 1167.66，Prob > chi2 = 0，表明固定效应模型优于随机效应模型。进一步对固定效应模型进行异方差检验，结果为 chi2（6941）= 4.8e + 29，Prob > chi2 = 0，表明固定效应模型存在异方差。

FGLS 方法多用于处理异方差问题，但由于本模型面板数据 N > 30000，而 T = 18，因此 FGLS 方法的结果亦无法完全采纳，以下分析以固定效应模型（3）为主。

四个制度变量均在 1% 的水平上显著，体现出相对制度成本值与相对出口规模之间的重要 U 形关系。为确定两个变量 $\frac{INcost_j}{INcost_k}$ 和 $INcost_b \cdot INcost_i$ 对相对出口额非线性关系的具体走势，表 6 - 10 列示出了在两个样本库中数据的分布情形。

表 6 - 10　　　　　　　两个制度成本变量的数据分布情形

变量	样本量	平均值	标准差	最小值	最大值
$\frac{Inst_j}{Inst_k}$	75010	0.3602986	0.0676418	0.0318191	0.4847621
$INcost_b \cdot INcost_i$	75010	1.303558	1.052381	0.0063171	17.95765
$\frac{Inst_j}{Inst_k}$	39545	0.372348	0.0569721	0.0318191	0.4847621
$INcost_b \cdot INcost_i$	39545	1.169442	0.7099231	0.0167325	13.72906

变量 $INcost_b \cdot INcost_i$ 体现的是出口国 i[1] 的绝对制度成本，各模型中均表现出形式上的 U 形关系，但经 U 形的定点确认，各模型都表现出至少 98% 的取值小于顶点值，基本上可以确定其与 $\ln\left(\frac{EX_j}{EX_k}\right)$ 为负相关关系。从国家层面解释，一国（i 国）的制度水平越差，越不利于该国的出口；从企业层面解释，企业 i 承担的非生产必要成本越高，则出口意愿越低，对国内市场的黏性越强，国际市场开拓动力越差，该结论证实了第四章中的部分结论，但是仅从本节的计量模型尚难以区分企业被动出口的成分，有待以后进行深入研究。

───────────────

① 从企业层面来看，则为企业 i 支付的制度成本。

在五个模型中变量 $\frac{INcost_j}{INcost_k}$ 对相对出口 $\ln\left(\frac{EX_j}{EX_k}\right)$ 的影响均表现为正U 形关系，随着 j 国相对于 k 国制度成本的提高，j 国从 i 国进口的增速会先慢于 k 国从 i 国的进口，在相对制度成本值超过一个点时，i 国对 j 国的出口会迅速增加而超过对 k 国的增速。固定效应模型（3）确定的 U 形关系顶点为 0.3465，$\frac{INcost_j}{INcost_k}$ 取值中最小的 38% 的部分与相对出口额呈负相关关系，余下的 62% 呈正相关关系；GEE模型（4）中确定的 U 形关系顶点为 0.2991，20% 部分呈负相关，其余 80% 取值呈正相关关系；FGLS 模型（5）中确定的 U 形关系分界点为 0.3171，16% 的部分呈负相关关系，84% 的部分呈正相关关系。

虽然无法确定相对制度成本与相对出口规模之间的具体数量关系，但从上述三种计量方法可以确定，二者之间存在着较强的 U 形相关性，在相对制度成本处于较低水平时，二者呈负相关关系，随着相对制度成本的增大，二者呈正相关关系。对于其体现出的现实意义，可以从国家层面与企业层面两个层面进行解释。

在国家层面上，体现为一国（i 国）的贸易伙伴中，高制度水平国家[①]（j 国）与低制度水平国家（k 国）之间的制度差异处于较高水平时，低制度水平国家制度的改善[②]会促进其以更快的增速扩大从 i 国的进口，实现 $\ln\left(\frac{EX_j}{EX_k}\right)$ 的降低；但由于低制度水平国家整体的需求有限，在低制度水平国家不断改善制度，与高制度水平国家间的制度差异逐步缩小时，会遇到贸易瓶颈，k 国制度成本的降低已经难以实现较高相对贸易增长，这也意味着一国的高制度水平贸易伙伴出现较大的制度下滑时并不一定会带来贸易的下滑，贸易规模对制度的黏性得到了体现。其政策含义为一国应积

－－－－－－－－－－

① 即低制度成本国家；反之，低制度水平国家为高制度成本国家。

② 即制度成本的下降，此时表现为 $\frac{INcost_j}{INcost_k}$ 分母的降低，其值增加。

极开拓制度水平较低但积极改革的国家市场，利用其初期的庞大潜在市场获得贸易利益，但对于传统的高制度水平国家应该予以持续关注。

在企业层面上，企业（i）的内销与外贸的分配受到国内外两个市场制度水平的影响。在国外市场（j）制度水平高于国内市场（k）时，国内市场制度水平的有限提升就可以实现国内经济的相对快速发展，企业会更加侧重于国内市场需求，随着国内市场水平的有限提升达到一定水平，国外市场对企业的吸引力逐渐超过国内市场，企业更加倾向于出口，而导致企业对国内市场的轻视。当国内制度水平保持不变，国外制度即使出现恶化，也会促使出口相对于内销有更大幅度的增长。这里虽然存在着既定的假设，即国外市场制度水平高于国内市场，但反映出了制度改革困境给企业带来的困惑，具有较强的现实意义。

（四）绝对值模型分析

1. 计量公式的检验结果

与公式（6-1）相似，这里设立绝对值模型公式（6-3），相关制度成本值变量不采用对数值。

$$\ln(EX_j) = \beta_0 + \beta_1 \ln(EX_k) + \sum_m \beta_{1m} \ln(Y_b \cdot Y_m) + \sum_m \beta_{2m} \ln(y_b \cdot y_m) + \sum_m \beta_{3m}(INcost_b \cdot INcost_i) + \sum_m \beta_{4m}(INcost_b \cdot INcost_i)^2 + \sum_m^m \beta_{5m}(Develop_b + Develop_m) + \sum_m \beta_{6m} \ln(Dist_b \cdot Dist_m) + \sum^m \beta_k Du_k + \sum \beta_j Du_j + \varepsilon_j$$

（6-3）

其中，m 表示 i、k 和 j 三国，$\sum \beta_k Du_k$ 和 $\sum \beta_j Du_j$ 分别表示 k 和 j 国 CEPII 八个变量的和。式中的大部分变量都经临界国 b 的相应变量进行了调整；式中共有三个变量及其二次项共计六个变量涉及制度因素，它们的系数是本模型实证检验的主要目的。各变量含义与相对值模型相同。

方法上与相对值模型相同，各种方法的实证结果报告如表6-11所示，由于篇幅所限，部分变量此处未予报告。

表 6 - 11 制度成本绝对值模型实证分析结果

变量	模型 (6) 混合 OLS	模型 (7) 随机效应	模型 (8) 固定效应	模型 (9) GEE	模型 (10) FGLS
$\ln(EX_k)$	0.587 ***	0.427 ***	0.0916 ***	0.420 ***	0.571 ***
	(132.6)	(81.21)	(13.25)	(77.64)	(174.0)
$\ln(Y_b \cdot Y_j)$	1.173 ***	1.026 ***	1.114 ***	1.022 ***	1.027 ***
	(141.4)	(123.5)	(115.1)	(120.4)	(104.1)
$\ln(Y_b \cdot Y_k)$	-1.466 ***	-1.301 ***	-0.274 ***	-1.293 ***	-1.410 ***
	(-145.9)	(-114.1)	(-11.65)	(-109.6)	(-136.3)
$\ln(Y_b \cdot Y_i)$	0.359 ***	0.469 ***	0.466 ***	0.473 ***	0.444 ***
	(75.21)	(64.66)	(14.73)	(62.28)	(109.6)
$\ln(y_b \cdot y_j)$	-0.959 ***	-0.788 ***	-0.773 ***	-0.782 ***	-1.148 ***
	(-80.80)	(-66.44)	(-55.58)	(-64.42)	(-93.26)
$\ln(y_b \cdot y_k)$	0.805 ***	0.728 ***	0.0698 ***	0.729 ***	1.016 ***
	(62.42)	(50.02)	(2.839)	(48.54)	(81.25)
$\ln(y_b \cdot y_i)$	0.142 ***	0.178 ***	0.529 ***	0.181 ***	0.121 ***
	(36.61)	(21.26)	(15.07)	(20.42)	(39.18)
$INcost_b \cdot INcost_j$	-1.546 ***	-2.623 ***	-2.132 ***	-2.664 ***	0.330 **
	(-11.63)	(-24.00)	(-17.97)	(-23.92)	(2.239)
$(INcost_b \cdot INcost_j)^2$	0.560 ***	0.781 ***	0.614 ***	0.792 ***	-0.436 ***
	(12.87)	(20.82)	(15.48)	(20.71)	(-5.130)
$INcost_b \cdot INcost_k$	0.935 ***	0.999 ***	0.620 ***	1.007 ***	0.470 ***
	(18.37)	(24.16)	(14.36)	(23.91)	(7.621)
$(INcost_b \cdot INcost_k)^2$	-0.0934 ***	-0.0951 ***	-0.0628 ***	-0.0959 ***	-0.00944
	(-17.22)	(-21.64)	(-13.97)	(-21.43)	(-0.637)
$INcost_b \cdot INcost_i$	-0.251 ***	-0.0830 ***	0.00307	-0.0787 ***	0.0967 ***
	(-15.88)	(-4.948)	(0.176)	(-4.590)	(5.262)
$(INcost_b \cdot INcost_i)^2$	0.0168 ***	0.00399 **	-0.00284	0.00363 *	-0.0196 ***
	(8.047)	(1.967)	(-1.350)	(1.750)	(-4.903)
$\ln(Dist_b \cdot Dist_j)$	-0.852 ***	-0.563 ***	-0.618 ***	-0.562 ***	-0.711 ***
	(-46.54)	(-29.95)	(-28.30)	(-29.27)	(-42.06)
$\ln(Dist_b \cdot Dist_k)$	0.884 ***	0.560 ***	0.564 ***	0.557 ***	0.765 ***
	(43.31)	(25.39)	(10.82)	(24.61)	(42.86)

变量	模型 (6)	模型 (7)	模型 (8)	模型 (9)	模型 (10)
	混合 OLS	随机效应	固定效应	GEE	FGLS
Constant	2. 459 ***	0. 657 ***	− 23. 20 ***	0. 503 ***	2. 103 ***
	(25. 35)	(4. 030)	(− 24. 67)	(2. 923)	(26. 59)
Observations	74841	74841	74841	74841	40748
R − squared	0. 873		0. 443		

注: 括号内数值为 *t* 值; ***、** 和 * 分别代表 1%、5% 和 10% 的显著性水平。

经 LM 检验, 随机效应模型的检验结果为 chibar2 (01) = 79048. 31, Prob > chibar2 = 0, 拒绝原假设, 可得随机效应模型结果优于混合效应; 固定效应模型的 F 检验结果为 F(6940, 67869) = 12. 77, Prob > F = 0, 同样拒绝原假设, 可得固定效应模型结果亦优于混合效应。

经 Hausman 检验, 结果为 chi2(31) = 12765. 30, Prob > chi2 = 0, 表明固定效应模型优于随机效应模型。进一步对固定效应模型进行异方差检验, 结果为 chi2(6941) = 8. 4e + 07, Prob > chi2 = 0, 表明固定效应模型存在异方差。

采用 FGLS 方法时, 面板数据 N > 40000, 而 T = 18, 因此 FGLS 方法的结果亦无法完全采纳。

2. 计量结果分析

表 6 – 11 所列各模型结果具体分析如下:

第一, 各模型非制度因素变量系数基本都在 1% 的水平上显著, 且各模型估测的系数符号基本相同。$\ln(EX_k)$ 变量的系数为正, 从微观层面可解释为, 一个企业内贸规模的增加, 会带动其出口规模的增加, 这体现出企业的整体实力在国内外两个市场的平衡体现, 也体现出企业内在优势最终彰显的途径正是国际化。固定效应模型的系数最小, FGLS 模型的系数最大。借鉴各个模型, 通过鼓励企业在国内的发展提高其竞争优势是有利于企业成功进入国际市场的途径, 这个结论并不陌生, 但容易导致国家对本国产业的保护性支持。

从宏观层面对变量 $\ln(EX_k)$ 的正系数可解释为，一国与低制度水平国家的贸易规模的增加，也会推动其与高制度水平国家的贸易增长，这种推动作用虽较小，但至少不会抑制其对高制度水平国家的出口，因此一国可以积极地推动其与较低制度水平国家的出口，为本国开拓更多的国际市场。从现实中来看，更多的国家间开展区域经济一体化谈判时，低制度水平的发展中国家表现得更为积极，上述结论可以支持更多国家开放市场，而不必担心低制度水平国家对高制度水平贸易伙伴的替代效果。对于中国而言，加强与周边主要发展中国家的贸易合作，并不会削弱中国与传统发达国家的贸易关系，上述的实证结论具有极强的现实政策含义。

第二，除固定效应模型外，三个制度成本变量及其二次项的系数均在 10% 及其更高的水平上显著，这表明制度因素对一国的出口具有重要的影响作用，下面分别从微观与宏观两个视角进行分析。

首先，从微观层面进行解释。

这里可以将经临界国（b 国）制度调整后的制度成本 $INcost_b \cdot INcost_i$ 变量理解为一国（b 国）国内出口企业 i 的非正常生产支出，构成企业的负担。

固定效应模型显示出企业 i 负担的制度成本与其出口规模（对 j 国出口）成倒 U 形关系，与表 6 - 12 相应数据对比计算，该倒 U 形关系的顶点将其值区分为 22% 较低制度成本区间和其余 78% 较高制度成本区间两部分，在制度成本处于较低水平时，企业 i 制度成本的支出增加会抑制其出口，但制度成本处于较高水平时，会促进企业出口规模扩大，这里体现出制度成本对企业出口的"推动"作用，但由于固定效应模型检验结果并不显著，无法完全证明第四章中的制度成本对企业出口行为的"推力"作用。

OLS 混合效应模型、随机效应模型和 GEE 模型的检验结果虽然都显示二者的 U 形关系，但经与表 6 - 12 相应数据对比计算，可知该三个模型的 U 形关系最终体现的仍主要是单纯负相关关系，表明企业负担的制度成本不利于其出口规模的增长。使得情况复杂的是 FGLS 的结果，其显示出倒 U 形关系，并且该倒 U 形关系显示出二者在 88%

的取值中呈现负相关关系。由于这里是对异质性企业贸易活动的模拟，各个模型解释上的差异，体现出制度成本对企业出口活动影响的复杂性，也间接地证明了第四章理论模型中的相应结论。

表 6-12 三个主要制度成本变量的数据分布情形

变量	样本量	平均值	标准差	最小值	最大值
$INcost_b \cdot INcost_j$	75010	0.5071518	0.4120594	0.0015824	3.732165
$INcost_b \cdot INcost_k$	75010	1.300899	0.9443504	0.0459851	14.43195
$INcost_b \cdot INcost_i$	75010	1.303558	1.052381	0.0063171	17.95765
$INcost_b \cdot INcost_j$	40785	0.4892262	0.2753804	0.0015824	2.467641
$INcost_b \cdot INcost_k$	40785	1.259121	0.6156123	0.0459851	6.961354
$INcost_b \cdot INcost_i$	40785	1.144042	0.6508439	0.0167325	9.261369

在微观层面，变量 $INcost_b \cdot INcost_k$ 和变量 $INcost_b \cdot INcost_j$ 可分别解释为企业 i 面对的国内外市场的制度水平，其值越大表示制度水平越低。各模型中变量 $INcost_b \cdot INcost_k$ 与出口的关系均体现为倒 U 形关系，但在其有效取值区间内，基本上都显示为正相关关系，表示企业 i 的国内制度的改善会促进其开拓国内市场，而国内制度恶化则会推动企业极力进行国际扩张，这里体现出了负面制度因素对企业国际化进程的"推动"作用。在这里，变量 $INcost_b \cdot INcost_k$ 体现为企业 i 的国内经营大环境的制度衡量，而变量 $INcost_b \cdot INcost_i$ 则体现为一国制度对企业产生的具体影响效果，上述实证结果表明企业经营受宏观大环境的影响更为明确。

变量 $INcost_b \cdot INcost_j$ 的表现结论在各模型中存在一定的差异。固定效应模型和 GEE 模型显示其与出口规模呈 U 形关系，FGLS 模型显示二者呈倒 U 形关系。但从具体取值区间中，固定效应模型与 GEE 模型中二者之间的关系主要表现为负相关关系，表示进口国国内制度的恶化会降低企业对该市场的偏好。FGLS 模型的结果显示进口国 j 的制度成本较低时，二者之间呈正相关关系，即进口国制度水平有限程度的恶化，会促进企业对其出口，而出现较大的制度水平恶化时，企业会降低对该市场的偏好，该结论与相对值模型的结论有呼应之处。

其次，从宏观视角进行分析。

在宏观层面，变量 $INcost_b \cdot INcost_i$ 解释为出口国 i 的制度成本，根据固定效应模型的结论，出口国 i 的制度成本与较高制度水平国家 j 的出口规模之间存在倒 U 形关系，在 i 国制度水平较高时，其制度水平的下滑会增加其对 j 国的出口，但出口国制度水平出现大幅下降之后，则其高制度水平国家的出口会下降，但固定效应模型的结果不显著。而其他方法的结论之间存在分歧，因此，从现有方法中难以确定一国制度成本对其与高制度水平国家间出口的具体影响路径。

在宏观层面，变量 $INcost_b \cdot INcost_k$ 和变量 $INcost_b \cdot INcost_j$ 可分别解释为出口国 i 的低制度水平出口国 k 与高制度水平国 j 的制度成本，值越大表示制度水平越低。如前文所述，各模型中变量 $INcost_b \cdot INcost_k$ 与出口的关系在其有效取值区间内，基本上都显示为正相关关系，表示出口国 i 的低制度水平贸易伙伴国 k 的制度恶化会促使 i 国的贸易转向，促进与高制度水平国家的贸易。

如前文所述，变量 $INcost_b \cdot INcost_j$ 的影响关系不确定，但应该有较强的负相关关系，即进口国 j 制度成本的提高，会较大地抑制 j 国的进口，这种解释更符合现实情形。

三　实证分析：经济自由度指数（IEF）数据

（一）数据及模型说明

本节模型制度因素指标仅选取 IEF 总指数，有效国家数目为 131 个，研究区间为 1996—2012 年，仍以进口国报告的进口数据作为出口国 i 对应的出口规模数据，在共计得到的 17 年 201039 个非零值双边贸易数据中，共包括 45 个国家共计 210 个复进口数据（见表 6 – 13），剔除复进口数据，可得零值贸易数据的比重为 30.6%，这些数据大部分为未公布数据。

在对不同边界国的出口国 i 与两个集合内各国出口数据进行加和并平均后，样本量为 143211 个。由于前述的边界值的一些特殊情形，在 IEF 的最低值和最高值国家面临没有内贸和外贸的情形，剔除这些情形，同时剔除部分其他数据，样本量尚余 138507 个。

表 6 – 13 样本中复进口国家及其数据频率

国家	频率	国家	频率
危地马拉	1	印度尼西亚	12
巴拉圭	1	智利	4
阿尔巴尼亚	7	巴基斯坦	2
马来西亚	6	巴巴多斯	1
乌拉圭	1	蒙古	1
哥伦比亚	5	哥斯达黎加	1
黎巴嫩	2	多米尼加	1
博茨瓦纳	1	斐济	4
罗马尼亚	2	白俄罗斯	1
南非	5	阿根廷	6
埃及共和国	1	以下为发达国家：	
孟加拉国	3	斯洛文尼亚	9
泰国	13	葡萄牙	1
喀麦隆	3	英国	13
乌干达	1	塞浦路斯	5
埃塞俄比亚	4	新西兰	2
中国	13	加拿大	11
特立尼达和多巴哥	3	挪威	1
委内瑞拉	4	捷克	4
阿尔及利亚	2	澳大利亚	13
马拉维	2	法国	13
秘鲁	2	斯洛伐克	5
巴西	7	爱沙尼亚	11

本节构建的模型所有原始数据的来源与第二节第三部分完全相同，有关对原始数据的进一步处理原则将在后续各部分对应的模型中进行详细介绍。

（二）模型变量介绍

根据 Cheptea（2007）模型及公式（6 – 2）设定公式（6 – 4），对相应的制度变量采用对数形式。

$$\ln\left(\frac{EX_j}{EX_k}\right) = \alpha_0 + \alpha_1\ln\left(\frac{Y_j}{Y_k}\right) + \alpha_2\ln\left(\frac{y_j}{y_k}\right) + \alpha_3\ln\left(Y_bY_i\right) + \alpha_4\ln\left(y_by_i\right) +$$

$$\alpha_5\ln\left(\frac{Inst_j}{Inst_k}\right) + \alpha_6\left[\ln\left(\frac{Inst_j}{Inst_k}\right)\right]^2 + \alpha_7\ln\left(Inst_b \cdot Inst_i\right) + \alpha_8\left[\ln\left(Inst_b \cdot Inst_i\right)\right]^2 +$$

$$\alpha_9 Develop_b \cdot Develop_i + \ln\left(\frac{Dist_j}{Dist_k}\right) + \sum \beta\ln\left(\frac{Du_j + 1}{Du_k + 1}\right) + \varepsilon_{jk} \qquad (6-4)$$

各变量脚标 b、i、k 和 j 等含义与上一部分完全相同。变量 $Inst_i$ 表示 i 国 IEF 总指数；其他脚标同理。其他变量形式与上一部分相同。

（三）相对值模型分析

针对上述面板数据，本部分共采用五种方法进行实证检验，表 6-14 对主要结果进行了报告。其中模型（1）—（4）报告的结果均为获得稳健标准误时的结果①，模型（5）为考虑组间异方差的结果。

表 6-14　　　　　　　IEF 指数相对值模型实证分析结果

变量	模型（1） 混合 OLS	模型（2） 固定效应	模型（3） 随机效应	模型（4） GEE	模型（5） FGLS
$\ln\left(\dfrac{Y_j}{Y_k}\right)$	0.790*** (101.0)	0.801*** (55.51)	0.813*** (57.66)	0.812*** (57.47)	0.909*** (88.15)
$\ln\left(\dfrac{y_j}{y_k}\right)$	0.264*** (17.38)	0.0751*** (4.058)	0.165*** (9.500)	0.160*** (9.163)	0.350*** (24.69)
$\ln\left(Y_bY_i\right)$	-0.00560*** (-3.917)	-0.576*** (-17.88)	-0.0590*** (-14.00)	-0.0675*** (-15.48)	-0.00959*** (-8.013)
$\ln\left(y_by_i\right)$	-0.0162*** (-6.253)	0.291*** (6.709)	-0.0609*** (-8.414)	-0.0677*** (-8.985)	-0.0178*** (-7.945)
$\ln\left(\dfrac{Inst_j}{Inst_k}\right)$	-2.094*** (-2.994)	0.679 (1.089)	0.358 (0.603)	0.397 (0.668)	-5.993*** (-3.574)
$\left[\ln\left(\dfrac{Inst_j}{Inst_k}\right)\right]^2$	8.753*** (8.149)	2.312** (2.544)	2.985*** (3.458)	2.892*** (3.343)	16.35*** (5.026)

① 在相应 Stata 命令中，均增加选择项 vce（robust）。

续表

变量	模型（1）混合 OLS	模型（2）固定效应	模型（3）随机效应	模型（4）GEE	模型（5）FGLS
$In\ (Inst_b \cdot Inst_i)$	4.876 ***	0.148	− 2.807 **	− 2.732 **	30.47 ***
	(6.655)	(0.119)	(− 2.358)	(− 2.278)	(40.10)
$[In\ (Inst_b \cdot Inst_i)]^2$	− 0.297 ***	− 0.0326	0.149 **	0.144 *	− 1.894 ***
	(− 6.538)	(− 0.421)	(2.012)	(1.933)	(− 39.84)
$\ln\left(\dfrac{Dist_j}{Dist_k}\right)$	− 1.312 ***	− 0.923 ***	− 0.840 ***	− 0.840 ***	− 1.709 ***
	(− 73.86)	(− 30.26)	(− 29.91)	(− 29.71)	(− 103.4)
$\ln\left(\dfrac{Develop_j+1}{Develop_k+1}\right)$	− 2.018 ***	− 0.358 ***	− 1.244 ***	− 1.198 ***	− 3.962 ***
	(− 35.50)	(− 4.676)	(− 18.21)	(− 17.49)	(− 83.27)
$Develop_b \cdot Develop_i$	0.0116		0.274 ***	0.313 ***	− 0.00389
	(1.585)		(11.89)	(13.05)	(− 0.646)
$Constant$	− 19.54 ***	12.08 **	14.13 ***	14.00 ***	− 121.2 ***
	(− 6.619)	(2.414)	(2.944)	(2.898)	(− 39.91)
$Observations$	138507	138507	138507	138507	52391
$R-squared$	0.396	0.383			

注：①括号内数值为 t 值；***、** 和 * 分别代表 1%、5% 和 10% 的显著性水平。

②此处未列示 CEPII 八个变量对应系数的估测结果，但结果显示，各个模型中八个变量的系数估测值基本上都在 1% 的水平上显著。

经 LM 检验，随机效应模型的检验结果为 chibar2（01）= 3.6e + 05，Prob > chibar2 = 0，拒绝原假设，可得随机效应模型结果优于混合效应；固定效应模型的 F 检验结果为 F（11692，126796）= 22.21，Prob > F = 0，同样拒绝原假设，可得固定效应模型结果亦优于混合效应。

经 Hausman 检验，结果为 chi2（18）= 5275.42，Prob > chi2 = 0，表明固定效应模型优于随机效应模型。进一步对固定效应模型进行异方差检验，结果为 chi2（11693）= 3.4e + 32，Prob > chi2 = 0，表明固定效应模型存在异方差。

由于采用 FGLS 方法时，面板数据 N > 50000，而 T = 17，因此 FGLS 方法的结果亦无法完全采纳。

此处采纳模型（2）固定效应模型的结果。即只有 j 和 k 两国制度比值的平方项系数显著，一次方项以及其他制度指标并不显著。这里虽然可以体现出 $\ln\left(\dfrac{Inst_j}{Inst_k}\right)$ 和 $\ln\left(\dfrac{EX_j}{EX_k}\right)$ 之间的 U 形关系，但通过确定 U 形关系的顶点发现，在两变量有效取值区间，该 U 形关系仅仅表现为顶点右侧的正相关关系，与上一部分中制度成本数据的计量结果有一定的差异，这里并没有表现出在特定区间的负相关关系，这表示进口国制度相对于国内贸易对象制度水平的增加会带来出口规模相对于内销规模的增长。

从国家层面解释，就是一个国家与其贸易伙伴的相对贸易规模，受到对方国内制度相对水平的正向影响，一国各贸易伙伴制度水平的相对变化会直接影响到该出口国的国际贸易国别分布。这里无法确定对绝对值的影响关系，但明确了一国制度水平的改善，会积极提高其对其他国家的相对进口水平。

从企业层面解释，就是一个企业在内销和外销市场的规模对比，受到内外两个市场制度水平变化的影响。在国内交易环境得到相应改善时，企业会相对加大对国内市场的投放力度；反之亦然。多年来中国宏观经济国际依赖程度不断提高，是众多微观企业不断加深国际化的体现，在一定程度上也反映出国内某些制度领域较国际市场下降的问题。

变量 $\ln(Inst_b \cdot Inst_i)$ 与被解释变量 $\ln\left(\dfrac{EX_j}{EX_k}\right)$ 的关系在各个模型中显示较为复杂，也不统一。固定效应模型（2）中 $\ln(Inst_b \cdot Inst_i)$ 及其平方项的系数均不显著，模型（4）和模型（5）中所体现出的不同 U 形关系在 $\ln(Inst_b \cdot Inst_i)$ 的取值区间内的表现趋势完全相反，GEE 模型（4）表现出完全的负相关关系，而 FGLS 模型（5）则表现出完全的正相关关系，这里无法从出口国 i 和出口企业 i 的双重角度进行解释，因此该角度的解释可以参考制度成本数据中的相对值模型的结论。

（四）绝对值模型分析

1. 计量公式的检验结果

与公式（6-1）相似，这里设立绝对值模型公式如下：

$$\ln{(EX_j)} = \beta_0 + \beta_1 \ln{(EX_k)} + \sum_m \beta_{1m} \ln{(Y_b \cdot Y_m)} + \sum_m \beta_{2m} \ln{(y_b \cdot y_m)} +$$

$$\sum_m \beta_{3m} \ln{(Inst_b \cdot Inst_m)} + \sum_m \beta_{4m} [\ln{(Inst_b \cdot Inst_m)}]^2 + \sum_m \beta_{5m}(Develop_b +$$

$$Develop_m) + \sum_m \beta_{6m} \ln{(Dist_b \cdot Dist_m)} + \sum \beta_k Du_k + \sum \beta_j Du_j + \varepsilon_j \quad (6-5)$$

其中，m 表示 i、k 和 j 三国，$\sum \beta_k Du_k$ 和 $\sum \beta_j Du_j$ 分别表示 k 和 j 国 CEPII 八个变量的和。式中的大部分变量都经临界国 b 的相应变量进行了调整；式中共有三个变量及其二次项共计六个变量涉及制度因素，它们的系数是本模型实证检验的主要目的。

方法上与相对值模型相同，各种方法的实证结果报告如表 6 - 15 所示，由于篇幅所限，部分变量此处未予报告。

表 6 - 15　　　　　　　　　IEF 指数绝对值模型实证分析结果

变量	模型（6）混合 OLS	模型（7）固定效应	模型（8）随机效应	模型（9）GEE	模型（10）FGLS
$\ln{(EX_k)}$	0. 409 *** (130. 0)	0. 0938 *** (18. 80)	0. 293 *** (59. 44)	0. 220 *** (90. 94)	0. 509 *** (175. 5)
$\ln{(Y_b \cdot Y_i)}$	0. 479 *** (161. 4)	0. 214 *** (6. 829)	0. 432 *** (63. 47)	0. 356 *** (59. 26)	0. 383 *** (125. 6)
$\ln{(Y_b \cdot Y_j)}$	0. 538 *** (70. 03)	0. 740 *** (42. 33)	0. 521 *** (34. 27)	0. 599 *** (146. 1)	0. 378 *** (28. 51)
$\ln{(Y_b \cdot Y_k)}$	- 0. 998 *** (- 144. 6)	- 0. 185 *** (- 19. 37)	- 0. 734 *** (- 65. 79)	- 0. 534 *** (- 104. 8)	- 0. 768 *** (- 64. 82)
$\ln{(y_b \cdot y_i)}$	0. 261 *** (80. 92)	0. 677 *** (15. 81)	0. 383 *** (36. 92)	0. 511 *** (58. 23)	0. 257 *** (98. 17)
$\ln{(y_b \cdot y_j)}$	- 0. 239 *** (- 19. 43)	- 0. 480 *** (- 20. 43)	- 0. 365 *** (- 26. 15)	- 0. 447 *** (- 42. 00)	- 0. 292 *** (- 16. 51)
$\ln{(y_b \cdot y_k)}$	- 0. 0445 *** (- 3. 771)	- 0. 122 *** (- 12. 56)	- 0. 0877 *** (- 8. 960)	- 0. 109 *** (- 17. 17)	0. 0291 * (1. 696)
$\ln{(Inst_b \cdot Inst_i)}$	14. 89 *** (21. 93)	0. 416 (0. 480)	- 1. 548 * (- 1. 882)	- 1. 139 ** (- 2. 463)	31. 49 *** (38. 47)

续表

变量	模型（6）混合 OLS	模型（7）固定效应	模型（8）随机效应	模型（9）GEE	模型（10）FGLS
$[\ln(Inst_b \cdot Inst_i)]^2$	-0.905 *** (-21.32)	0.0168 (0.306)	0.122 ** (2.340)	0.103 *** (3.551)	-1.957 *** (-38.41)
$\ln(Inst_b \cdot Inst_j)$	12.64 *** (3.711)	25.65 *** (6.063)	33.82 *** (7.941)	31.10 *** (17.10)	-88.19 *** (-12.81)
$[\ln(Inst_b \cdot Inst_j)]^2$	-0.977 *** (-4.853)	-1.625 *** (-6.365)	-2.191 *** (-8.551)	-1.993 *** (-18.54)	5.021 *** (12.43)
$\ln(Inst_b \cdot Inst_k)$	-32.41 *** (-10.64)	-12.00 *** (-5.011)	-21.40 *** (-7.844)	-17.46 *** (-14.37)	59.52 *** (8.602)
$[\ln(Inst_b \cdot Inst_k)]^2$	2.216 *** (11.44)	0.803 *** (5.192)	1.495 *** (8.567)	1.211 *** (15.59)	-3.453 *** (-8.191)
$\ln(Dist_b \cdot Dist_j)$	-0.517 *** (-24.35)	-0.946 *** (-20.81)	-0.704 *** (-18.32)	-0.851 *** (-55.23)	0.272 *** (16.60)
$\ln(Dist_b \cdot Dist_k)$	1.521 *** (95.44)	0.261 *** (11.74)	0.741 *** (32.60)	0.524 *** (37.94)	1.560 *** (119.8)
Constant	20.13 * (1.931)	-73.66 *** (-6.227)	-50.31 *** (-4.281)	-60.56 *** (-10.34)	4.114 (0.371)
Observations	138507	138507	138507	138507	52391
R - squared	0.839	0.472			

注：括号内数值为 t 值；*** 、** 和 * 分别代表 1% 、5% 和 10% 的显著性水平。

经 LM 检验，随机效应模型的检验结果为 chibar2（01）= 3.5e + 05，Prob > chibar2 = 0，拒绝原假设，可得随机效应模型结果优于混合效应；固定效应模型的 F 检验结果为 F（11692，126781）= 30.75，Prob > F = 0，同样拒绝原假设，可得固定效应模型结果亦优于混合效应。

经 Hausman 检验，结果为 chi2（33）= 22267.26，Prob > chi2 = 0，表明固定效应模型优于随机效应模型。进一步对固定效应模型进行异方差检验，结果为 chi2（11693）= 1.1e + 09，Prob > chi2 = 0，表明固定效应模型存在异方差。

采用 FGLS 方法时，面板数据 N > 50000，而 T = 17，因此 FGLS 方法的结果亦无法完全采纳。

2. 计量结果分析

表 6 - 15 所列各模型结果具体分析如下：

第一，各模型非制度因素变量系数基本都在 1% 的水平上显著，且各模型估测的系数符号基本相同，与上文制度成本绝对值模型结果基本相同。ln（EX_k）变量的系数在固定效应模型中的系数最小，意味着企业内贸规模每增加 1%，则仅会带来出口规模 0.0938% 的增长，两者相差较大；在 FGLS 模型中的系数最大，内贸 1% 的增加对应出口 0.509% 的增长，这种带动效应较为显著。

第二，除固定效应模型外，三个制度变量及其二次项的系数均在 10% 及其更高的水平上显著，这表明制度因素对一国的出口具有重要的影响作用，这与制度成本模型结果相同。

首先，从微观方面进行解释。

一国较好的制度水平与其生产效率之间存在着密切的关系（Fadinge，2011），因此这里将 ln（$Inst_b \cdot Inst_i$）理解为一国（b 国）内的出口企业（i）的生产效率水平。固定效应模型显示出口企业的生产效率水平与出口规模呈 U 形关系，该 U 形关系的顶点为负值，因此出口企业的生产效率水平与出口规模之间的关系体现的是一种正相关关系，表示一个企业的生产率的提高会促进其出口的增长，但在固定效应模型检验下并不显著，体现出出口企业生产率与出口规模之间关系的复杂性，这里无法完全证明经典异质性企业贸易理论的自我选择效应。

表 6 - 16　　　　　　　　三个主要制度变量的数据分布情形

变量	样本量	平均值	标准差	最小值	最大值
ln（$Inst_b \cdot Inst_i$）	138507	8.178191	0.2631933	6.642865	8.975024
ln（$Inst_b \cdot Inst_j$）	138507	8.491338	0.2023958	7.481597	8.987322
ln（$Inst_b \cdot Inst_k$）	138507	8.220377	0.2061513	6.41701	8.668041
ln（$Inst_b \cdot Inst_i$）	52391	8.14346	0.1832491	7.063425	8.512463

变量	样本量	平均值	标准差	最小值	最大值
$\ln(Inst_b \cdot Inst_j)$	52391	8.488841	0.1127689	8.048019	8.760259
$\ln(Inst_b \cdot Inst_k)$	52391	8.235074	0.1098551	7.610715	8.49575

随机效应模型和 GEE 模型的检验结果虽然都显示二者的 U 形关系，但经与表 6 – 16 相应数据对比计算，可知此二者的 U 形关系最终体现的仍是单纯正相关关系，表明企业的生产率水平的提高有利于其出口规模的增长。使得情况复杂的是 OLS 和 FGLS 的结果，两模型均显示出倒 U 形关系，并且该倒 U 形关系明显地体现在二者关系中。OLS 模型显示较低生产率水平的企业（占比 54.1%）其生产率的提高会促进出口，而其余较高生产率的企业（占比 45.9%）其生产率的提高会抑制出口。FGLS 模型对应的比例分别为 21.1% 和 78.9%。由于这里是对异质性企业贸易活动的模拟，因此这里出现的各个模型的差异，体现出出口企业生产效率与出口活动之间关系的复杂性。

从微观层面看，企业选择国内外两个市场时，企业自身的生产率水平对其出口的促进作用并不明显，但国内的市场制度好坏直接关系到企业的出口发展，因此从促进企业出口来看，改善国内的制度是一项重要的政策选择；另外，积极推进企业开拓低制度水平市场也是在短期内提高出口规模的重要策略选择。

其次，从国家层面进行解释。

变量 $\ln(Inst_b \cdot Inst_j)$ 和 $\ln(Inst_b \cdot Inst_k)$ 则分别代表出口企业面临的国外与国内制度因素。各个模型均表现出非常显著的二次方关系，但是各模型的二次方关系主要体现出单一的正向或负向关系。固定效应模型中，j 国的制度指数 $\ln(Inst_b \cdot Inst_j)$ 与其自 i 国进口规模为倒 U 形关系，但除极小的比例表现为正相关外，绝大部分情形下 j 国的制度水平与 i 国对其出口规模之间存在负相关关系，这表明进口国的高制度水平会抑制其贸易伙伴对其出口，若考虑到绝大部分高制度水平国家都是发达国家等贸易大国的现实，该结论具有明显的逆常识色彩①。合理的解释则是，高制度水平国家的高制度化带来更加激烈的竞争，对进口产品的价格、质量、厂家、品牌等多方面因素提出了更高的要求，会增加出口企业的成本，抑制企业的出口，进一步而言，这里的制度因素指数只是衡量发达国家影响进口诸多因素的一个，其所体现出的副作用，被其他因素如更大的市场规模 [ln (Y_b · Y_j)] 等所抵消。ln ($Inst_b$ · $Inst_k$) 作为出口企业的内贸制度因素的体现，其与出口企业 i 的出口规模基本呈正相关关系。在固定效应模型中，二者体现为 U 形关系，但依旧只有极小的比例为负相关，整体上表现出内贸交易制度水平提高会促进出口的关系。FGLS 模型所体现的关系与固定效应模型基本相同。

一国自身制度水平的变化对其出口规模影响的路径并不明确，这可能因为模型（6 – 3）的因变量仅仅包括了针对高制度水平贸易伙伴的出口。但是一国高制度水平贸易伙伴制度水平的提高会抑制其出口，在政策方面出口国难以避免这种冲击。出口国低制度水平贸易伙伴的制度进步对于出口国而言显得非常重要，因此，出口国应积极开拓制度水平较低应积极改进的国家市场，整体上出口国应该努力提高自身的制度水平以使得自身与其主要的高制度水平贸易伙伴国处于相近水平，降低前述的负相关作用的影响。对于中国而言，积极提高自身的制度水平，虽然并不能有非常明显的出口促进作用，但可以逐步缩小与高制度水平贸易伙伴之间的差距，通过相对水平的变化，可以实现上述负向作用向正向作用的转变。

第四节　结论

本章从实证的角度检验了制度因素对出口的影响关系，在实证分析中采用了第五章估测的制度成本值和经济自由度（IEF）指数两种数据作为制度因素的衡量指标，以便对本书核心概念制度成本值的检

---

① 与本章第二节第三部分中的模型（17）结论相似。

验结果进行对比。

本章第三节采用中国对多国出口的相关数据进行了实证检验，分别采用第五章所测算的制度成本值数据、经济自由度指数（IEF）的总指数和分项指数作为制度因素的测量依据，分析了各国制度因素对中国双边出口规模的影响关系。

主要结论为：进口国的制度因素与其贸易伙伴国的对应出口规模呈正相关关系，进口国国内制度水平越优越，越有利于相应国家对其出口；一国通常会倾向于与较其制度水平更高的国家进行贸易，这隐含了较高制度水平国家具有较高贸易规模的含义；出口国国内制度水平的高低对其双边贸易出口也产生着重要的影响，并且十分显著。

本章各模型在分析中实际上过分偏重于出口国之外的制度因素，而无法对国内制度因素做过多考虑，因此以上基于中国双边出口数据的实证分析结果能否适用于所有国家难以确定。

本章第三节结合第四章第四节的理论模型，利用多国双边贸易数据，构建了多国实证模型，模拟了微观企业内贸与出口活动，以此为基础设立了实证模型。通过对相关宏观数据的重组，设定了对应于微观外贸层面的异质性出口企业、内贸环境、进口国等相应数据，采用两种制度数据，设立相对值和绝对值实证模型对第四章的部分理论模型进行了检验。制度数据采用了第五章的制度成本数据和 IEF 总指数数据，考虑到构建虚拟国家的复杂性，在采用 IEF 指标时，没有采用 IEF 的各分类指标进行实证检验。整体而言，基于两组数据进行的多种方法的实证检验，得到了相似的结论，对出口与制度二者的关系有了较为理想的解释。

以下从企业和国家两个层面对其结果进行总结：

在企业层面，企业内销与外贸的分配受到国内外两个市场制度水平的影响，在国内制度水平逐步改善并达到一定水平时，会有更多的企业涉足国际市场，这也体现出制度对企业国际竞争力的积极作用，在国内制度水平降低时，消极的制度因素也会对企业产生"推力"，促进企业的出口；国内制度不变时，国外制度即使出现恶化，出口规模相对于内销反而会有更大幅度的增长；国内制度对企业出口的影响程度高于企业生产率水平的影响。

在国家层面，一国的高制度水平贸易伙伴出现较大的制度下滑时并不一定会带来贸易的下滑，表现出贸易规模对制度的黏性；一国各贸易伙伴间制度水平的相对变化会直接影响到该出口国的国际贸易国别分布，制度改善较快的国家会增加更多的进口。

第七章　研究总结与展望

本章就全书的主要研究结论进行概括性总结，在此基础上提出相应的政策启示和建议，并指出有待进一步研究的方向。

第一节　研究结论

本书基于中国背景较为详细地界定了制度成本，制度成本是指正式或非正式制度在运转过程中给企业或国家整体带来的额外支出，在微观上则体现为一国的不合理制度使企业在经营生产中产生的额外成本。制度成本的存在改变了正常情形下企业应有的经营行为选择，最终导致国家整体的经济利益受损。

在理论模型中，封闭情形下制度成本对企业行为产生的影响主要有：第一，部分要素收入转化为制度性漏出，用于支付制度成本，企业和劳动力的收入水平都降低；第二，在制度成本的作用下，企业的异质性由生产率与制度成本共同决定，相同生产率水平的企业不再具有相同的退市概率，市场对企业的逆淘汰成为普遍现象，即真正高效率的企业被淘汰，而低效率的企业被保留；第三，承担较高水平制度成本的企业，会获得更大的市场垄断权力，市场公平原则被破坏；第四，制度成本的存在会对企业的经营存续产生影响，企业理想经营年限不再为永久或长期，支付较高水平制度成本的企业更倾向于短期化经营，不利于一国核心优势产业的健康发展；第五，制度成本的真正受益者所积累的大量"制度收入"可能成为一国资本外流的重要来源，加剧本国资本的稀缺，进一步阻碍实业领域的发展。

开放情形下的理论模型中，制度成本的引入产生的影响主要有：第一，出口企业的生产率不高，高效率企业不出口，而且同等生产效率的企业由于受制度的影响，有的企业可以在国内获得利润，但有的企业却被迫离开国内市场而进入国际市场。第二，在国际市场需求替代弹性确定的前提下，国内市场企业面对的市场替代弹性越小，越不利于企业出口。第三，国内市场的进入门槛被降低，拉低了国内企业的平均生产率水平，参与出口的企业生产率门槛值不受国内制度因素影响，因此出口企业的平均生产率水平较高，证实了企业出口的自我选择效应，但是受制度成本的影响，有大量的高效率企业不参与出口，选择全部内销，这完全源于制度成本对其垄断能力的加强，此结果与出口自我选择效应相悖。第四，企业开展出口的动机被扭转，完全源于其无法克服制度成本，无缘国内市场，而不得不进入国际市场。

开放情形下，企业面对国内外两个市场时，制度成本会使企业在产品的质量与价格方面采取差异化的策略。整体而言，在制度成本的影响下，会有企业在价格和质量方面歧视国内市场，即以较低价格出口产品，或出口高质量产品。这种经营决策是企业在制度成本约束下形成的有违感情但合乎理性的结果，较好地描述了中国出口中的一个现象。

在质量歧视方面：第一，在国内市场扭曲程度较低时，有出口选择的企业数量庞大，整体上出口企业对国内市场的歧视主要体现为质量方面而非价格方面；第二，在国内市场扭曲较严重时，大量的出口企业并不能生产更高质量的产品，最终结果只能是企业以低价格出口更高质量的产品，在国内市场销售高价低质量的产品，从而形成对国内市场的歧视。

在价格歧视方面：第一，出口价格高于内销价格时，表明在存在制度成本的情况下，高效率企业对内只能提供低质低价的产品，国内消费者对高质量产品的选择权受到影响，但这提高了该国出口产品的技术复杂度，可以扩大出口规模；第二，出口价格低于内销价格时，相同生产率的企业以低价出口高质量的产品，而以高价格对内销售低质量产品，此时出口产品存在最高产品质量水平的约束，表明制度成本的存在也削弱了出口产品的国际竞争优势。

本书对多国制度成本进行了测算，证实了对各国制度水平之间的可观察性与可比性，也进行了各国制度水平的纵向与横向比较，从中可以探讨一国制度成本突然变化的原因以及可以采取的对策。

以中国数据进行的制度因素与贸易规模实证分析表明，进口国内的总制度成本与中国对其出口规模的关系不确定，但更多的实证方法支持正相关关系。进出口两国的制度相对水平对一国出口具有显著的积极作用，即一国通常会倾向于与较其制度水平更高的国家进行贸易，这也隐含着较高制度水平国家具有较高贸易规模的含义。出口国国内制度水平的高低对其双边贸易出口也产生着重要的影响，并且十分显著，为多个模型所证实。

多国数据实证分析表明：在企业层面，企业内销与外贸的分配受到国内外两个市场制度水平的影响，在国内制度水平逐步改善并达到一定水平时，会有更多的企业涉足国际市场，这也体现出制度对企业国际竞争力的积极作用，在国内制度水平降低时，消极的制度因素也会对企业产生"推力"，促进企业的出口；国内制度不变时，国外制度即使出现恶化，出口规模相对于内销反而会有更大幅度的增长；国内制度对企业出口的影响程度高于企业生产率水平的影响。在国家层面，一国的高制度水平贸易伙伴出现较大的制度下滑时并不一定会带来贸易的下滑，表现出贸易规模对制度的黏性；一国各贸易伙伴间制度水平的相对变化会直接影响到该出口国的国际贸易国别分布，制度改善较快的国家会增加更多的进口。

第二节　政策建议

中国对外货物贸易在 2013 年跃居世界第一，但由于世界经济的不景气，在 2016 年中国出口规模出现大幅下滑，被美国超越。4 年来，中国国内经济环境发生的较大变化也对出口产生了冲击，其中，中国国内劳工成本的不断提高，削弱了中国加工贸易出口的竞争优势，使得加工贸易占比逐年下降，这也是中国出口规模发生较大变化的重要原因。从本质上来看，劳工成本的提高，使中国居民整体福利改善，生活质量提高，是中国经济发展普惠全民的重要体现。因此，在进一步发展中国出口的战略规划中，必须从多方面创新，来弥补因劳工成本上升所带来的价格劣势，进一步削减企业开展外贸等经营活动中的外在制度成本是重要的一个步骤。制度成本不创造价值，部分属于低效率行政运作带来的额外支出，部分属于"寻租成本"的不合法支出，因此从降低制度成本、减轻企业负担、提高出口运作效率的角度，中国政府应基于以下方面采取有效措施：

第一，规范国内市场环境，减少政府对企业经营的直接干预。

前述研究发现，有大量的高效率企业不参与出口，选择全部内销，这完全源于制度成本对其垄断能力的加强。因此，政府应积极推进国内市场化深度改革，不断减少各级政府对企业经营行为的审批和检查等制度，利用市场化的竞争环境引导企业在国内实现充分的竞争，带动国内先进产业和企业开拓国际市场。《中国制造 2025》从提高中国制造业国际竞争力的角度制定了战略规划，但其表现出了较强的政府干预意图，因此在未来十年，仍需有效控制各级政府干预企业发展的范围和力度。目前中国企业国际化程度普遍较低，大量优秀企业仍然高度依赖于国内市场，出口规模相对较小。通过各级政府的制度性改革，优化国内经营环境，可以实现劣势企业的有效退出，以及优质企业对国际市场的积极开拓。近年来，国内大量行业出现了产能过剩的现象，主要的原因在于政府对优质企业进行无条件支持和干预，给予其资金和市场等多方面的支持，各地政府都在短时间内扶持了本地的优质企业，而对于劣势企业，政府源于寻租等原因，放纵了劣势企业的违法行为。事实上，优质企业和劣势企业均受到了政府的显性和隐性的干预。在政府的强大干预下，各地的优秀企业规模扩大，首先以占领国内其他省份的市场为战略方向，而国际市场被置于次要地位。因此，国内产能过剩的局面在地方政府的"博弈"之下悄然形成，地方优势企业在接受政府的指导和干预过程中，强化了短期的发展目标，而忽略了开拓国际市场所必需的长期技术、人才和战略积累，企业必须为当地政府的经济发展贡献即时可见的资源，严重违反了企业发展的客观规律。

第二，加强环境保护和产品质量执法，实现企业收益与社会福利同步增长。

前述研究发现，在制度成本的影响下，会有企业在价格和质量方面歧视国内市场，以较低价格出口产品，或出口高质量产品。必须对企业在国内市场产品质量和价格两方面的歧视现象加以重视，从"国家经济安全"的角度加以对待并积极解决，使国民能够在自己的国家充分享受到生产和生活的便利，确保制度建设的结果是不断提高本国人民的生活水平和综合福利水平，而非以歧视本国人民为最终结果。

在现实中，企业的违法排污、生产劣质商品，一般都和政府官员的腐败行为有关，在腐败高发的地方，优质高效率企业的合法权益难以得到有效保护，企业往往需要通过支付高额的制度成本，来确保自己经营利益的实现。企业在生产中支付的环境治理成本，从经营上就体现为销售价格的提高，会影响市场的需求规模。我国许多地方对于环境保护的执法力度不足，使得企业在生产环节存在着非常普遍的排污现象，地方经济发展与社会效益之间存在着严重的不平衡。低效率企业因无须承担环境治理费用，在很大程度上对高效率企业形成了冲击，在国内市场中大量的低质量产品取得了优势地位，而高效率企业面对国际市场又无法降低产品质量，只能以国内市场产品质量的下调来应对国内的不平等竞争。出口企业为保持国际市场的信誉和稳定的资金流，而对国内市场采取了较高的定价策略。高效率的企业由于具有较大的社会影响力，需要维持较好的社会知名度和美誉度，因此在产品质量和社会责任方面均具有较好的表现，但受制于国内大量低效率企业的冲击，国内高效率企业在国内市场的竞争中处于不利的地位，增加了企业的经营成本和消费者的辨识成本。从长期来看，不利于中国优势产业的建设发展，也不利于中国消费市场的健康发展。在具体措施上，必须提高环境保护机构的执法地位，严格执行国家的环境保护法律法规，加大社会对环境污染行为的监督力度，大力打击排污行为，强制低效率企业转型或停工；为了实现企业废弃物的合理排放和处理，各级地方政府应积极推进工业园区的建设，完善废弃物的规模化处理基础设施建设，尤其是县级政府，应积极规划产业园区，将本地工业企业集中，提高环境治理设备和基础设施的利用效率，降低单个企业环境治理成本，为企业的生产提供适宜的发展环境。此外，还必须严厉打击低质以及假冒商品，切实净化国内产品市场，保护优质产品的合理市场，降低企业的维权成本，积极推动企业自我选择效应的发挥，实现出口对国内市场的带动。

第三，降低国内物流环节费用，进一步优化中国进出口通关制度，便利企业国内采购以及出口运输。

物流成本是现代企业运营中重要的支出项目，该项目可以通过内部技术的改进、管理模式的创新等实现成本的降低和效率的提高。但目前中国的物流环节仍然受企业外部环节的制约，在当前我国社会物流总费用中，占比最大的项目分别是过路过桥费、油费和劳动力成本，三项费用约占物流总费用的30%。合法的过路过桥费由各地政府制定并征收，一般认为，现有的收费标准要高于发达国家，中国大量的优质公路以费养路，而非以财政支出养路，较高的费用提高了企业的最终成本。另外，现实中中国各地政府部门还存在着滥用职权强制性收费等违规现象。政府应加强收费公路成本的核算，加强审计，杜绝交通领域的违规行为，推动收费公路的低价运行模式，普惠于民。劳动力成本的上升，是居民福利水平改善的象征，但对于企业而言则是成本的增加，因此政府应积极推动物流自动化领域的研究，对物流自动化的建设提供融资和税收等方面的支持，辅助企业降低冗余成本。近年来，中国进出口通关制度不断改善，加快了清关效率，但整体上中国出口清关程序等效率仍落后于发达国家的整体水平，需进一步提高管理水平；从国内海关制度来看，需进一步打通跨关区之间的报关制度性约束，便利跨关区之间的报关、运输等，提高企业出口的便利。目前中国海关监管制度日趋复杂，规则相互重叠但仍有所差异，加大了海关的管理难度，也不利于企业的日常操作，因此，海关应在未来逐步对相关特殊监管场所、区域进行制度性的统一，实行政策方面的精简化操作，便利企业相关资格的申请。

第四，加快与发达国家以及制度改善的发展中国家之间的自由贸易协定谈判。

前述研究发现，一国通常会倾向于与较其制度水平更高的国家进行贸易，且一国各贸易伙伴间制度水平的相对变化会直接影响到该出口国的国际贸易国别分布，制度改善较快的国家会增加更多的进口。中国贸易伙伴以美、欧、日、韩等发达国家和地区为主，东盟十国作为发展中国家整体上仍为中国最大的贸易集团。2017 年中国政府推动的"一带一路"倡仪进入新的发展阶段，经过三年多的实施，已经取得了较大的成果，在新阶段背景下，中国政府应该积极深化与沿线各国之间的经贸关系，对于沿线 64 国中制度水平较高的东欧国家和部分发展中国家，中国政府应积极推进双边之间的自由贸易谈判，实现经贸关系双赢的局面。"一带一路"沿线中较多发展中国家整体制度水平较低，不利于中国与其双边贸易的发展，在短期内不适合开展自由贸易协定谈判，但中国可以通过大量的援助性质的投资，协助部分国家改善投资环境、基础设施环境等，并积极对中资企业在东道国经营的诉求和困难向所在国政府反映，从多角度推动东道国制度水平的有效提高，为长期实现双边贸易关系的进一步提升奠定良好基础。

第五，积极推动中国政府各项管理制度的改革，增强国际竞争意识，既要提高本国多项制度领域的绝对水平，还应缩小与国际领先水平的差距。中国政府及企业应积极开拓制度水平较低但积极改革的国家市场，企业在其发展初期更易取得贸易利益，但对于传统的高制度水平国家仍应予以持续关注。非法的制度应取缔并严格执法，加强国际司法合作，确保企业的生产经营免受非法因素的影响和干预。来自"虚拟制度人"的非法索取，不仅会增加企业的负担，还会降低劳动者应有的收入水平，对国民经济带来严重损害，而且"虚拟制度人"为逃避法律制裁，会有明显的动机将其非法所得藏匿海外，降低国内资本存量，提高国内资本价格，抑制国内正常经济发展。

制度成本分散于企业经营的多个环节，难以统一统计和观察，因而难以对增加企业出口成本的具体制度因素进行量化，从政策制定层面上难以进行具体界定。制度成本所具有的隐蔽性的特征增加了政策有效性的难度，在实践中，必须加强对出口企业生存状况的紧密调研，有效区分制度成本和其他实际成本，以期为企业的出口活动提供良好的政策和社会环境。

第三节　研究展望

未来，中国应从制度层面加强建设，以推动制度成本与贸易关系的研究。为此，本书提出如下研究展望：

第一，国内对异质性企业贸易理论的拓展分析仍然较少，本书只是从影响企业决策的制度成本角度进行了拓展，深度非常有限，主要是基于定性分析，因此采用数理方法引入更多独特成本因素，逐步放宽假设，对异质性企业贸易理论进行更加严谨的拓展是一个可行的方向。

第二，从贸易发展的角度对一国制度水平进行测度具有很好的理论与实践价值，可以逐步地利用行业层面、区域层面以及企业层面的数据，不断深化对制度水平测度的研究，以配合企业的异质性基本前提，通过获取更加细致的制度水平数据，能够更好地对企业的贸易活动进行分析。

第三，目前国际上有诸多对制度进行评价的指标体系，但我国尚没有相关研究成果，该领域有待深入研究。

第四，目前对于制度与贸易活动之间关系的研究均基于宏观数据，本书虽然通过模拟企业行为的方法进行了简单的实证，但是未来利用微观层面的企业数据进行更加深入的分析是该领域的重要方向，有利于筛选对企业影响重大的相关制度因素。

参考文献

［1］ 蔡地、万迪昉、罗进辉：《产权保护融资约束与民营企业研发投入》，《研究与发展管理》2012 年第 2 期。

［2］ 陈冬华、齐祥芹：《地区制度环境与部分民营化绩效——来自我国上市公司的经验证据》，《当代会计评论》2010 年第 1 期。

［3］ 陈丰：《论非正式制度对制度成本的影响》，《当代经济研究》2009 年第 10 期。

［4］ 陈秀山、张若：《对外开放、贸易成本与中国制造业聚集》，《经济理论与经济管理》2007 年第 1 期。

［5］ 陈勇、唐朱昌：《中国工业的技术选择与技术进步：1985—2003 年》，《经济研究》2006 年第 9 期。

［6］ 戴翔、金碚：《产品内分工、制度质量与出口技术复杂度》，《经济研究》2014 年第 7 期。

［7］ 邓新明：《我国民营企业政治关联、多元化战略与公司绩效》，《南开管理评论》2011 年第 4 期。

［8］ 杜兴强、曾泉、王亚男：《寻租、R&D 投资与公司业绩——基于民营上市公司的经验证据》，《投资研究》2012 年第 1 期。

［9］ 杜兴强、陈韫慧、杜颖洁：《寻租、政治联系与"真实"业绩：基于民营上市公司的经验证据》，《金融研究》2010 年第 10 期。

［10］ 樊琦：《出口退税政策与我国出口商品结构优化——基于不同技术程度行业的研究》，《国际贸易问题》2009 年第 11 期。

［11］ 付强、乔岳：《政府竞争如何促进了中国经济快速增长：市场分割与经济增长关系再探讨》，《世界经济》2011 年第 7 期。

［12］ 高越、李荣林：《异质性、分割生产与国际贸易》，《经济学》

（季刊）2008 年第 1 期。

［13］高云龙、康学芹：《制度因素与中国对外直接投资结构失衡——
基于"十二五"期间的展望》，《亚太经济》2011 年第 6 期。

［14］高云龙：《开放体系下我国区域经济与经济安全关系研究——从
引进外资和发展外贸的角度》，硕士学位论文，上海海事大学，
2004 年。

［15］行伟波、李善同：《地方保护主义与中国省际贸易》，《南方经
济》2012 年第 1 期。

［16］贺振华：《寻租、过度投资与地方保护》，《南开经济研究》
2006 年第 2 期。

［17］洪联英、罗能生：《全球生产与贸易新格局下企业国际化发展
路径及策略选择——基于生产率异质性理论的分析方法》，《世
界经济研究》2007 年第 12 期。

［18］胡乐明、张建伟、朱富强：《真实世界的经济学——新制度经济
学纵览》，当代中国出版社 2002 年版。

［19］胡学勤、李巧云：《我国新型成本推进型通货膨胀探析》，《现
代经济探讨》2011 年第 8 期。

［20］黄海洲、周诚君：《新形势下对外开放的战略布局》，中国金融
四十人论坛，2013 年。

［21］黄玖立、冼国明：《企业异质性与区域间贸易：中国企业市场
进入的微观证据》，《世界经济》2012 年第 4 期。

［22］黄玖立、徐旻鸿：《境内运输成本与中国的地区出口模式》，
《世界经济》2012 年第 1 期。

［23］贾根良：《国内经济一体化：扩大内需战略的必由之路》，《社
会科学战线》2012 年第 2 期。

［24］蒋含明、李非：《大陆与台湾地区贸易成本的测度及影响因素
分析——基于 1995—2010 年省际面板数据的实证研究》，《国
际经贸探索》2012 年第 9 期。

［25］金祥荣、茹玉骢、吴宏：《制度企业生产效率与中国地区间出
口差异》，《管理世界》2008 年第 8 期。

［26］科斯：《对张五常〈关于新制度经济学〉的评论》，载科斯、哈特、斯蒂格利茨等《契约经济学》，经济科学出版社 1999年版。

［27］李春顶、唐丁祥：《出口与企业生产率：新—新贸易理论下的我国数据检验（1997—2006 年)》，《国际贸易问题》2010 年第9 期。

［28］李春顶、尹翔硕：《我国出口企业的"生产率悖论"及其解释》，《财贸经济》2009 年第 11 期。

［29］李春顶：《中国出口企业是否存在"生产率悖论"：基于中国制造业企业数据的检验》，《世界经济》2010 年第 7 期。

［30］李建德：《论"制度成本"》，《南昌大学学报》（人文社会科学版）2000 年第 1 期。

［31］李维安、邱艾超、阎大颖：《企业政治关系研究脉络梳理与未来展望》，《外国经济与管理》2010 年第 5 期。

［32］李未无、肖宇：《出口退税的价格效应研究基于中国对美纺织品出口的实证检验》，《国际经贸探索》2013 年第 1 期。

［33］刘丹鹭：《进入管制与中国服务业生产率——基于行业面板的实证研究》，《经济学家》2013 年第 2 期。

［34］刘建、许统生、涂远芬：《交通基础设施、地方保护与中国国内贸易成本》，《当代财经》2013 年第 9 期。

［35］刘庆林、高越、韩军伟：《国际生产分割的生产率效应》，《经济研究》2010 年第 2 期。

［36］刘瑞明：《国有企业、隐性补贴与市场分割：理论与经验证据》，《管理世界》2012 年第 4 期。

［37］刘远航、黄立华：《国有企业制度成本的一般分析》，《江汉论坛》2008 年第 2 期。

［38］卢现祥：《为什么中国会出现制度"软化"？——基于新制度经济学的视角》，《经济学动态》2011 年第 9 期。

［39］卢现祥：《新制度经济学》（第 2 版），武汉大学出版社 2011年版。

[40] 陆铭、陈钊：《分割市场的经济增长——为什么经济开放可能加剧地方保护?》,《经济研究》2009 年第 3 期。

[41] 逯东、林高、黄莉、杨丹：《"官员型"高管、公司业绩和非生产性支出——基于国有上市公司的经验证据》,《金融研究》2012 年第 6 期。

[42] 罗德明、李晔、史晋川：《要素市场扭曲资源错置与生产率》,《经济研究》2012 年第 3 期。

[43] 马捷、李飞：《出口退税是一项稳健的贸易政策吗?》,《经济研究》2008 年第 4 期。

[44] 马秀颖：《市场分割对东北地区经济一体化的影响分析》,《当代经济研究》2011 年第 2 期。

[45] 迈克尔·迪屈奇：《交易成本经济学：关于公司的新的经济意义》,王铁生、葛立成译,经济科学出版社 2000 年版。

[46] 毛其淋、盛斌：《贸易自由化、企业异质性与出口动态——来自中国微观企业数据的证据》,《管理世界》2013 年第 3 期。

[47] 毛其淋、许家云：《中间品贸易自由化、制度环境与生产率演化》,《世界经济》2015 年第 9 期。

[48] 毛显强、宋鹏、李丽平、高玉冰、董刚、原庆丹：《出口退税政策调整的环境经济影响分析》,《北京师范大学学报》(社会科学版) 2012 年第 6 期。

[49] 聂辉华：《制度均衡：一个博弈论的视角》,《管理世界》2008 年第 8 期。

[50] 潘向东、廖进中、赖明勇：《经济制度安排、国际贸易与经济增长影响机理的经验研究》,《经济研究》2005 年第 11 期。

[51] 钱学锋、梁琦：《测度中国与 G - 7 的双边贸易成本——一个改进引力模型方法的应用》,《数量经济技术经济研究》2008 年第 2 期。

[52] 钱学锋、王胜、陈勇兵：《中国的多产品出口企业及其产品范围：事实与解释》,《管理世界》2013 年第 1 期。

[53] 邵军、徐康宁：《制度质量、外资进入与增长效应：一个跨国

的经验研究》,《世界经济》2008 年第 7 期。

[54] 邵敏、包群:《企业退出出口市场行为与企业的经营表现——基于倾向评分匹配的经验分析》,《财经研究》2011 年第 1 期。

[55] 沈坤荣、李剑:《中国贸易发展与经济增长影响机制的经验研究》,《经济研究》2003 年第 5 期。

[56] 盛丹、王永进:《契约执行效率能够影响 FDI 的区位分布吗?》,《经济学》(季刊)2010 年第 4 期。

[57] 施炳展:《企业异质性、地理距离与中国出口产品价格的空间分布》,《南方经济》2011 年第 2 期。

[58] 史长宽、梁会君:《中国内陆各地区与主要贸易伙伴贸易成本的测度与分析》,《当代财经》2013 年第 5 期。

[59] 宋渊洋、刘飙:《中国各地区制度环境测量的最新进展与研究展望》,《管理评论》2015 年第 2 期。

[60] 苏东海:《出口退税政策调整对我国经济影响的实证研究》,《金融研究》2009 年第 6 期。

[61] 谭智、王翠竹、李冬阳:《目的国制度质量与企业出口生存:来自中国的证据》,《数量经济技术经济研究》2014 年第 8 期。

[62] 谭政勋、王聪:《商业银行空间结构演化及其对效率的影响研究》,《学术界》2010 年第 5 期。

[63] 唐宜红、林发勤:《异质性企业贸易模型对中国企业出口的适用性检验》,《南开经济研究》2009 年第 6 期。

[64] 田东文、贾科华:《分割生产、垂直专业化、FDI 与企业异质性》,《国际贸易问题》2010 年第 9 期。

[65] 万华林、陈信元:《治理环境、企业寻租与交易成本——基于中国上市公司非生产性支出的经验证据》,《经济学》(季刊)2010 年第 2 期。

[66] 王华、许和连、杨晶晶:《出口、异质性与企业生产率——来自中国企业层面的证据》,《财经研究》2011 年第 6 期。

[67] 王帅、赵玉焕:《出口退税对我国出口商品结构的影响研究》,《北京理工大学学报》(社会科学版)2010 年第 1 期。

[68] 王涛生：《制度创新影响国际贸易成本竞争力的内在机理研究》，《经济学动态》2010 年第 2 期。

[69] 王晓雷：《出口退税政策调整对出口规模与出口结构的影响》，《国际贸易问题》2008 年第 7 期。

[70] 王孝松、李坤望、包群、谢申祥：《出口退税的政策效果评估：来自中国纺织品对美出口的经验证据》，《世界经济》2010 年第 4 期。

[71] 王孝松、谢申祥：《中国出口退税政策的决策和形成机制——基于产品层面的政治经济学分析》，《经济研究》2010 年第 10 期。

[72] 魏浩、何晓琳、赵春明：《制度水平、制度差距与发展中国家的对外贸易发展——来自全球 31 个发展中国家的国际经验》，《南开经济研究》2010 年第 5 期。

[73] 魏下海、董志强、刘愿：《政治关系、制度环境与劳动收入份额——基于全国民营企业调查数据的实证研究》，《管理世界》2013 年第 5 期。

[74] 武立东、王凯、黄海昕：《组织外部环境不确定性的研究述评》，《管理学报》2012 年第 11 期。

[75] 向洪金、赖明勇：《全球化背景下我国出口退税政策的经济效应》，《数量经济技术经济研究》2010 年第 10 期。

[76] 项松林：《异质性企业、结构转型与稳定出口》，《经济评论》2011 年第 4 期。

[77] 徐传谌、廖红伟：《交易成本新探：起源与本质》，《吉林大学社会科学学报》2009 年第 2 期。

[78] 许德友、梁琦：《中国对外双边贸易成本的测度与分析：1981—2007 年》，《数量经济技术经济研究》2010 年第 1 期。

[79] 许统生、陈瑾、薛智韵：《中国制造业贸易成本的测度》，《中国工业经济》2011 年第 7 期。

[80] 许统生、洪勇、涂远芬、黄先明：《加入世贸组织后中国省际贸易成本测度、效应及决定因素》，《经济评论》2013 年第 3 期。

［81］杨光斌：《制度化权利的制度成本》，《天津社会科学》2005 年第 1 期。

［82］杨其静：《企业成长：政治关联还是能力建设？》，《经济研究》2011 年第 10 期。

［83］易靖韬、傅佳莎：《企业生产率与出口：浙江省企业层面的证据》，《世界经济》2011 年第 5 期。

［84］易靖韬：《企业异质性、市场进入成本、技术溢出效应与出口参与决定》，《经济研究》2009 年第 9 期。

［85］余东华、刘运：《地方保护和市场分割的测度与辨识——基于方法论的文献综述》，《世界经济文汇》2009 年第 1 期。

［86］余明桂、回雅甫、潘红波：《政治联系、寻租与地方政府财政补贴有效性》，《经济研究》2010 年第 3 期。

［87］余明桂、潘红波：《政治关系制度环境与民营企业银行贷款》，《管理世界》2008 年第 8 期。

［88］张广利、陈丰：《制度成本的研究缘起、内涵及其影响因素》，《浙江大学学报》（人文社会科学版）2010 年第 2 期。

［89］张会清、唐海燕：《产品内国际分工与中国制造业技术升级》，《世界经济研究》2011 年第 6 期。

［90］张杰、李勇、刘志彪：《出口促进中国企业生产率提高吗？——来自中国本土制造业企业的经验证据：1999—2003》，《管理世界》2009 年第 12 期。

［91］张杰、李勇、刘志彪：《制度对中国地区间出口差异的影响：来自中国省际层面四分位行业的经验证据》，《世界经济》2010 年第 2 期。

［92］张杰、刘志彪、张少军：《制度扭曲与中国本土企业的出口扩张》，《世界经济》2008 年第 10 期。

［93］张礼卿、孙俊新：《出口是否促进了异质性企业生产率的增长：来自中国制造企业的实证分析》，《南开经济研究》2010 年第 4 期。

［94］张敏、张胜、申慧慧、王成方：《政治关联与信贷资源配置效

率——来自我国民营上市公司的经验证据》,《管理世界》2011
年第 11 期。

[95] 张五常:《关于新制度经济学》,载科斯、哈特、斯蒂格利茨等
《契约经济学》,经济科学出版社 1999 年版。

[96] 张旭昆:《"交易成本"概念:层次分类》,《商业经济与管理》
2012 年第 2 期。

[97] 赵峰、马光明:《政治关联研究脉络述评与展望》,《经济评论》
2011 年第 3 期。

[98] 赵奇伟:《东道国制度安排、市场分割与 FDI 溢出效应:来自
中国的证据》,《经济学》(季刊)2009 年第 3 期。

[99] 赵伟、赵金亮、韩媛媛:《异质性、沉没成本与中国企业出口
决定:来自中国微观企业的经验证据》,《世界经济》2011 年第
4 期。

[100] 赵永亮:《国内贸易的壁垒因素与边界效应——自然分割和政
策壁垒》,《南方经济》2012 年第 3 期。

[101] 周其仁:《货币、制度成本与中国经济增长》,《国际经济评
论》2008 年第 3 期。

[102] 曾萍、邓腾智、宋铁波:《制度环境、核心能力与中国民营企
业成长》,《管理学报》2013 年第 5 期。

[103] 曾萍、邓腾智:《政治关联与企业绩效关系的 Meta 分析 》,
《管理学报》2012 年第 11 期。

[104] 邹薇:《寻租与腐败:理论分析和对策》,《武汉大学学报》
(哲学社会科学版)2007 年第 2 期。

[105] Abraham, Filip and Jan Van Hove, "Chinese Competition in OECD
Markets: Impact on the Export Position and Export Strategy of
OECD Countries", *Journal of Economic Policy Reform*, Vol. 14,
No. 2, 2011.

[106] Acemoglu, Daron, "A Simple Model of Inefficient Institutions",
Scandinavian Journal of Economics, Vol. 108, No. 4, 2006.

[107] Acemoglu, Daron, "Institutions, Factor Prices, and Taxation: Vir-

tues of Strong States?", *The American Economic Review*, Vol. 100, No. 2, 2010.

[108] Allena, Franklin, Jun Qian and Meijun Qian, "Law, Finance, and Economic Growth in China", *Journal of Financial Economics*, Vol. 77, No. 1, 2005.

[109] Amiti, Mary and Beata Smarzynska Javorcik, "Trade Costs and Location of Foreign Firms in China", *Journal of Development Economics*, Vol. 85, No. 1 – 2, 2008.

[110] Anderson, James E. and Eric van Wincoop, "Gravity with Gravitas: A Solution to the Border Puzzle", *The American Economic Review*, Vol. 93, No. 1, 2003.

[111] Anderson, James E. and Eric van Wincoop, "Trade Costs", *Journal of Economic Literature*, Vol. 42, No. 3, 2004.

[112] Anderson, James E. , "The Gravity Model", *Annual Review of Economics*, Vol. 3, No. 1, 2011.

[113] Araujo, Luis, Giordano Mion and Emanuel Ornelas, "Institutions and Export Dynamics", *Journal of International Economics*, Vol. 98, 2016.

[114] Arvis, Jean – François, Yann Duval, Ben Shepherd and Chorthip Utoktham, "Trade Costs in the Developing World: 1995 – 2010", Policy Research Working Paper 6309, *World Bank*, Washington, Dc. , 2013.

[115] Assane, Djeto and Eric P. Chiang, "Trade, Structural Reform, and Institutions in Sub – Saharan Africa", *Contemporary Economic Policy*, Vol. 32, No. 1, 2014.

[116] Aw, Bee Yan, Sukkyun Chung and Mark J. Roberts, "Productivity and Turnover in the Export Market: Micro – Level Evidence from the Republic of Korea and Taiwan (China)", *The World Bank Economic Review*, Vol. 14, No. 1, 2000.

[117] Baier, Scott L. and Jeffrey H. Bergstrand, "The Growth of World

Trade: Tariffs, Transport Costs, and Income Similarity", *Journal of International Economics*, Vol. 53, No. 1, 2001.

[118] Baldwin, Richard E. and Frédéric Robert – Nicoud, "Trade and Growth with Heterogeneous Firms", *Journal of International Economics*, Vol. 74, 2008.

[119] Baldwin, Richard E. and James Harrigan, "Zeros, Quality, and Space: Trade Theory and Trade Evidence", *American Economic Journal: Microeconomics*, Vol. 3, No. 2, 2011.

[120] Baldwin, Richard E. and Rikard Forslid, "Trade Liberalization with Heterogeneous Firms", *Review of Development Economics*, Vol. 14, No. 2, 2010.

[121] Baldwin, Richard E. and Toshihiro Okubo, "Heterogeneous firms, Agglomeration and Economic Geography: Spatial Selection and Sorting", *Journal of Economic Geography*, Vol. 6, 2006.

[122] Balistreri, Edward J., Russell H. Hillberry and Thomas F. Rutherford, "Structural Estimation and Solution of International Trade Models with Heterogeneous Firms", *Journal of International Economics*, Vol. 83, No. 2, 2011.

[123] Bernard, Andrew B. and J. Bradford Jensen, "Exceptional Exporter Performance: Cause, Effect, or Both?", *Journal of International Economics*, Vol. 47, 1999.

[124] Bernard, Andrew B., J. Bradford Jensen and Peter K. Schott, "Trade Costs, firms and Productivity", *Journal of Monetary Economics*, Vol. 53, 2006.

[125] Bernard, Andrew B., J. Bradford Jensen and Robert Z. Lawrence, "Exporters, Jobs, and Wages in U. S. Manufacturing: 1976 – 1987", *Brookings Papers on Economic Activity*, Microeconomics, Vol. 1995, 1995.

[126] Bernard, Andrew B., J. Bradford Jensen, Stephen J. Redding and Peter K. Schott, "The Empirics of Firm Heterogeneity and Interna-

tional Trade", *Annual Review of Economics*, Vol. 4, 2012.

[127] Bernard, Andrew B., Jonathan Eaton, J. Bradford Jensen and Samuel Kortum, "Plants and Productivity in International Trade", *The American Economic Review*, Vol. 93, No. 4, 2003.

[128] Bernard, Andrew B., Stephen J. Redding and Peter K. Schott, "Comparative Advantage and Heterogeneous Firms", *Review of Economic Studies*, Vol. 74, 2007.

[129] Bhattacharyya, Sambit, "Trade Liberalization and Institutional Development", *Journal of Policy Modeling*, Vol. 34, No. 2, 2012.

[130] Biglaiser, Gary and Ching – to Albert Ma, "Price and Quality Competition under Adverse Selection: Market Organization and Efficiency", *The Rand Journal of Economics*, Vol. 34, No. 2, 2003.

[131] Bin, Ke, Clive Lennox and Qingquan Xin, "The Effect of China's Weak Institutional Environment on the Quality of Big Four Audits", *Nanyang Technological University and Chongqing University Working Paper*, 2012.

[132] Borrmann, Axel, Matthias Busse and Silke Neuhaus, "Institutional Quality and the Gains from Trade", *KYKLOS*, Vol. 59, No. 3, 2006.

[133] Bosker, Maarten and Harry Garretsen, "Trade Costs in Empirical New Economic Geography", *Papers in Regional Science*, Vol. 89, No. 3, 2010a.

[134] Bosker, Maarten and Harry Garretsen, "Trade Costs, Market Access and Economic Geography: Why the Empirical Specification of Trade Costs Matters", in Bergeijk, P. V. and S. Brakman, eds, *The Gravity Model in International Trade: Advances and Applications*, Cambridge: Cambridge University Press, 2010b, pp. 193 – 223.

[135] Brooks, Eileen L., "Why Don't Firms Export More? Product Quality and Colombian Plants", *Journal of Development Economics*, Vol.

80, 2006.

[136] Chaney, Thomas, "Distorted Gravity: The Intensive and Extensive Margins of International Trade", *The American Economic Review*, Vol. 98, No. 4, 2008.

[137] Chen, Natalie and Dennis Novy, "Gravity, Trade Integration, and Heterogeneity across Industries", *Journal of International Economics*, Vol. 85, No. 2, 2011.

[138] Chen, Natalie and Dennis Novy, "On the Measurement of Trade Costs: Direct vs. Indirect Approaches to Quantifying Standards and Technical Regulations", *World Trade Review*, Vol. 11, No. 3, 2012.

[139] Cheptea, Angela, "Trade Liberalization and Institutional Reforms", *Economics of Transition*, Vol. 15, No. 2, 2007.

[140] Chiang, Shih – Chen and Robert T. Masson, "Industrial Structure and Export Quality", *International Economic Review*, Vol. 29, No. 2, 1988.

[141] Clark, Ximena, David Dollar and Alejandro Miccob, "Port Efficiency, Maritime Transport Costs, and Bilateral Trade", *Journal of Development Economics*, Vol. 75, No. 2, 2004.

[142] Clerides, Sofronis K. , Saul Lach and James R. Tybout, "Is Learning by Exporting Important? Micro – Dynamic Evidence from Colombia, Mexico, and Morocco", *The Quarterly Journal of Economics*, Vol. 113, No. 3, 1998.

[143] Copeland, Brian R. and Ashok Kotwal, "Product Quality and the Theory of Comparative Advantage", *European Economic Review*, Vol. 40, 1996.

[144] Cui, Lin and Fuming Jiang, "Behind Ownership Decision of Chinese Outward FDI: Resources and Institutions", *Asia Pacific Journal of Management*, Vol. 27, No. 4, 2010.

[145] Davis, Donald R. and James Harrigan, "Good Jobs, Bad Jobs, and

Trade Liberalization", *Journal of International Economics*, Vol. 84, No. 1, 2011.

[146] Dean, Judith M., Mary E. Lovely and Jesse Mora, "Decomposing China – Japan – U. S. Trade: Vertical Specialization, Ownership, and Organizational Form", *Journal of Asian Economics*, Vol. 20, 2009.

[147] Dedrick, Jason, Kenneth L. Kraemer and Greg Linden, "Who Profits from Innovation in Global Value Chains? A Study of the iPod and Notebook Pcs", *Industrial and Corporate Change*, Vol. 19, No. 1, 2010.

[148] Delgado, Miguel A., Jose C. Farinas and Sonia Ruano, "Firm Productivity and Export Markets: A Non – Parametric Approach", *Journal of International Economics*, Vol. 57, No. 2, 2002.

[149] Dollar, David and Aart Kraay, "Institutions, Trade, and Growth", *Journal of Monetary Economics*, Vol. 50, 2003.

[150] Dutt, Pushan and Daniel Traca, "Corruption and Bilateral Trade Flows: Extortion or Evasion?", *The Review of Economics and Statistics*, Vol. 92, No. 4, 2010.

[151] Engel, Charles, "Comment on Disscusion on Anderson and van Wincoop (2003)", in Susan M. Collins and Dani Rodrik eds., *Brookings Trade Forum* 2001, Washington: The Brookings Institution Press, 2002, pp. 231 – 234.

[152] Essaji, Azim and Kinya Fujiwara, "Contracting Institutions and Product Quality", *Journal of Comparative Economics*, Vol. 40, No. 2, 2012.

[153] Faccio, Mara, "Politically Connected Firms", *The American Economic Review*, Vol. 96, No. 1, 2006.

[154] Fadinge, Harald, "Productivity Differences in an Interdependent World", *Journal of International Economics*, Vol. 84, 2011.

[155] Falvey, Rod, David Greenaway and Zhihong Yu, "Extending the

Melitz Model to Asymmetric Countries", (*University of Nottingham*) *Research Paper*, Vol. 2006, No. 7, 2006.

[156] Falvey, Rod, David Greenaway and Zhihong Yu, "Intra – Industry Trade between Asymmetric Countries with Heterogeneous Firms", *GEP* (*University of Nottingham*) *Research Paper*, Vol. 2004, No. 5, 2004.

[157] Fan, Joseph P. H. , T. J. Wong and Tianyu Zhang, "Politically Connected CEOs, Corporate Governance, and Post – IPO Performance of China's Newly Partially Privatized Firms", *Journal of Financial Economics*, Vol. 84, No. 2, 2007.

[158] Faruq, Hasan, "New Evidence on Product Quality and Trade", *CAEPR Working Paper*, 2006.

[159] Fink, Carsten, Aaditya Mattoo and Ileana Cristina Neagu, "Assessing the Impact of Communication Costs on International Trade", *Journal of International Economics*, Vol. 67, No. 2, 2005.

[160] Firtha, Michael, Stephen X. Gong and Liwei Shan, "Cost of Government and Firm Value", *Journal of Corporate Finance*, Vol. 21, 2013.

[161] Flam, Harry and Elhanan Helpman, "Vertical Product Differentiation and North – South Trade", *The American Economic Review*, Vol. 77, No. 5, 1987.

[162] Francois, Joseph and Miriam Manchin, "Institutions, Infrastructure, and Trade", *World Development*, Vol. 46, 2013.

[163] Gao, Ting, "Trade Costs, International Production Shifting and Growth", *European Economic Review*, Vol. 51, 2007.

[164] Greif, Avner, "Institutions and International Trade: Lessons from the Commercial Revolution", *The American Economic Review*, Vol. 82, No. 2, 1992.

[165] Groot, Henri L. F. de, Gert – Jan Linders, Piet Rietveld and Uma Subramanian, "The Institutional Determinants of Bilateral Trade

Patterns", *KYKLOS*, Vol. 57, No. 1, 2004.

[166] Grossman, Gene M. and Elhanan Helpman, "Quality Ladders and Product Cycles", *The Quarterly Journal of Economics*, Vol. 106, No. 2, 1991.

[167] Hallak, Juan Carlos and Peter K. Schott, "Estimating Cross – Country Differences in Product Quality", *The Quarterly Journal of Economics*, Vol. 126, No. 1, 2011.

[168] Hallak, Juan Carlos, "Product Quality and the Direction of Trade", *Journal of International Economics*, Vol. 68, 2006.

[169] Handoussa, Heba, Mieko Nishimizu and Jr. John M. Page, "Productivity Change in Egyptian Public Sector Industries after 'the Opening', 1973 – 1979", *Journal of Development Economics*, Vol. 20, No. 1, 1986.

[170] Hanson, Gordon and Chong Xiang, "Trade Barriers and Trade flows with Product Heterogeneity: An Application to Us Motion Picture Exports", *Journal of International Economics*, Vol. 83, No. 1, 2011.

[171] Harris, Richard G., "Trade and Communication Costs", *The Canadian Journal of Economics*, Vol. 28, Special Issue: Essays in International Economics in Honour of Douglas Purvis, 1995.

[172] Head, Keith and John Ries, "Increasing Returns Versus National Product Differentiation as an Explanation for the Pattern of U. S. – Canada Trade", *The American Economic Review*, Vol. 91, No. 4, 2001.

[173] Head, Keith and Thierry Mayer, "The Empirics of Agglomeration and Trade", in V. Henderson and J. Thisse, eds, *Handbook of Regional and Urban Economics*, Vol. 4, North Holland, Amsterdam, 2004, pp. 2609 – 2669.

[174] Helpman, Elhanan, Marc J. Melitz and Stephen R. Yeaple, "Export Versus FDI with Heterogeneous Firms", *The American Econom-*

ic Review, Vol. 94, No. 1, 2004.

[175] Hummels, David, "Toward a Geography of Trade Costs", *Mimeo*, *Purdue University*, 2001.

[176] Hummels, David and Peter J. Klenow, "The Variety and Quality of a Nation's Exports", *The American Economic Review*, Vol. 95, 2005.

[177] Hummels, David, Peter Minor, Matthew Reisman and Erin Endean, "Calculating Tariff Equivalents for Time in Trade", Nathan Associates Inc., For USAID, 2007.

[178] IDE – JETRO and WTO, "Trade Patterns and Global Value Chains in East Asia: From Trade in Goods to Trade in Tasks", 2011.

[179] Jacks, David S., Christopher M. Meissner and Dennis Novy, "Trade Costs, 1870 – 2000", *The American Economic Review*, Vol. 98, No. 2, 2008.

[180] Jacks, David S., Christopher M. Meissner and Dennis Novy, "Trade Costs in the first Wave of Globalization", *Explorations in Economic History*, Vol. 47, 2010.

[181] Jacks, David S., Christopher M. Meissner and Dennis Novy, "Trade Booms, Trade Busts, and Trade Costs", *Journal of International Economics*, Vol. 83, No. 2, 2011.

[182] Jrgensen, Jan G. and Philipp J. H. Schroder, "Fixed Export Cost Heterogeneity, Trade and Welfare", *European Economic Review*, Vol. 52, 2008.

[183] Kaufmann, Daniel, Aart Kraay and Massimo Mastruzzi, "The Worldwide Governance Indicators: Methodology and Analytical Issues", *World Bank Policy Research Working Paper No. 5430*, 2010.

[184] Khandelwal, Amit K., Peter K. Schott and Shang – Jin Wei, "Trade Liberalization and Embedded Institutional Reform: Evidence from Chinese Exporters", *The American Economic Review*, Vol.

103, No. 6, 2013.

[185] Kolstad, Ivar and Arne Wiig, "What Determines Chinese Outward FDI?", *Journal of World Business*, Vol. 47, No. 1, 2012.

[186] Koopman, Robert, Zhi Wang and Shang – Jin Wei, "Estimating Domestic Content in Exports When Processing Trade Is Pervasive", *Journal of Development Economics*, Vol. 99, 2012.

[187] Koopman, Robert, Zhi Wang and Shang – jin Wei, "How Much of Chinese Exports is Really Made in China? Assessing Foreign and Domestic Value – Added in Gross Exports", *NBER Working Paper No. 14109*, 2008.

[188] Kunčič, Aljaz, "Institutional Determinants of Bilateral Trade: Taking Another Look", Kiel Advanced Studies, *Working Paper No. 462*, 2012.

[189] Kunčič, Aljaz, "Institutional Quality Dataset", *Journal of Institutional Economics*, Vol. 10, No. 1, 2014.

[190] Levchenko, Andrei A., "Institutional Quality and International Trade", *Review of Economic Studies*, Vol. 74, No. 3, 2007.

[191] Levchenko, Andrei A., "International Trade and Institutional Change", *Journal of Law, Economics, and Organization*, Vol. 29, No. 5, 2013.

[192] Liao, Chi – Hung, "Measuring Quality in International Trade", *Economic Systems*, Vol. 35, 2011.

[193] Limão, Nuno and Anthony J. Venables, "Infrastructure, Geographical Disadvantage, Transport Costs, and Trade", *The World Bank Economic Review*, Vol. 15, No. 3, 2001.

[194] Lu, Jiangyong, Yi Lu and Zhigang Tao, "Exporting Behavior of Foreign Affiliates: Theory and Evidence", *Journal of International Economics*, Vol. 81, 2010.

[195] Lu, Yi, Ivan P. L. Png and Zhigang Tao, "Do Institutions Not Matter in China? Evidence from Manufacturing Enterprises", *Journal of*

Comparative Economics, Vol. 41, 2013.

[196] Mark Casson, Marina Della Giusta, Uma Kambhampati, "Formal and Informal Institutions and Development", *World Development*, Vol. 38, No. 2, 2010.

[197] Medin, Hege, "Firms' Export Decisions: Fixed Trade Costs and the Size of the Export Market", *Journal of International Economics*, Vol. 61, No. 1, 2003.

[198] Melitz, Marc J. and Daniel Trefler, "Gains from Trade When Firms Matter", *Journal of Economic Perspectives*, Vol. 26, No. 2, 2012.

[199] Melitz, Marc J. and Gianmarco I. P. Ottaviano, "Market Size, Trade, and Productivity", *Review of Economic Studies*, Vol. 75, No. 1, 2008.

[200] Melitz, Marc J., "The Impact of Trade on Intra – Industry Reallocations and Aggregate Industry Productivity", *Econometrica*, Vol. 71, No. 6, 2003.

[201] Mengistae, Taye and Catherine Pattillo, "Export Orientation and Productivity in Sub – Saharan Africa", *IMF Staff Papers*, Vol. 51, No. 2, 2004.

[202] Meon, Pierre – Guillaume and Khalid Sekkat, "Institutional Quality and Trade: Which Institutions? Which Trade?", *Economic Inquiry*, Vol. 46, No. 2, 2008.

[203] Minetti, Raoul and Susan Chun Zhu, "Credit Constraints and firm Export: Microeconomic Evidence from Italy", *Journal of International Economics*, Vol. 83, 2011.

[204] Moïsé, Evdokia and Florian Le Bris, "Trade Costs – What Have We Learned? A Synthesis Report", *OECD Trade Policy Papers No. 150*, 2013.

[205] Montagna, Catia, "Efficiency Gaps, Love of Variety and International Trade", *Economica, New Series*, Vol. 68, No. 269, 2001.

[206] Motta, Massimo, "Endogenous Quality Choice: Price vs. Quantity

Competition", *The Journal of Industrial Economics*, Vol. 41, No. 2, 1993.

[207] North, Douglass C. ed., *Institutions, Institutional Change and Economic Performance*, Cambridge: Cambridge University Press, 1990.

[208] Novy, Dennis, "Gravity Redux: Measuring International Trade Costs with Panel Data", *Economic Inquiry*, Vol. 51, No. 1, 2013.

[209] Novy, Dennis, "Is the Iceberg Melting Less Quickly? — International Trade Costs after World War II ", Warwick Economic Research Papers No. 764, *Department of Economics*, University of Warwick, 2006.

[210] Novy, Dennis, "Trade Costs and the Open Macroeconomy", *The Scandinavian Journal of Economics*, Vol. 112, No. 3, 2010.

[211] Nunn, Nathan and Daniel Trefler, "Chapter 5 – Domestic Institutions as a Source of Comparative Advantage", in *Handbook of International Economics Volume* 4, 2014, pp. 263 – 315.

[212] Nunn, Nathan, "Relationship – Specificity, Incomplete Contracts, and the Pattern of Trade", *The Quarterly Journal of Economics*, Vol. 122, No. 2, 2007.

[213] Obstfeld, Maurice and Kenneth Rogoff, "The Six Major Puzzles in International Macroeconomics: Is There a Common Cause?", NBER *Macroeconomics Annual*, Vol. 15, 2000.

[214] Ogilvie, Sheilagh and A. W. Carus, "Chapter 8 – Institutions and Economic Growth in Historical Perspective", in Aghion Philippe and N. Durlauf Steven eds., *Handbook of Economic Growth*, Elsevier, 2014.

[215] Okubo, Toshihiro, "Firm Heterogeneity and Ricardian Comparative Advantage within and across Sectors", *Economics Theory*, Vol. 38, 2009.

[216] Pomfret, Richard and Patricia Sourdin, "Have Asian Trade Agree-

ments Reduced Trade Costs?", *Journal of Asian Economics*, Vol. 20, 2009.

[217] Portugal – Perez, Alberto and John S. Wilson, "Export Performance and Trade Facilitation Reform: Hard and Soft Infrastructure", *World Development*, Vol. 40, No. 7, 2012.

[218] Ranjan, Priya and Jae Young Lee, "Contract Enforcement and International Trade", *Economics & Politics*, Vol. 19, No. 2, 2007.

[219] Redding, Stephen and Anthony J. Venables, "Economic Geography and International Inequality", *Journal of International Economics*, Vol. 62, 2004.

[220] Salidjanova, Nargiza, "Going out: An Overview of China's Outward Foreign Direct Investment", *U. S. – China Economic & Security Review Commission*, 2011.

[221] Schmitt, Nicolas and Zhihao Yu, "Economies of Scale and the Volume of Intra – Industry Trade", *Economics Letters*, Vol. 74, 2001.

[222] Schott, Peter K. , "Across – Product Versus Within – Product Specialization in International Trade", *The Quarterly Journal of Economics*, Vol. 119, No. 2, 2004.

[223] Song, Haiying and Kevin Chen, "Trade Effects and Compliance Costs of Food Safety Regulations: The Case of China", *Agriculture and Agricultural Science Procedia*, Vol. 1, 2010.

[224] Söderlund, Bengt and Patrik Gustavsson Tingvall, "Dynamic Effects of Institutions on Firm – Level Exports", *Review of World Economics*, Vol. 150, No. 2, 2014.

[225] Tovar, Patricia, "Lobbying Costs and Trade Policy", *Journal of International Economics*, Vol. 83, No. 2, 2011.

[226] Verhoogen, Eric A. , "Trade, Quality Upgrading and Wage Inequality in the Mexican Manufacturing Sector", *The Quarterly Journal of Economics*, Vol. 123, No. 2, 2008.

[227] Wei, Shang – Jin, "Intra – National Versus International Trade:

How Stubborn Are Nations in Global Integration?", *NBER Working Paper No. 5531*, Vol. 1996.

[228] Williamson, Oliver E. , "The New Institutional Economics: Taking Stock, Looking Ahead", *Journal of Economic Literature*, Vol. 38, No. 3, 2000.

[229] Yao, Yang, "Political Process and Efficient Institutional Change", *Journal of Institutional and Theoretical Economics*, Vol. 160, No. 3, 2004.

[230] Yao, Yang, "The Chinese Growth Miracle", *Handbook of Economic Growth*, Vol. 2, 2014.

[231] Yeaple, Stephen Ross, "A Simple Model of Firm Heterogeneity International Trade and Wages", *Journal of International Economics*, Vol. 65, 2005.

[232] Zelekha, Yaron and Eyal Sharabi, "Corruption, Institutions and Trade", *Economics of Governance*, Vol. 13, No. 2, 2012.

附　　录

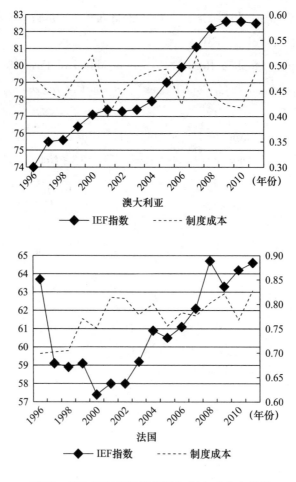

附图　部分国家 IEF 总指数与制度成本走势图

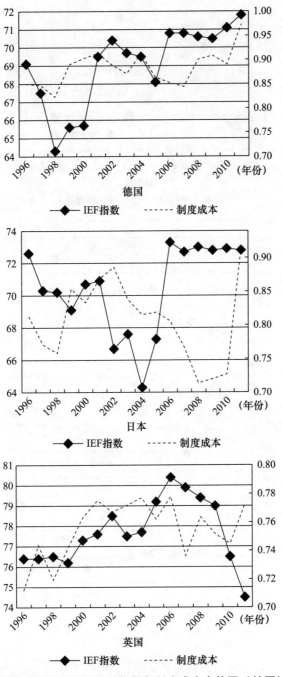

附图　部分国家 IEF 总指数与制度成本走势图（续图）

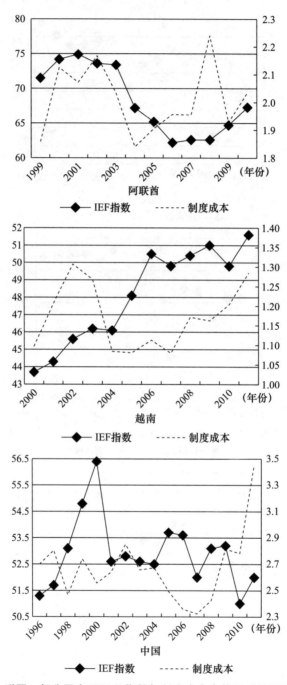

附图　部分国家 IEF 总指数与制度成本走势图（续图）

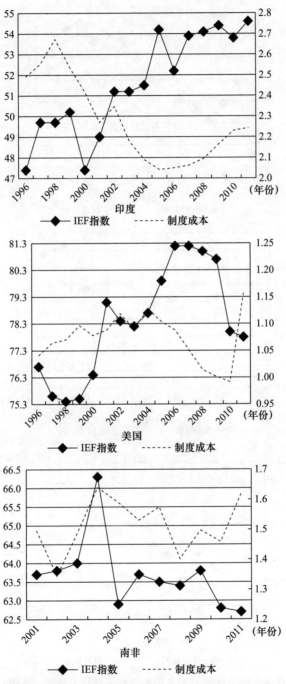

附图　部分国家 IEF 总指数与制度成本走势图（续图）

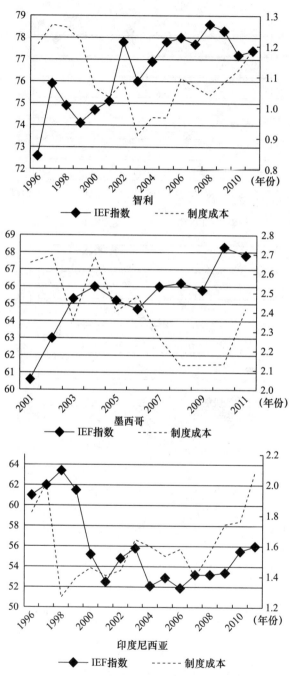

附图　部分国家 IEF 总指数与制度成本走势图（续图）

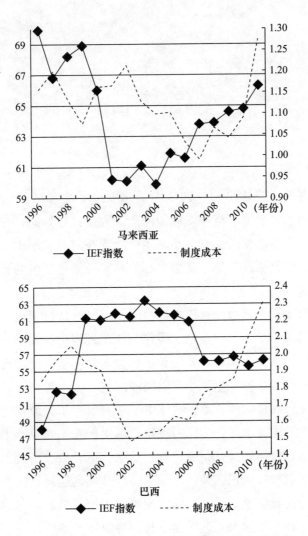

附图　部分国家 IEF 总指数与制度成本走势图（续图）

后　记

　　一次高考，三次考研，四次考博，多次备战考试的回忆逐渐淡去，曾经的痛苦也成了近乎炫耀的经历。人生就是如此，在艰苦中逐步成长，在苦涩中学会品尝甘甜。四年的读博经历又增添了自己人生中这样的苦涩甘甜，延期一年中内心的迷茫与偶尔莫名的恐惧也让自己成熟起来。

　　前后两次报考导师金哲松教授的博士生，面试过程记忆犹新，感谢金老师对我在学习上以及论文写作与修改过程中的鼓励、支持与悉心指导，使我在学术领域有扎实长进！金老师博学睿智，严厉之中满含亲切，使我在学习、生活中受益匪浅。

　　在唐宜红院长的课堂上，我体悟了学习的快乐，课堂之余，唐院长对学术的严谨要求却让我压力重重，感谢唐院长对我学术成长的耐心培育。感谢贺培教授、张晓涛教授、张碧琼教授、杨武老师、吴江老师、胡翠老师、张艳老师、李兵老师、林发勤老师、周世民副教授等诸位老师在我学习和论文写作、预答辩中给予的启发与建议。感谢金旻老师在我四年学习生涯中给予我的帮助与支持。

　　和同班六位同学一起的生活仍然让我留恋：阿布来提·依明的执着、杜兴荣的幽默、任保显的沉着、梁滢的勤奋、林文凤的可爱、王尧的时尚。曾经一起学习，一起旅游，一起喝酒，一起畅聊。感谢大家带给我的快乐与帮助！感谢师妹张晗、韩平平和樊琦，师弟刘东强对我的帮助！感谢学八四楼各位一起生活的兄弟们！

　　感谢商学院的多位同事！读博期间他们给予我关照和帮助，大论文完善中也有他们的辛劳！

　　感谢岳父岳母和父母对我求学之路的全力支持，他们对两个孩子倾注了满满的爱，使我得以放心学习。他们付出太多，言语难以表达对他们的感恩之情。

感谢妻子刘坤对我读博学习的全力支持。从读研到读博，妻子的关爱使愚笨的我能够在步履蹒跚之中得以完成两次求学历程，唯愿今生以真爱相伴。

本论文的核心是制度，正式制度的核心应当是"做官的原不是叫行善的惧怕，乃是叫作恶的惧怕"，"秉公行义，使义人喜乐，使作孽的人败坏"。

出版后记

听闻自己的博士论文有幸入选"2017 年度河北省社会科学重要学术著作出版资助项目",内心狂喜。

近日修订文稿,当年撰写论文的过程又在脑海中浮现:有选题时的纠结,模型构建时的无助,推倒重来时的煎熬,数据处理中的战战兢兢,还有携带部分成果参加高水平论坛时的紧张,最后是答辩结束后的释然。

学术之路于我异常艰难,博士阶段小有斩获,可以算作自己职业生涯的亮点。博士论文的核心章节至今未能发表,实乃憾事,希望通过全部文稿的出版,来作为自己曾经努力的一个证明。

感谢导师金哲松教授,河北经贸大学商学院王小平院长,国际贸易系李清主任对本书出版的支持。

2017 年 6 月 20 日